教育部人文社会科学规划基金项目“乡愁与现代性的冲突与重构”
（项目编号：16YJAZH026）经费资助
江苏省品牌专业汉语言文学专业经费资助
江苏省重点建设学科中国语言文学学科经费资助

乡愁与现代性的冲突与重构

亢宁梅 著

上海三联书店

目录

引言 …… 001

第一章 中国乡愁的文化本源 …… 001

第一节 乡愁的起源 …… 001
第二节 传统乡愁的文化内涵 …… 013

第二章 现代乡愁的文化意义 …… 025

第一节 现代乡愁的源起 …… 026
第二节 现代性主体的建构 …… 035
第三节 现代中国的文化乡愁 …… 050

第三章 当代乡愁的文化书写 …… 070

第一节 主流话语的乡愁书写 …… 072
第二节 乡土文学与乡愁 …… 081
第三节 社会学文本中的乡土书写 …… 097

第四节　小城书写的不同路径 …………………… 104
第五节　结语 ………………………………………… 112

第四章　城市空间的再生产与乡愁 ………………… 118

第一节　现代性主导下的中国城市化历史 ……… 119
第二节　中国的城市化与传统文化的关系 ……… 129
第三节　新型城市化与城市理想审美实践 ……… 141
第四节　城市化中人与自然、传统融合的路径 … 149

第五章　乡村社会的乡愁与重构 …………………… 168

第一节　传统乡土社会遭遇现代性 ……………… 169
第二节　现代乡村建设语境下的田园重构 ……… 179
第三节　艺术乡建与乡村文化重构 ……………… 196
第四节　关于艺术乡村建设实践的分析与思考 … 218

第六章　现代性语境中的民俗与民俗主义 ……… 233

第一节　传统民俗文化遭遇现代性 ……………… 233
第二节　民间目的性叙述与国家民俗主义 ……… 241
第三节　民俗审美的逻辑和民俗主义的意义 …… 266

结语 ……………………………………………………… 279

参考书目 ………………………………………………… 291

后记 ……………………………………………………… 300

引言

哲学的确是一种乡愁；这是一种希望所到之处都是在家的要求。

——诺瓦利斯

在乡愁所有的言说中，它始终呵护着本真的东西，呵护着作为居者的人所熟稔的东西。

——海德格尔

乡愁是所有痛苦中最为高尚的痛苦。

——以赛亚·伯林

黄色的树林里分出两条路……
我向着一条路极目望去，
直到它消失在丛林深处。
但我却选了另外一条，
恐怕我难以再回返。
也许多少年后在某个地方，
我将轻声叹息把往事回顾……

——弗罗斯特《未选择的路》

玫瑰飘香和紫杉扶疏的时令

经历的时间一样短长。一个没有历史的民族
不能从时间得到拯救，因为历史
是无始无终的瞬间的一种形式，所以，当一个冬天的下午
天色晦暗的时候，在一座僻静的教堂里
历史就是现在和英格兰。

——艾略特《四个四重奏》

我的乡愁啊！这早已
显露原形的烦心事。
我反正到哪都无所谓——
任何地方都孤零零的

——茨维塔耶娃《我的乡愁啊》

现代人　一只焦黄的老虎
我们已丧失了土地
替代土地的　是一种短暂而又抽搐的欲望
肤浅的积木　玩具般的欲望

——海子《土地》

沸腾的生活

曾经有过《沸腾的生活》
穿过欧洲大陆
搅沸了我们的生活
我们开进了《沸腾的群山》
明亮的灯火
奔驰的列车
照亮了我们陈旧的生活

叶尔绍夫兄弟的高大身影
衬出了我们的渺小琐屑
世界在我们之外
土豆烧牛肉引诱着我们
却又令我们如此不屑
我们看着船长投入地 kiss
夜里
做了一个关于脱衣服的梦
伴随着悠扬的口哨声
那匹浪漫的马
拨动了生活的琴弦

今天的生活
如此沸腾　喧嚣不已
成了饱经沧桑的妇人
那匹马跑赢了最高点
偶尔跑进我们的梦境

群山老了
敌意地沉默

——自题诗

2013 年 12 月 12 日至 13 日中央城镇化工作会议在北京举行。会议提出了与以往城市建设有鲜明区别的思想，提出：城镇建设，要实事求是确定城市定位，科学规划和务实行动；要依托现有山水脉络等独特风光，让城市融入大自然，让居民望得见山、看得见水、记得住乡愁。“让居民望得见山、看得见水、记得住乡愁。”这句源自中央文件中的温情脉脉的文艺表达，是这次城镇化工作会议的重要亮点。乡愁至此被提到了国家政治和意识形态高度，成为时代的关键词。意味着在国家政策层面上对以往城市化方向的重大调整，对社会经济发展中心的战略调整，对现代性的重新认识，对传统文化价值的重新认识。

——题记

第一章 中国乡愁的文化本源

仁远乎哉？我欲仁，斯仁至矣！

——《论语·述而》

为仁由己，而由人乎哉！

——《论语·颜渊》

道生一，一生二，二生三，三生万物。

——《老子》

一阴一阳之谓道，继之者善也，成之者性也。

——《周易·系辞》

第一节 乡愁的起源

文化史上的中国，一直以诗的国度而存在着。从《诗经》开始，中华民族就以自己特有的精神气质开启了情感与反思的双飞翼，建构文化本源、追寻家园的精神之旅在漫长无垠的时空中徐徐展开了。

昔我往矣，杨柳依依。今我来思，雨雪霏霏。行道迟迟，载渴载饥。我心伤悲，莫知我哀！

——《诗经·小雅·采薇》

陟彼岵兮，瞻望父兮。父曰：嗟！予子行役，夙夜无已。上慎旃哉！犹来无止！

——《诗经·魏风·陟岵》

我所思兮在太山。
欲往从之梁父艰，侧身东望涕沾翰。
美人赠我金错刀，何以报之英琼瑶。
路远莫致倚逍遥，何为怀忧心烦劳。
我所思兮在桂林。
欲往从之湘水深，侧身南望涕沾襟。
美人赠我琴琅玕，何以报之双玉盘。
路远莫致倚惆怅，何为怀忧心烦伤。

——张衡《四愁诗》

虽信美而非吾土兮，曾何足以少留。

——王粲《登楼赋》

何处积乡愁，天涯聚乱流。岸长群岫晚，湖阔片帆秋。
买酒过渔舍，分灯与钓舟。潇湘见来雁，应念独边游。

——张乔《江上送友人南游》

泸北行人绝，云南信未还。庭前花不扫，门外柳谁攀。
坐久销银烛，愁多减玉颜。悬心秋夜月，万里照关山。

——布燮《思乡作》

枯藤老树昏鸦，小桥流水人家。古道西风瘦马。夕阳西下，断肠人在天涯。

——马致远《天净沙·秋思》

山一程，水一程，身向榆关那畔行，夜深千帐灯。

风一更，雪一更，聒碎乡心梦不成，故园无此声。

——纳兰性德《长相思》

诗歌作为存在之舌，既表征了人类长久的生存状态和稳固的情感结构，更重要的意义在于对当下境况的不断反思，撷取吉光片羽以重建自我。漫长的中国文化史上，一代又一代的中国人吟咏着乡愁。乡愁毫无疑问既是存在的“社会事实”(socil facts)(迪尔凯姆语)，也是“言说的共同体”(Speech Community)(威廉·拉勃夫语)，体现了共同的价值观和情感认同。何谓乡愁？乡愁作为文化现象，起源于何时？

“鄉”，从字源上看，“鄉”与“卿”同源。卿，甲骨文像主宾、围着餐桌的食物相向而坐，一同进餐。金文省去“口”。“卿”的“亲密共餐”本义逐渐消失，篆文在两个“人”再加“口”变成两个“邑”，饮食之人所居地(邑)，另造“鄉”代替。所以“鄉”本义为：主宾相向而坐，一同进餐。当“鄉”的“相向”本义消失后，篆文再加“向”(窗口朝着的方位)另造“嚮”代替。隶书误将篆文左边的“邑”写成“乡”，误将篆文右边的“邑”写成“右耳旁”。这时候的“鄉”变成了同食于同邑之义，具有明确的时间、空间规定性，行为的在场性，表征了中国文化特有的情感价值意义功能。

进入等级社会之后，随着物质生活的日趋丰富，社会逐渐发生了分层化，行政治理功能也随之衍生、扩展，这些能明显的在语言中反映出来，层次也日益丰富、扩展。《说文解字》释：鄉，國離邑民所封鄉也。嗇夫别治。封圻之内六鄉，六鄉治之。从，皀聲。因居住客地称原籍为乡，特指故乡、家乡，人生长的地方，兼具有对空间和那一段时间的特指。《周礼·大司徒》：五州为乡。随着时间的推移，“鄉”逐渐成为一种行政组织，又引申出行政治理之义。一万二千五百户为一鄉，二千五百家为一州。《广雅》：十邑为鄉，三千六百家为一鄉。《礼记·王制》：习鄉尚齿。《庄子·逍遥游》：行比一鄉。《庄子·胠箧》：治邑屋州闾乡曲者。司马迁《报任安书》：无乡曲之誉。鄉属于政的领域，具有实际上的管理功能，是一个实用性的意义单位，“乡”作为行政单位这个义项至今还保留着。

整理一下这条线索是很有意思的。鄉，本义是一个日常具体行为：两人面对面坐着进餐。本义消失后抽象为副词：对着某个方向，这个义项后来由虚词“向”代替，如“鄉师而哭”，后来逐渐固定化，被赋予行为和心理意义，大概意指为：思念的游子脸朝着的地方，即家园所在地。“鄉”从此成为固定名词，它首先是一个地域概念，并且从一开始就不仅仅是一个地理空间，而是与空间里人群的组织、人的活动紧密联系在一起的人性化空间。所以又进一步引申为家乡，随着时间的流逝而曾经共同存在的、带有情感色彩的、特定的地域。晁错《论贵粟疏》：不农则不地著，不地著则轻乡离家。“地著”指定居在一个地方，因此又引申为处所、位置。《荀子·赋》：天地易位，四时易乡。“鄉”的起源、命名明显具有中国文化思维的特征，就是一以贯之的对意义的不懈追问。由此看来，“乡”“故乡”从命名之初就绝不仅仅是一个地域概念，而是从一开始就兼具了文化的涵义，是一个时间—空间的统一体，是凝聚着生活经验、记忆的本源性的世界。在“乡”这里，时间、空间是不可分离的，时间是绵延的，传统则积淀凝聚为乡风习俗，活在当下的人们的生活方式、存在，是活泼泼的生命节奏。所以从审美发生学上看，对“乡”的体悟具有经验层面上的可证实性和情感心理上的内指性、依赖性。以海德格尔的存在论观点来看，这是一个永恒的、具有本体意义的存在，超越了现象界的存在者，照亮了生活世界，并由此而衍生出一大串沉甸甸的情感所在：乡愁、乡恋、乡念、乡井、乡里、乡亲、乡情、乡思、乡曲、乡音、回乡、怀乡、思乡、家乡、背井离乡……

从这个逐渐演进的过程中就可以发现中国人所特有的家—国一体演进的心理逻辑，即“身土不二”。从个体所在的微观空间形成意象，扩展到中观的地方情结，最终上升到抽象宏观的文化认同，这种东方社会以血缘关系为基础的社群的组织形式和文化，最终形成了中国人“社”的聚居方式，凝聚了中国人永恒的家国情怀，形而上为有别于其他任何民族的文化。《说文解字》释“社”：地主也，从示、土。《诗·小雅·甫田》：“以社以方。”疏曰：“社者，五土之神，能生万物者，以古之有大功者配之。”《礼记·祭法》云：“王为群姓立社，曰大社。王自为立社，曰王社。诸侯为百姓立社，曰国社。诸侯自为立社，曰侯社。大夫以下成群立社，曰置社。”“共工氏之霸九州岛也，其子曰后土，能平九州岛，故祀以为社。”《荀子·礼论》：“故社，祭社也。”注云：“社，土神。”《汉书》：“或久无害，稍筑室宅，遂成聚落。”这时的“社”虽然还处于自然萌生的状态，但是已经形成了定居即“落”，村落、聚落、院落的形式，都是露天开敞四面建筑围合形成的空间，形成后来儒家的空间社会意义序列思想的萌芽。到了《周礼》中的“二十五家为社”，形成了以人类的自主意识有目的地组织起来的成熟社区。由此看来，“社”从一开始就表征了一种人出于地缘关系而形成的联系。“社”的标志一开始是涂着血的一束茅草，意指通过流血占有了这片土地，与土地上的一切共在。这束涂着血的茅草在漫长的历史进程中，血腥味慢慢退去，演化为土地上生长的社树。无论茅草还是社树，都是以神性象征物而指向对土地的占有以及围绕庙宇形成的乡村聚落的存在。《管子·权修》高屋建瓴地把这种家国关系归结为“国者，乡之本也”，体现了以血缘关系为基础的社会组织形式和文化结构。二十世纪，费孝通在西方社会学学科视域里把这种社会结构归纳为“乡土中国”。

由于“鄉”的本义是“主宾相向而坐，一同进餐”，又因为“夫礼之初，始诸饮食”，如果考虑到饮食在中国文化中的特殊地位，从文化人类学的角度看，我们有理由认为“乡—邑—礼”这个递进过程，这种通过对时间—空间的统一体的体悟，以安顿自己在宇宙中的位置，进而完成对自我的体认这个庞大的哲学命题，在中国最终是通过仪式进行的。仪式，即礼，杜维明等学者倾向于认为，中国文化起源于仪式，即礼。我们可以沿着这条线索，推到中华文化的源头，从礼的起源，探究中华文化的意义所在。

礼，禮，“豊”是“禮”的本字。豊，甲骨文、（像许多打着绳结的玉串）＋（壴，有脚架的建鼓），表示击鼓献玉，敬奉神灵。金文承续甲骨文字形。当“豊”作为单纯字后，有的金文再加“示”（祭祀）另造禮，强调禮的祭拜含义；同时误将“玉串”和“建鼓”构成的金文，拆写成“曲”和“豆”，玉和鼓的形象消失。有的金文加“酉”（酒）另造“醴”，表示以美玉、美酒敬神。籀文将金文字形和加以综合，取之“示”，取之“酉”，并以“水”（酒）代“酉”（酒），简化了字形。禮本义为：击鼓奏乐，并用美玉美酒敬拜祖先和神灵。篆文承续金文字形。俗体隶书基本承续籀文字形，将籀文字形中的“水”形写成“乙”形。《说文解字》：禮，履也。所以事神致福也。从示从豊，豊亦聲。，古文禮。礼的本义在典籍中有很多：《仪礼·觐礼》：礼山川丘陵于西门外。《文选·扬雄·甘泉赋》：集乎礼神之囿，登乎颂祇之堂。朱彝尊《谒大禹陵》：芒芒怀旧迹，肃肃礼荒祠。由本义扩展为尊敬、厚待：《礼记·月令》：聘名士，礼贤者。《左传·僖公三十三年》：轻而无礼。《吕氏春秋・察贤》：魏文侯师卜子夏，友田子方，礼段干木。再扩展为表示敬重的态度、言行：《礼记・曲礼上》：礼尚往来，往而不来，非礼也；来而不往，亦非礼也。《论语・为政》：导之以德，齐之以礼。《史记・廉颇蔺相如列传》：礼节甚倨。《史记・货殖列传》：仓廪实而知礼节。从周公治礼作乐开始，礼的性质发生了根本变化，最终上升为一整套维持社会秩序与人际和谐的规范与准则，起着调节社会生活，建立和维持社会秩序的作用。随着先秦社会分工和理性精神的兴起，"礼"逐渐抽象升华为精神意义上的观念，而社会整合功能逐渐淡化，分化为礼、乐、刑、政不同的领域。

关于"礼"的社会整合、建构功能在典籍中的记载比比皆是：

《仪礼・觐礼》：餐礼礼归。

《仪礼・聘礼》：主人毕归礼。

《大戴礼记・本命》：冠、婚、朝、聘、丧、祭、宾主、乡饮酒、军旅此之谓九礼。

《礼记・王制》：脩六礼以节民性。六礼：冠、昏、丧、祭、乡、相见。

《管子・立政》：礼义廉耻不立，人君以自守也。

《孟子・告子上》：万钟则不辨礼义而受之。

《荀子》：礼者，智辨之极也。强国之本也，威行之道也，功名之总也。

《左传・昭公二十五年》：夫礼，天之经也，地之义也，民之行也。

《史记・廉颇蔺相如列传》：设九宾礼于廷。

如果从礼的起源和最初的功能来看，礼作为仪式的出现是人区别于动物，即人之为人的标志。"击鼓献玉，敬奉神灵"，从器物的角度看是以一整套具有象征意义的符号，由文身之人在乐舞中沟通天地。文身就是图腾(totem)崇拜,是自然力的生命化象征。文身之人在乐舞中进行仪式,即礼,就是对意义的追问,这种追问超越了当下,超越了此在的时空,采取了超现实的方式。图腾作为抽象的象征符号,被赋予了超越物质本性的神力;作为虚幻的象征符号,必须在动态的仪式中才能被体认,人才能认识到自我的存在,与天的合一。文身意味着自然人向氏族人的转化,也就是人的文化化、社会化,在这个仪式过程中,人达到了自我的认同(identity)。所以,中国文化来源于仪式的发展,仪式之文按照文化生成规律,"文以化成天下",形成了一整套对意义追问的系统。

赫伯特·米德认为,"意义产生于一个既定的人类有机体的姿态和这种姿态所标示给另一个人类有机体的、这个有机体随后的行为之间的关系领域,并且存在于这个领域之中"。[①] "在任何一种既定的社会活动中,一个有机体对另一个有机体的姿态的反应,都是这种姿态所具有的意义。"[②]意义构筑了文化。恩斯特·卡西尔认为,"我们可以说动物具有实践的想象力和智慧,而只有人才发展了一种新的形式:符号化的想象力和智慧"。[③] "符号化的思维和符号化的行为是人类生活中最富于代表性的特征,并且人类文化的全部发展都依赖于这些条件,这一点是无可争辩的。"[④]马歇尔·萨林斯认为,利用自然所获得的满足以及人们之间的利益关系,都是通过象征符号系统建构起来的,象征符号系统具有它们自己的逻辑或内在的结构。对于人类而言,并不存在未经过文化建构的纯粹的自然本质、纯粹的需要、纯粹的利益或纯粹的物质力量。这并不是

① [美]赫伯特·米德:《心灵、自我与社会》,霍桂恒译,北京:华夏出版社,1999年,第82页。

② [美]赫伯特·米德:《心灵、自我与社会》,霍桂恒译,北京:华夏出版社,1999年,第84页。

③ [德]恩斯特·卡西尔:《人论》,甘阳译,上海:上海译文出版社,1985年,第42页。

④ [德]恩斯特·卡西尔:《人论》,甘阳译,上海:上海译文出版社,1985年,第35页。

说没有生态学或生物学上的制约，而是说文化表达了人类对自然的所有认知。①

《礼记·大传》言："上治祖祢，尊尊也。下治子孙，亲亲也。旁治昆弟，合族以食，序以昭缪，别之以礼义，人道竭矣。"这是基于血缘关系而建构的中国式的"人道主义"。从"人道"出发的"礼义"不仅仅限于追问意义，更具有"订立祖祢之序，尊重其尊者；排列子孙之序，亲爱其亲者；旁列同族兄弟关系；聚合族人会食于宗庙，分立昭穆次序"的伦理功能。扩展到整个社会，"亲亲故尊祖，尊祖故敬宗，敬宗故收族，收族故宗庙严，宗庙严故重社稷，重社稷故爱百姓，爱百姓故刑罚中，刑罚中故庶民安，庶民安故财用足，财用足故百志成，百志成故礼俗刑，礼俗刑然后乐"，就构成了一个"尊尊、亲亲"的良性循环礼法体系，也就是《左传》强调的"经国家，定社稷，序民人，利后嗣也"的"家—国"建构功能。

所以，"礼"作为特别的仪式，在特定的时间和空间里对意义进行追问、肯定，进而在时间的流逝中体味反思源头、人生。这种对原初意义不停的追问构成了中国人的特别的时间—空间一体性的宇宙观：

上下四方曰宇，古往今来曰宙。——《尸子》

有实而无乎处者宇也，有长而无乎剽者宙也。——《庄子》

宇，舟车所极覆也。下覆为宇，上奠为宙。——《说文解字》

这是先民在文明初始时对宇宙秩序的体认，试图对自己所在的世界进行领悟和理解，对宇宙秩序的合理性发自内心的敬畏，形成了中华文化的源头。"因此，作为礼之起源的'初'或者'朔'，便是一个十字形的结构：从时间上是始，但又是终；从空间上则是个我与神(天)、个我之间的关系联结。即时间上的始终循环，空间上人神(天)

① [美]马歇尔·萨林斯：《甜蜜的悲哀》，王铭铭、胡宗泽译，北京：生活·读书·新知三联书店，1997年，第64页。

关系上的'敬'与'承'、人与人之间关系上的'正''笃''睦''和'等。这个十字结构的动态表现就是郑《目录》所云:'(礼运者,言)五帝三王相变易、阴阳旋转之道'。"[①]"然在中国,一方不以时空为二,故宇宙、世界,皆并称如为一名。……宇宙二字,初即含不相离之意。中国思想中,一方亦不视一物为只限于占据一特定之时空者,因而亦缺乏抽象之无限时空之观念。"[②]《淮南子·泰族训》:凡人之所以生者,衣与食也。今囚之冥室之中,虽养之以刍豢,衣之以绮绣,不能乐也。以目之无见,耳之无闻,穿隙穴,见雨零,则快然而叹之,况开户发牖,从冥冥见炤炤乎!从冥冥见炤炤,犹尚肆然而喜,又况出室坐堂,见日月光乎!见日月光,旷然而乐,又况登泰山,履石封,以望八荒,视天者若盖,江河若带,又况万物在其间者乎?其为乐岂不大哉!对于中国人来说,时间、空间都是因为人的存在才彰显其意义,所以具有了照亮、澄明的本源意义。

我们发现,在中国传统文化中,对于时间的理解,从来就不是超然物外的自然时间或物理时间,而是始终与个体的情感和存在相关的感悟性的体验,具有形而上的意义。面对流逝的时间,孔子发出感慨:"逝者如斯夫,不舍昼夜。"时间如河川一般可感,随着时间之川而"逝"的更有人有限的生命,生命正是在这种流逝中不停地追问和反思,最终肯定了当下和永恒的意义,进而肯定自我的存在。老子在时间的流逝中发现了时间的循环往复,在这种周流中产生了一个永恒的本体,"道生一,一生二、二生三、三生万物。"道的周而复始使得宇宙万物生生不息,生命的意义就在这生生不息中。

,愁,《说文解字》卷十"心部"释为:憂也。或借为揫字。乡飲酒义曰秋之爲言揫也是。从心,烁声。士尤切。三部。秋,禾

① 龚建平:《意义的生成与实现——〈礼记〉哲学思想》,北京:商务印书馆,2005年,第67页。
② 唐君毅:《中国文化之精神价值》,桂林:广西师范大学出版社,2005年,第73页。

谷熟也。心被自然节律的秋意笼罩着，又牵挂着成熟的庄稼。虽然是收获的季节却又万木开始萧条，甜蜜与忧伤共在。在以农作物的生长周期为标志的中国时间文化系统里，曾经把“年”的起始定为十月初一，冬天到来之前的秋末。农作物生命之终与树木生长的周期现象引发了古人对生命长度和意义的思考。这些忧虑、痛苦、郁结、凄惨等情绪反应集中在“愁”上，真是怎一个“愁”字了得。所以“愁”从一开始就指特定时间里的心理行为，可以理解为一种情绪性的反思状态。由于这些感性、理性因素的交织，“愁”在中国文化中形成了一个绵绵不绝的、巨大的主题，历代诗歌一直在吟咏着。“采薇采薇，薇亦柔止。曰归曰归，心亦忧止。忧心烈烈，载饥载渴。我戍未定，靡使归聘”，“日暮乡关何处是？烟波江上使人愁”，“月落乌啼霜满天，江枫渔火对愁眠。姑苏城外寒山寺，夜半钟声到客船。”“向晚意不适，驱车登古原。夕阳无限好，只是近黄昏。”“春花秋月何时了，往事知多少。小楼昨夜又春风，故国不堪回首月明中。”“愁”的文学化表达就是伤春悲秋，构成了中国古典文学中一类很特别的主题，永远执着于对时间流逝的感悟，也就是生命意义的感悟。这在世界其他民族文学史上是很少见的。

现代心理学经过实验分析认为，时间对于人而言并不总是“匀速”“均值”的，在一些特殊的时间段里，人对于时间具有特别的感觉，比如黄昏、半夜。如“鸡栖于埘，日之夕矣，牛羊下来。君子于役，如之何勿思！”（《王风·君子于役》）“移舟泊烟渚，日暮客愁新。野旷天低树，江清月近人”，“枯藤老树昏鸦，小桥流水人家，古道西风瘦马。夕阳西下，断肠人在天涯”，“深秋绝塞谁相忆，木叶萧萧。乡路迢迢。六曲屏山和梦遥。佳时倍惜风光别，不为登高。只觉魂销。南雁归时更寂寥”。在这些所谓时间的零余、边角里，当人从日常事务中脱离出来，独自回味，面对纯粹的自我，蓦然回首，时间、生活背后生命的意义到底是什么？特别容易产生忧伤、惆怅、感慨等紧迫情绪，进一步引发对时间流逝、人生不再的感悟。叶秀山先生认为，中国哲学里的时间是一种意义系统，完全不同于西方的客观的、“科学”计量的空间位移的时间，是一种内在于生命的感悟。宗白华先生干脆把中国人对时间的体味称为“宇宙心灵”，这种时间完全是内在于自我的、存在意义上的时间。

中国哲学一直强调超越时间，克服人类生命的脆弱性，超越当下的局限性，与宇宙大化永恒。宇宙无际无涯，人是时间的弃儿，以有限的人生与无穷无尽的时间赛跑是可笑的，人这个“转徙之徒”蝇营狗苟地挣扎于外在目的，徒然碌碌终日，却恰恰失去了人的性灵。只有在当下的生活中领悟平凡，才能超越时间的表象，不为时使，才能在诗性的存在中安顿永恒。“意气不从天地得，英雄岂藉四时推”，时间性存在是情理的存在，意味着秩序、目的、欲望、知识等，无一不是对人的约束。诗性觉醒后，时间的藩篱就打破了，人通过古、今、未来的沟通，否定了当下时间的虚幻性，三个世界不断重叠、扩展，构成完美的格式塔，当下实现了超越和永恒。这种时间哲学观念突出地表现在中国民俗文化的节庆仪式和中国古典美学的意境中。

从以上分析初步来看，中国古典乡愁是一种源自主体体验的情感。相对于“悲”“忧伤”“痛苦”“绝望”等消极情感，伴随乡愁出现的“关爱”“美好”“思念”等情感具有积极性和建构性，并且具有批判与思辨的深度，所以乡愁是追寻生命意义、诗意栖居的精神家园的哲学反思和美学思辨。正因为古典乡愁充满了回忆、反思、惆怅等思绪，所以王杰认为，中国文学传统中的“乡愁”都是指向“过去”的，把“过去”予以“完美”化、“神圣”化。“人穷则返本”，“本”作为“初始性”和“纯粹性”具有了神圣性，具有强大的克里斯马(chrisma)魔力，取之不尽用之不竭，是永恒的乌托邦桃花源，在任何困厄中都给我们无穷无尽的安慰和力量。所以中国哲学把“一”和“太极”作为最高的价值本体，具有伟大的神性，“回归”这个价值本体是中国乡愁获得表达的最基本机制。以此，文化乡愁构成了中国哲学和文学的基本主题。

第二节　传统乡愁的文化内涵

由于“鄉”和“禮”在中国文化中的特殊意义，所以血缘、伦理对于中国传统社会就具有特别的建构意义。之所以形成这种“经国家，定社稷，序民人，利后嗣也”的“家—国”一体的、完全不同于西方的国家结构，马克思进行了文化人类学比较研究，认为这是一种根源于东方社会以血缘关系为基础的公社的组织形式和文化。早在中国文化的轴心时期，孔子在《论语・子路》中感叹“不如乡人之善者好之”，最早从伦理意义上对家乡予以积极的价值肯定。《列子・天瑞》：“有人去乡土，离六亲”，最早表达了关于乡土离别的感怀叙事。这些都是从情感意义而非理性思维上作出的价值评判，家乡的情感、伦理意义明显高于其他意义。先秦诸子时代，中国社会正值第一次大转型，各派思想在激烈争锋中形成了中华文化的母体。《诗经》作为这个时代的产物，反映了先民的生存状态和情愫。《诗经》305 篇粗略统计一下，竟然有数十首乡愁诗，大概可以划分为役者戍卒的思乡感怀，女子出嫁思念故土的哀吟，士大夫的故国之思，流浪异乡者的哀曲几种类型，基本上涵盖了上古农耕时代早期，先民们因为战争、徭役、婚嫁、社会动乱而被迫离开家乡，对家乡故土、父母、兄弟姊妹的深深眷念。

《诗经・小雅・采薇》：“靡室靡家，玁狁之故。不遑启居，玁狁之故”，“王事靡盬，不遑启处。忧心孔疚，我行不来”，这些充满国家正义的“遣戍役之辞”使得兵士被迫离家去参加战争，无穷无尽的漫长征程终于令人发出了“昔我往矣，杨柳依依。今我来思，雨雪霏霏。行道迟迟，载渴载饥。我心伤悲，莫知我哀”这个心灵深处的声音，开启了后来无数的“昔年移柳，依依汉南；今看摇落，凄凄江潭。树尤如此，人何以堪”的先河。因为时间的流逝，时过境迁家不再家，虽然归家，熟悉的家却不复如初，这是一种伤心彻骨的永远失去。《豳风·东山》中诗人无数次想象“鹳鸣于垤，妇叹于室。洒扫穹室，我征聿至”，无数次不得归家而极度失望。“果赢之实，亦施于宇；伊威在室，蟏蛸在户；町畽鹿场，熠燿宵行”，想象中破败的家和那时候家人居于其中的家到底哪一个是真实的？《魏风·陟岵》：“陟彼岵兮，瞻望父兮。父曰：嗟！予子行役，夙夜无已。上慎旃哉！犹来无止！”诗人因为长久的乡思而产生了幻觉，发出了不同身份的家人对自己的强烈思念这种“错位”的话语，在这种恍恍惚惚的转换中更传达出自己渴望即刻回家的心情。这种征人望乡之情构成了后来战争文学的重要主题。

如果我们把《诗经》里的这些作品与古希腊《荷马史诗》的《奥德赛》做一个对比，就会发现其中有一个共同点。奥德赛历经艰难从冥府返回，终于把物质实体的故乡与想象中的故乡合二为一；虽然“人不能两次踏进同一条河流”，但是仍然希望能在时间的流逝中寻找固定不变的本质。《奥德赛》以辉煌的审美想象实现了这个寻找历程。《诗经》中这种强烈的今昔对比，记忆中的过去与想象中的现在，失去的美好，寻找的是生命中那些永恒不变的底色。生命之河永远处于流逝中，面对变动不居的当下，人们只有在想象中美化已经流逝的过去，这虽然是对生命的无奈，却也是美好的升华。从这时候开始，物质实体的家逐渐开始抽象化，产生了象征意义，象征着过去的美好、完整，弥补着现实的缺憾，引渡着理想的未来。这种情感导向在《诗经·国风·蒹葭》中达到了高峰：

> 蒹葭苍苍，白露为霜。所谓伊人，在水一方。
> 溯洄从之，道阻且长。溯游从之，宛在水中央。
> 蒹葭萋萋，白露未晞。所谓伊人，在水之湄。
> 溯洄从之，道阻且跻。溯游从之，宛在水中坻。
> 蒹葭采采，白露未已。所谓伊人，在水之涘。
> 溯洄从之，道阻且右。溯游从之，宛在水中沚。

这里美好的“伊人”无论是“在水一方”“在水之湄”还是“在水之涘”，永远都处于彼岸。可贵的是，无论“道阻且长”“道阻且跻”“道阻且右”，诗人“溯洄从之”“溯游从之”，无限地接近那个美好境界。

汉代以降，随着国家版图的急剧扩大，生活空间也随之扩大，求学求仕成为文人实现人生理想的主要途径，“别离”成为生活中经常出现的场景。从《古诗十九首》开始，“别离”大量地出现在文学文本中。“行行重行行，与君生别离。相去万余里，各在天一涯”，这种远离家乡追求人生抱负，遥远的空间距离，现实与理想的巨大反差，自然就产生了强烈的思乡之情。“人穷则反本”，太史公的这个“本”指的是本原，故乡，生命起源的地方，以故乡与他乡的二元置换，喻指永恒的本原与当下的失落之间的不断置换，使人产生了生命之“穷”。魏晋南北朝时期，社会剧烈动荡，文人济世安民、建功立业的豪情唱响了建安风骨，固然“东临碣石，以观沧海。水何澹澹，山岛竦峙。日月星辰，若出其中，星汉灿烂，若出其里。幸甚至哉，歌以咏志”，壮美的大自然与儒家安邦治国的心胸相一致，然而“对酒当歌，人生几何。譬如朝露，去日苦多”，“生年不满百，常怀千岁忧”，对生命意义的追问贯穿了这个被鲁迅称为生命意识觉醒的时代。变动不居的现实、无常短暂的生命与永恒的人生意义引发了对生活、追求与价值的强烈反思，陶渊明只有在桃花源这个乌托邦中寄予着自己避世的理想，“行行失故路，任道或能通”，“俯仰终宇宙，不乐复何如”，“朝与仁义生，夕死复何求”。谢灵运“反身草泽”，寄情山水，“昏旦变气候，山水含清晖。清晖能娱人，游子憺忘归”，林庚先生认为，“山水诗的兴起，是结合着游子的主题与自然景物而来的”。① 唐朝的边塞诗回响着开疆拓土、建功立业的雄壮时代主题，但是也伴随着怨妇诗、闺怨诗的呻吟。随着古典社会鼎盛时期的迅速消逝，社会的分裂与理想的家园永远构成巨大的反差，文人理想化的人生向往孕育出了山水田园诗。“故人具鸡黍，邀我至田家。绿树村边合，青山郭外斜。开轩面场圃，把酒话桑麻。待到重阳日，还来就菊花”，士人对理想世界的极度追寻终于创造了伟大的意境。唐代王昌龄首先提出了“境生于象外”的命题，司空图把这种恍兮惚兮、可望而不可置于眉睫之前的象外之象、景外之景解读为“蓝田日暖，良玉生烟”，“羚羊挂角，无迹可求”。宋朝达到了中国古典社会物质文化的高峰，而人的欲望也同步扩张，哲学必须对时代的变化做出回应。这一时期传统经学吸收了各种文化营养，顺应时代潮流发展成为理学，代表着中国古典哲学的高峰。这是不同于先秦两汉儒学的新形态，思想史家称为新儒学。陈寅恪先生高度评价了这种文化融会和思想合流的现象，认为是中国历史文化的“一大事因缘”。

儒家的伦理中心和家国同构使士人仕宦游走于家国之间，形而上的生命意义追问和身体的山水之游兼融于一体。“昨夜扁舟雨一蓑，满江风浪夜如何？今朝试卷孤蓬看，依旧青山绿水多”，“东城渐觉风光好，縠皱波纹迎客棹。绿杨烟外晓寒轻，红杏枝头春意闹”。诗歌之“意境”即人生之“境”。“意境”是中国古典艺术

① 林庚：《中国文学简史（先秦至唐代）》，北京：北京大学出版社，1988 年，第 172 页。

中最基本的美学范畴，反映了“意”与“境”、“天”与“人”的有机统一，相反相成，生成象外之象，意外之韵的生命力量。意境是一个极其复杂的范畴，具有多重内涵，大体上指古典美学中完美、和谐的虚拟世界，有时候用境界，如王国维在《人间词话》中就如此。这里意境、境界同义。境界超越了具体的物理空间，指向了人心对应的世界；境界也不再是实存的世界，指向了虚灵。它是人的生命体验对世界反应的凝聚，是人在与外在世界相互作用下形成的心灵幻影。境界的产生标志着人作为主体对应的世界、人心营构的世界、意象构成的世界合为一体。这个境界不是西方认识论的境界，而是存在论的境界。王夫之《姜斋诗话》：“关情者景，自与情相为珀芥也。情景虽有在心在物之分，而景生情，情生景，哀乐之触，荣悴之迎，互藏其宅。”朱良志先生把境界的特点归纳为：一、突出人的境遇，反映人对自身命运的关怀。二、突出世界的大全意。世界不是知识的对象，而是一个完整、自足、活泼泼的世界，不是一个物理时空，而是生命体验的对象。三、突出世界的虚灵。人心不是去模仿实在的世界，而是以心灵去发现背后的生命流动，在心里营造一个活的、流动的、虚灵的空间。四、突出以世界本身来显现世界。①

对中国文学的乡愁主题和它的“感觉结构”（详后）表现形式意境的形成演变暂时回溯到这里，我们必须回到中国哲学的源头，寻找生命的本体，意义的本源，宇宙的本体。中国哲学一般认为“天”是宇宙本体，有三个层次：（一）自然之天。《论语》：天何言哉！四时行焉，百物生焉，天何言哉！（二）主宰之天。《诗经·小雅·语无止》：丕显文王，受天有大命。浩浩昊天，不骏其德，降丧饥馑，斩伐四国。（三）义理之天。《朱子语类·卷一》：未有天地之先，

① 朱良志：《美学十五讲》，北京：北京大学出版社，2006年，第278—281页。

毕竟只是个理。有此理，便有此天地，无此理，便亦无天地。作为自然的“天”虽然是客观存在，但是因为赋有大德而被赋予伦理的至善含义，最终上升为道德之天的宇宙本体。“天”无论被称为“理”“道”还是“太极”“天理”等，都具有本初、源头之义，是先验的，不可怀疑的。“人”作为宇宙三才，居天地之间，是“天”这个至善之本体的产物，就必然地禀承、分享、占有此原初之“天”“道”而有了“性”“命”。所以“人”作为“天”的产物，既是客观的，又是一种被赋予普遍性的精神存在。“人”的安身立命、实现自身的人生价值，就在于把上天赋予的“仁”“诚”“本心”等“性”体现出来，才能实现“成己”“成人”“成物”的理想，进而达到人与天的合一。虽然“天命之谓性”，是人的本能，但是中国先哲并没有把“性”归结为主体的欲望、需求，而是从一开始就提升到了道德本体的地位。在孟子看来，欲望仅仅表示“活着”，这个层次近乎禽兽，“人之所以异于禽兽者几希”(《孟子·离娄下》)，是因为“恻隐之心，人皆有之；羞恶之心，人皆有之；恭敬之心，人皆有之；是非之心，人皆有之。恻隐之心，仁也；羞恶之心，义也；恭敬之心，礼也；是非之心，智也。仁义礼智，非由外铄我也，我固有之也；弗思耳矣。故曰：‘求则得之，舍则失之’。”(《孟子·告子上》)因为作为“天”的产物之“人”秉赋着“仁”的先天本质，这就是人最宝贵的“灵”，即天赋的良知，非由外铄我也。“欲”不能仅仅停留在“俗人所欲”的层面，它不仅是“社会事实”，也是情感、欲望与信仰纠结的具体的“人”，海德格尔意义上的人生在世的“烦”。中国文化史上，各家学派都把“人”看作一个总体性范畴，一种普遍性的精神存在。“天地之性人为贵”(《孝经》)，“夫大人者与天地合其德，与日月合其明，与四时合其序，与鬼神合其吉凶，先天而天弗违，后天而奉天时”(《易传·文言》)，“人者天地之心”(《礼运》)。个体的人安身立命、实现自身的人生价值，就是要追求人与天的合一。人的精神活动最高目的是“究天人之际，通古今之变，成一家之言”，“天”的终极价值体现为至善性的存在，整个世界包括人类社会，皆是此至善理念统摄下的世界，其发展趋势即回归此至善世界。“仁者以天地万物为一体，莫非己也”（程颢）。

中国哲学的“天人合一”最早来源于原始宗教的“神人合一”，“神”指人类处于神话思维时代。神话是各个民族文化的母体。我认为，关于嫦娥奔月神话的人类学解释既反映了人类对超越变动不居的现实背后的那个永恒本质的追求，又反映了人类心灵深处对生命永恒的渴望。先民很早就观察到了月亮盈亏圆缺而又循环往复的神奇现象，把月亮的运行变化现象作为确定人类时间的参照系而制定了太阴历，对它背后神秘的不可知的本质困惑不已。月亮在空间位置上又远远地处于人类的身体感性接触范围之外，虽然视觉能够感知它的存在，却把握不了这个对象，因此具有遥不可及的彼岸性。于是他们根据自己所观察到的月亮的视觉形象展开了想象的翅膀，形成了“嫦娥”这个复杂的文化集合体。嫦娥神话反映了上古先民口传文化系统（oral tradition）中的月神神话与信仰，大约在战国时期逐渐进入书面文化系统。到了汉代，嫦娥神话与西王母神话、月中兔神话、羿神话相粘连，形成了巨大的昆仑神话集群。随着对月亮思考的深入，由单一叙事话语繁衍为复杂庞大的叙事丛。日月神话作为创世神话的核心母题群，月神宇宙观背后交织着先民的灵魂观与生命观。

嫦娥又名“恒娥”，“恒”“嫦”都有永恒之意。《说文》：“娥，求回也”，“恒，常也”。段玉裁注：“常当作长，古长久字，衹作长。”常、长音相通，故“常”有长久之意。关于嫦娥奔月神话的最初面貌及具体的仙化轨迹已经很难考证，但是通过对不同典籍所载嫦娥奔月故事进行相互参校，可知其基本情节。在民间文化系统中，嫦娥神话后来又经历了一个漫长的仙话化过程。“嫦娥”最早见于秦简，有两处文字:“归妹曰: 昔者恒我窃毋死之□……”;“奔月,而支占”。《山海经·大荒西经》载:“有女子方浴月。帝俊妻常羲,生月十有二,此始浴之。”东汉《淮南子·览冥训》:“羿请不死之药于西王母,姮娥窃以奔月,怅然有丧,无以续之。”张衡《灵宪》:“嫦娥,羿妻也,窃西王母不死药服之,奔月。将往,枚占于有黄,有黄占之,曰:‘吉。翩翩归妹,独将西行,逢天晦芒,毋惊毋恐,后且大昌。’嫦娥遂托身于月,是为蟾蜍。”无论神话还是仙话,按照张光直先生在《美术、神话与祭祀》中对饕餮纹饰演变的人类学解释逻辑,我认为可以把嫦娥神话的核心理解为“人”希望对彼岸的进入、占有。而正是因为这种占有,“人”才与遥不可及的月亮这个对象发生了精神上的联系,才能分享那永恒的盈亏圆缺和循环往复,也就意味着对未知的本质的占有。先民进一步把这种神奇的现象理解为生命死而复生、永不灭绝的象征,灵魂不死就意味着生命不息。《山海经》中比比皆是的不死山、不死民、不死国、不死草等,屈原《天问》中的“夜光何德,死则又育? 厥利维何,而顾菟在腹?”以及原属于西王母神话系列中的不死树、不死药后来统统被移植到了嫦娥神话中,这些无一不证明了先民对生命的留恋与珍惜,而这种恋生恶死的意念在后来的仙话中得到了更加完整的体现。“人”从立足的大地飞升入月,意味着脱离了现实的羁绊,有限的生命从此进入了这个永恒的循环,从而获得了永生。至此人类对永恒不变的本质、对有限生命的超越都得到了完美的把握。《老子》把这个想象上升为理论,“道生一,一生二、二生三、三生万物。”永恒的“道”化为万物之后,原初之“道”也就迷失藏匿于“万物”中了,所谓“大音希声,大象无形”。这个“万物”自然也包括“天理”“仁”“诚”“本心”,所谓不忘初心即是在飞扬浮躁的世界里回返道心,回返本源。

综上所述,中国哲学的“天人合一”主题,无论是体现宇宙智慧的道家的“一”,还是维护人的德性智慧的儒家的“天理”,核心都是

"天人相和"。类似于柏拉图的"永恒的理式",不增不减,对理式的分享、占有、追求成为个体的人的安身立命之途。无论是对永恒的"一"的分享,还是"朝闻道,夕死可矣"的"天理""仁""诚""本心",都是实现自身价值,追求人性的回归,"天行健,君子自强不息"。只有当我们处于"人"的状态,才能处于"在"的家园里。在永恒之光的照耀下,人就获得了此在的完满,"此心安处是吾乡"。这是中国人孜孜以求的不朽境界,是中国文化铭心刻骨的精神追求,是伦理、美学、智慧合一的生命体验,介于宗教与哲学之间,是中华民族的心灵宗教。

正因为天人合一是"人"之所以为人的最高追求,徐复观先生把儒家的"礼乐之治"称为"儒家在政治上永恒的乡愁",是中国美政的最高理想,构成了中国传统文化的内核、原乡。《孟子·告子上》:"学问之道无他,求其放心而已矣。"一个人要"求其放心",将其放逐、丢失的善的本性、本心找回来,或自然顺应先天本有的善心、善性而为,就能成为德性完满的人。儒家认为,人类一切文明的发展,都是围绕着培护人的德性、开发人的智慧、安顿人的心灵的目的,人是人的目的,人类之安身立命与终极关怀是人之为人的最高价值。

然而,现实世界永远是利益纷争的世界,所以才有物质生产的进步带来的社会的分化,才有"春秋无义战",才有孔子发出"郁郁乎文哉,吾从周"的喟叹感慨。社会的进步,历史变迁巨轮碾压下渺小的个体,既不能摆脱蝇营狗苟的现实利益纷争,更无法主宰自我的命运。《诗经》里比比皆是的役者戍卒的思乡感怀,女子远嫁思念故土的哀吟,士大夫痛苦的亡国之叹,流浪异乡者的哀曲,无一不是先民们因为战争、徭役、婚嫁、社会动乱而被迫离开家乡,发出的对家乡故土、亲人的深深眷念。中国文学史上第一位伟大的诗人屈原之所以"发愤以抒情",正是因为"信而被谤,忠而见疑",

只有在一次次“登高丘而顾返”中不停地回望故乡。返乡而不得，无处安顿身心的他只有回到生命的本源。由于“鄉”的复杂多元性，“鄉”具有了实体的存在性和虚体的象征性，故乡的意义越来越抽象，“人穷则反本”，在家乡与他乡的二元置换视域里，故乡象征着生命本源，在本源与失落的不断置换中寻寻觅觅。可以说从《诗经》开始，形成了中国艺术的特别母题，开启了艺术史上山水诗、文人画的源头。数不胜数的“怀旧空吟闻笛赋，到乡翻似烂柯人”，“少小离家老大回”，“黄鹤一去不复返，白云千载空悠悠”，“庄生晓梦迷蝴蝶，望帝春心托杜鹃”，比比皆是的《烟岫林居图》《雪堂客话图》《渔夫图》《青卞隐居图》《桃源仙境图》这些文人画，构成了中国艺术特有的“有意味的形式”。至此，乡愁的中国文化本源意义和审美意义昭然若揭，具有了特别的文化建构功能。《礼记・乐记》云：“乐者，异文合爱者也。”这里的“乐”泛指诗歌、绘画、音乐等艺术，艺术的功能就在于“仁与艺术的合一”，“道德与艺术的统一”，唯有如此才能达到“圣”“爱”的境界。

高亨先生认为，《易传・贲・彖》揭示了中国文化形成的机制：“《贲》‘亨’，柔来而文刚，故‘亨’。分，刚上而文柔，故‘小利有攸往’。刚柔交错，天文也。文明以止，人文也。观乎天文，以察时变。观乎人文，以化成天下。”[①]由于现实中“礼乐之治”的美政理想经常不能实现，“礼”才抽象地企图成为建构社会的永恒真理，《礼记・曲礼》：夫礼者，所以决定亲疏、绝嫌疑、别同异、明是非也。礼教德治以民俗的形式体现“人道亲亲”，“正月之朔，是为正日。躬率妻孥，洁祀祖祢。及祀日，进酒降神毕，乃家室尊卑，无大无小，以次列于先祖之前，子妇曾孙，各上椒酒于家长，称觞举寿，欣欣如也。”通过一系列固定仪式，在一年之始提醒初心，返回源

① 高亨：《周易大传今注》，北京：清华大学出版社，2010年，第169页。

头。在文化上从“家天下”自然过渡到“国天下”，形成了家国同构的一体格局。

无论意境、“礼乐之治”还是“人道亲亲”，都是永远处于想象性、建构性的理想状态，是精神追求的乌托邦。不朽的《红楼梦》以现实的大观园与想象中的太虚幻境相对应，生命中永远的不圆满、缺憾与理想的“天”相对应，奈何无“人”能有补“天”之才。这里“人”和“天”都具有形而上性，写出了人生的无奈和永远处于消逝中的美好，把中国人特有的文化心理揭示得淋漓尽致。明末遗民张潮在失去了稳定富足的物质家园和永恒的精神家园后才痛切地喟叹：“春听鸟声，夏听蝉声，秋听虫声，冬听雪声，无尘俗利欲之聒噪，耳根清净，得天地万物之真趣。”这里的“声”“趣”无一不是尘嚣至上中失落的生命本真。

在物质财富日益堆积、世人蝇营狗苟欲壑难填的明末，传统儒家道德观念受到了时代的严峻挑战，道德之“天”趋于解体。大儒刘宗周清醒地指出：

> 盈天地间，皆物也。人其生而最灵者也。生气宅于虚，故灵，而心其统也，生生之主也。其常醒而不昧者，思也，心之官也。……生机之自然而不容已者，欲也。欲而纵，过也；甚焉，恶也。而其无过不及者，理也。其理则谓之性，谓之命，谓之天也。

至圣先师孔子高屋建瓴地把人的本性归纳为“仁”：“仁远乎哉？我欲仁，斯仁至矣！”（《论语·述而》）“为仁由己，而由人乎哉！”（《论语·颜渊》）孟子在时代价值进一步的分裂中要“求其放心”，都是中国人禀承自然和道德之“天”或“道”而有的“性”与“命”，成为“人”之为人之规定，人心中固有的本性。

综上所述，中国古典文化中特有的乡愁具有多重内涵。在儒家文化浸淫生成的家国情怀里，家、乡、国是一体的，乡愁具有中国式的伦理、血缘特殊的功能，完全不同于西方，形成了中国特有的文化心理和模式。所以张光直先生从中国文化生成的本源上指出，中国文明不同于西方文明，是一种“连续性”的文明，意识形态是一种关键性的治理机制。“我们说过中国文明的特点是它是在一个整体性的宇宙形成论的框架里创造出来的，但我们的意思并不是把意识形态作为前进的主要动力。中国文明，以及其他相似文明的产生的特征，是在这个生产过程中，意识形态作为重新调整社会经济关系以产生文明所必需的财富所集中的一个重要工具。……在这个意义上，那个亚美基层的联系性的宇宙观本身便成为使统治者能够操纵劳动力并能够把人类和他的自然资源之间的关系加以重新安排的意识形态体系。”①从时空一体演进而成的家国情怀，形成了以“礼”为中心的特有的宇宙观，进而扩展到社会治理整合中，渗透到中国文化的方方面面。作用于个体，形成了中国艺术以意境为中心的审美模式。在社会领域，形成了以各种民俗串联起来的日常生活模式。这些都是为了提醒生命的存在，通向意义的永恒。这个“永恒”，无论表述为“天”“道”“自然”或者“天道”，都是中国人永恒的精神家园和国家治理的最高理想。由于现实中永远存在着国家政治的偏差和个体生活的不完满，对“道”的追求也就是对乡愁的言说就构成了中国文化绵绵不绝的主题。在艺术中常常以“他乡—家乡”对立的二元结构意象表现出来，反映现实中之“人”因为情欲之蒙蔽，进而偏离“天理”“本心”，体现出现实中人和社会的永恒存在性困境。从形而上的意义上看，乡愁就是“道”之本体，就是中国文化的原乡、根源。

① 张光直：《中国青铜时代》，北京：生活·读书·新知三联书店，1999年，第492—493页。

第二章 现代乡愁的文化意义

万物并作，吾以观复。夫物芸芸，各归其根。归根曰静，静曰复命。复命曰常，知常曰明。不知常，妄作，凶。知常容，容乃公，公乃全，全乃天，天乃道，道乃久，没身不殆。

——《老子》

世界之夜的贫困时代已够漫长。既已漫长，必会达至夜半。夜到夜半也就是最大的时代贫困。于是，这贫乏的时代甚至连自己的贫困也体会不到。贫困者的贫困自身陷入黑暗，其无能为力就是时代最糟的贫乏。贫乏完全陷入了冥暗，因为，贫乏只是一个劲地渴求把自己掩盖起来。

——海德格尔

作为一套意义系统的国家认同，正是通过不同层面文化想象被不断塑造出来的，国家也只有通过基于历史、空间和制度等多层面的文化指示框架，才能创建出一体化的、稳定的心理归属感和共同体符号系统。当然，通过想象创建的符号系统不是随意的、虚构的，它只是借想象的力量建构起来的，想象是多民族创建国家认同的重要方式和渠道。

——本尼迪克特·安德森

乡愁是我们在生活标准化、理性化，文化个性消弭的今天，对现代性实践流动性、多变性、快速化的抗拒和对多元、个性化生活的憧憬。

——邹广文

我们的社会是环绕着流动而建立起来的：资本流动、信息流动、技术流动、组织性互动的流动、影像、声音和象征的流动。流动不仅是社会组织里的一个要素而已，流动是支配了我们的经济、政治与象征生活之过程的表现。

——曼纽尔·卡斯特

第一节　现代乡愁的源起

从1840年开始，随着西方现代性的大举强势入侵，天朝大国惊现“三千年未有之大变局”，“瓜分豆剖”的生存危机震惊了国人。延续了数千年辉煌的中华文化一直以强大的自我更新力、生生不息而自豪，现在竟然处于岌岌可危的境地，以传统儒家文明引领东亚文化的天朝大国自身也“文命危浅，朝不虑夕”，摇摇欲坠。面对这种突如其来的巨变，传统的儒家文化第一次处于被质疑自身存在合法性的位置，更无力抵御坚船利炮的西方文明和所谓进步的、线性时间观的现代性逻辑。林则徐、魏源等先进的思想者率先开启了全球性视野，把中国放到世界的格局中去重新认识，希求多难兴邦、贞下起元、后来居上，在重建文明、重获民族新生的同时也认识陌生的西方。在这种时代背景下，文化史上有几个文本值得我们去认真解读。

1905年，李叔同在伤感中送别好友许幻园，写下了日后长久流传的《送别》。《送别》的音乐出自美国约翰·庞德·奥特维笔下，李叔同填词抒臆，以中国古典诗歌的形式和意象结合着异国舒缓忧伤的旋律，表征了转型时代知识分子的心灵危机。

长亭外，古道边，芳草碧连天。晚风拂柳笛声残，夕阳山外山。天之涯，地之角，知交半零落。一觚浊酒尽余欢，今宵别梦寒。

长亭外，古道边，芳草碧连天。问君此去几时还，来时莫徘徊。天之涯，地之角，知交半零落。人生难得是欢聚，惟有别离多。

“送别”是中国诗歌的传统主题，借送别这个人生场景表达了复杂深刻的含义。无论是“海内存知己，天涯若比邻”，“浮云游子意，落日故人情。挥手自兹去，萧萧班马鸣”，“孤帆远影碧空尽，唯见长江天际流”，还是“枯藤老树昏鸦，小桥流水人家，古道西风瘦马。夕阳西下，断肠人在天涯”，人在与场景的交流中扩大了胸怀，壮阔的大自然安顿了中国人的身心，永远是中国人心灵的慰藉和情感的依托，所以面对离别保持了忧郁的平静。可是当人生将永久离别，就意味着残缺，没有了完整的团圆，永远失去最珍贵的时光和未来，象征着对人生存在意义强烈的否定。“黯然销魂者，唯别而已矣”，人生的有限性、暂时性、不可逆性这些暂时性因素相对于远大理想、人生追求和生命意义这些永恒(eternity)和不朽(immortality)价值，形成了强烈的否定即悲剧性。在这个层面上，“离别”在中国哲学中就上升到了本体意义。把人生的有限性和宇宙的无限性之间不可调和的矛盾，归结为自然大化和人生命运，形成了中国文化特有的天人之问。从《诗经》开启的离别题材表征了中国文化特有的尚悲情结，对大化命运予以柔性地化解、接受。张法先生把这种天人关系归纳为审美中的“悲态”类型，人与强大的自然、命运不会构成决裂、拼搏的对抗性关系，与西方美学中的“悲剧”形成了鲜明的对比。正因为如此，在送别题材中，山川、拂柳、残阳、芳草、笛声、古道等成了诗人们常常撷取的意象，李叔同的

《送别》也不例外。通篇采用了《诗经》重叠的手法，化入了一系列典故，有柳永的《雨霖铃》“寒蝉凄切，对长亭晚”；白居易《草》“远芳侵古道，晴翠接荒城”；《楚辞》“王孙游兮不归，芳草生兮凄凄”；《采薇》“昔我往矣，杨柳依依”；范仲淹《苏幕遮》“山映斜阳天接水。芳草无情，更在斜阳外”；王维《送元二使安西》“劝君更尽一杯酒，西出阳关无故人”；杨慎《临江仙》“青山依旧在，几度夕阳红”。多个典故的引入，古老漫长无始无终的时间和永恒的空间一层层渲染了凄凉的气氛。这首词的空间由近及远，随着离人的距离推向更深、更远，黯然销魂的伤感氛围越来越浓。然而，当“天之涯，地之角，知交半零落”，“天之涯，海之角，知交半零落”，世界不再完整，不再有知己和故人情，我们被抛离了曾经的故乡，再也寻觅不到精神栖息地，此情此景当何以堪？

约翰·庞德·奥特维的原作《梦见家和母亲》写于 1851 年，表现了南北战争时期，面对家园破碎的人们的感伤心情。1907 年，日本音乐家犬童球溪重新填词，标题改为《旅愁》，表征了日本现代性以来，随着空间的重构，知识分子对空间流动的伤感和思乡之情。南北战争既撕裂了旧美国，毁灭了南方贵族文化，也把美国推上了快速现代化的道路。这个文本传播到东方，经历了两次重写，都在各自国家进入社会转型的关键时刻，通过对文本进行本土化再创作，表征了民众的感情结构。

随着中国金瓯残缺的加剧，旧的社会形态在加速崩溃，知识分子心灵的失落在加深。1912 年，苏曼殊在被誉为“民国初年第一部成功之作”的文言小说《断鸿零雁记》中敏感地表达了时代的巨变和人的分裂。“鸿雁传书”的美好、圆满变成了杳无音信的“断鸿零雁”，关河萧索的故国，漂流异乡的母亲，无论在故乡还是异国，永远寻觅而不得的亲情、爱情，无一不笼罩着末世的凄凉氛围。“文言”虽然从表面上看仅仅是“器”，却以“器”通向永恒的文化之

"道"。"鸿雁传书"的天人合一不再,天道沉沦,意味着一种新的文化即将诞生。苏曼殊这种强烈的失落感后来在郁达夫的《沉沦》中再一次爆发,对故国完全绝望,只能以自我的毁灭对命运做最后的抗争。1915 年前后开启的新文化运动意味着与中国传统文化的分裂。鲁迅在白话文小说《狂人日记》和《故乡》中痛斥"陈年流水簿子","歪歪斜斜写着两个字:吃人",感叹"苍黄的天空下横着几个萧瑟的村庄,没有一丝活气","我"这个都市飘零、失意的游子回到梦萦魂绕的故乡,故乡却已不再是那个曾经的故乡,"我"只有离开故乡,再寻新路。无论故乡还是故国,都不能再为生活在她怀抱中的人们提供栖息和情感庇护,她的价值意义第一次受到深刻的质疑。这些文本无一不对生活表达出一种"结构性绝望"。

一九二三年八月二十七日,冰心在去往美国留学的轮船上写作了一首新诗《乡愁》:

我们都是小孩子,
偶然在海舟上遇见了。
谈笑的资料穷了之后,
索然的对坐,
无言的各起了乡愁。

记否十五之夜,
满月的银光,
射在无边的海上。
琴弦徐徐的拨动了,
天风里,
居然引起了无限的凄哀?

记否十七之夜，
浓雾塞窗，
冷寂无聊。
角儿里相挨的坐着——
不干己的悲剧之一幕，
曼声低诵的时候，
竟引起你清泪沾裳？

“你们真是小孩子，
已行至此，
何如作壮语？”
我的朋友！
前途只闪烁着不定的星光，
后顾却望见了飘扬的爱帜。
为着故乡，
我们原只是小孩子！
不能作壮语，
不忍作壮语，
也不肯作壮语了！

这首诗以两个“自我”对话的形式，表达了游子深深的情思和矛盾的心理，建构了一个复杂而崭新的自我。“满月的银光”是故乡温暖的回忆，“飘扬的爱帜”是祖国母亲的母爱之旗，茫茫大海引渡着孩子们去域外求索真理。后面是故国的殷殷期盼，前面是真理的召唤，这种豪放的情感是现代人才有的情感，而不是女性自怜自艾的小我情感，充满了对现代性的渴望和期盼。这种崇高感具有强烈的扩张性、征服性，虽然“前途只闪烁着不定的星光”，然而祖国是游子强大的精神支柱。对比一下十多年前苏曼殊的《断鸿零雁记》，现代青年的情感结构呼之欲出。

上一章中，我们以中国古典文本的最高成就——意境归纳了中国人的价值观，对应着一个安顿身心的世界。中国古典文化感觉结构的核心是“天”，根源于古典社会生活时空一体的乡土性，使得主体能够保持统一性、连续性、完整性，产生了相对应的“身土不二”“安土重迁”的连续稳定的价值观。近代以来，西方现代性的强势入侵造成了中国文化传统的中断，这个痛苦的过程在上述文化文本中以主体的敏锐感性得到了及时表征。在这些文本中我们发现，人与世界的关系发生了根本变化。西方现代性曙光初现时，席勒曾经感慨时代的断裂，以“素朴的诗”和“感伤的诗”表征两个不同时代的文化特征。将近三百年后的中国，也出现了这样剧烈的文化断裂。“人”作为文化的产物，敏锐地感觉到了这种巨变。如同南宋文人画的意境与前代文人画的裂变根源于山河破碎，近代的金瓯残缺造成了从断鸿零雁的伤感到主体扩张的豪放崇高，意境完全不同于古典时代，意味着一种新文化类型诞生了。

为了分析这个文化现象，我们在这里引进英国文化学者雷蒙德·威廉斯（Raymond Williams）的情感结构（structure of feeling）概念，来分析审美表达与社会变迁之间的关系。学界认为情感结构区别于“世界观”“意识形态”等更抽象的概念，着力于在得出系统性、归纳性的观念之前及时捕捉鲜活生动的情感体验与实践意识，它诞生于经验与表达之间的鸿沟。在新兴的意识领域中，一旦出现新的感受，相对应的情感结构会比较清晰地呈现出来。“情感结构”在社会转型时期可能会快速地反映社会变迁，及时做出主体的情感表达。

威廉斯的文化唯物主义理论不同于一些学者机械地把马克思

主义的唯物主义观点简单化、庸俗化的做法，他把文化视为一个“形成与构成的过程”，而不仅仅是对物质基础机械简单的反映。它本身就是“生产性的”，文化一直处于生产和形成的动态过程中，而不应当被视为一种“固定不变的”、僵化的“形式”或“结构”。他认为“情感结构”是一种处于“溶解状态的社会经验”，是主体对当下特殊地点和时间之中生活特质的感受，所以是一种特殊的思考和反应方式。他对英国文化批判前辈学者利维斯的“全部文化遗产都是由语言和文学承载”的文化精英主义观点提出了批评。他认为这种狭隘的文化定义忽略了其他的知识形式、制度、风俗、习惯等的建构意义，夸大了文学的作用。威廉斯在《关键词》《文化与社会》中对英语 culture 一词进行了详细的分析。culture 从拉丁词根发展而来，延伸出种种不同的意义和用法，成为英语中最难界定的概念之一，构成了一个庞大的意义“星丛”。只有把 culture 从狭义的传统“高级精神产品”延伸为文化人类学意义上的“一种生活方式”，普罗大众日常世俗的生活才可能成为“文化”，具有价值和意义。正是在这个意义上，“文化”的含义不断发展，成为记录人类对社会、经济、政治生活中诸多历史变迁所引起的一系列重要而持续的反应。威廉斯把文化变成了一个动态的发展过程来考察，“对于文化这个概念，我们必须不断扩展它的内涵，使之成为我们日常生活的同义语”。[①] 他把“文化”分解为四层意义：第一层是人类心灵的普遍状态或习惯，与人类追求完美的思想观念密切相关；第二层指整个社会里知识发展的普遍状态；第三层指各种艺术的普遍状态；第四层把文化视为一种物质、知识与精神构成的整个生活方式。他后来在《漫长的革命》中进一步把文化概括成三种界定

① Raymond Williams, *Culture and Society 1780 - 1950*, Harmondworth: Penguin Books, 1963, p. 256.

方式。这种从社会生活层面界定文化的定义涵盖了过去很长时间里一直被精英学者“忽略”的内容，如生产组织、家庭结构、表现或制约社会关系的制度的结构、社会成员借以交流的独特方式等。威廉斯把文化研究的重心转向对文化生成过程进行整体研究，文化分析的意义在于对整体生活方式中各种因素之间关系的研究，“去发现作为这些关系复合体的组织的本质”。[①] “文化分析”把视线投注于作为文化生活主体的普通人的“生活经验”，考察在物质生产和物质条件的背景下，具体的文化文本和日常生活实践的互动中生成的“情感结构”，它处于不断形成的鲜活状态中，集中反映了一代人在日常生活中所体验到的意义与价值。“情感结构”内涵着特定群体、阶级或社会所共享的价值，表征了这个时期的文化。“情感结构”表达了“客观结构”与“主观感受”之间的张力，突出了个人的情感和经验对思想意识的塑造作用，以及体现在社会形式之中的文本与实践的特殊形式。总起来看，“情感结构”是一种在历史过程中不断发展、变化的有机体，始终处于塑造和再塑造的复杂过程中，是审美对象作用于主体而产生的幻象和感情动力，推动着主体产生审美反应和作用。类似于中国美学中的意境，更强调在动态中分析审美主体的反应和主客体之间的张力。

出生于工人家庭的威廉斯虽然进入了英国顶尖学府剑桥大学，但是他拒绝了那种把精英文化视为伟大传统的文化姿态，即视“被思考过和被谈论的最好事物”为文化的本质主义观念，在大众文化兴起的时代以开放的姿态面对新兴文化，认为“文化是平常之事”，是“体现一个民族、一个时代或一个群体的某种特殊的生活方式”。他以与时俱进的姿态肯定世俗生活的意义和价值，肯定新兴

---

① Raymond Williams, “The Analysis of Culture”, in *Cultural Theory and Popular Culture: A Reader*, edited by John Storey, Prentice Hall, 1998, pp. 48 - 51.

文化的创造力。威廉斯提出情感结构概念时正处于二战后的1950年代，社会转型时期面临着各种不确定性，新兴的大众娱乐消费文化与传统保守的文化发生了断裂，“情感结构”描述了这个时期未得到清晰表达和归纳的各种新兴表征（inarticulate and emergent representations），归纳了不同主体对时代变迁的反应。文化研究学界把情感结构用于审美形态研究和文本研究之中，其意义已不止于威廉斯所界定的含义，经常被用来考察特定社群的意识结构或心理结构，内涵发生了扩展，已经成为考察社会变迁中不同人群的心理向度的一个切入点。

从我们上面所引的四个例子来看，李叔同的《送别》和苏曼殊的《断鸿零雁记》对生活都表达了一种“结构性绝望”，主体对正在死亡的现实转过身去，对已逝去的美好时光无限怀念，对身在的现实极度否定、感伤。这是一代人对中国向近代转型、古典社会即将消逝，传统文化面临断裂危机的无力和绝望，主体对传统文化深深地怀念，对无力改变现实极其伤感。到了鲁迅的《故乡》，新文化的兴起意味着古典文化不再具有生命力，中国人的精神故乡彻底沦陷了。鲁迅身为吸取传统文化营养成长的知识分子，虽然接受了域外的新思想，仍然为优雅的古典文化的逝去而伤感，而底层麻木的民众也不能带来拯救的希望，只能转过身去，把希望寄托在未来的世界这个乌托邦和下一代人身上。到了冰心的现代新诗《乡愁》里，则明确地出现了“乡愁”，祖国既是母亲，“我”出生的地方，更是“我”永恒的身心安顿之处。母亲永远充满活力，对“我”张开爱的怀抱，未来呈现为强大的“召唤结构”。经过五四运动新文化洗礼的一代新人诞生了。这里的“乡”既是故乡，更是归宿，年青的一代越过辽阔的大海，去域外寻找拯救故乡的希望。现代乡愁诞生了，它的宽度、深度、广度完全不同于古典社会的乡愁，呈现出全新的特质。如果说前两个文本为旧文化的毁灭而悲伤，鲁迅希望新文化能拯救世界，冰心则完全转换为现代崇高立场。柄谷行人认为，这个发现风景的人是一种内在的、处于自我对话状态的现代人，他关心的不是“美”而是别有意蕴的“崇高”。这种情感上的召唤结构，隐蔽着现代性改造，新一轮的自我认同必然来临。可以说对“风景的发现”正是“审美现代性”的表征，“崇高”反映了现代审美理想。①

第二节 现代性主体的建构

“乡愁”一词如今广泛运用于社会学、精神分析学、艺术、美学等领域，形成了一个具有多重复杂内涵的意义“星丛”。现代学术意义上的“乡愁”起源于法国精神分析学家彭塔利斯（Jean-Bertrand Lefèvre-Pontalis，1924—2013），他早年受梅洛—庞帝和萨特指导，研习斯宾诺莎哲学，后期师从于拉康，与 Laplanche 合著了《精神分析词汇》，汉语翻译为《窗》。“窗”是窥视梦幻的隐喻，彭塔利斯的《窗》以文学话语描绘了梦幻。“谁是那个‘我’——只想服从自己的时间，喜欢改变但是只想自己去做，自由自在地改变？那个有人性的时间。”“他不是把家乡理想化，而是对现实转过身去，对正在死亡的东西转过身去。”“乡愁所怀抱的欲望与其说是希望一成不变的永恒，不如说是希望日日常新的诞生。”“于是流去和毁灭的时间力图在一个仍然存在的地方展现他的理想面容。家乡是对生活的一种隐喻。”②这些梦幻是我们每个人心底的意识流，对自我本真最热切的向往。彭塔利斯描绘的这种情感后来被称为

① [日]柄谷行人：《日本现代文学的起源》，赵京华译，北京：生活·读书·新知三联书店，2006 年，第 15 页。

② [法]彭塔利斯：《窗》，孟湄译，南京：江苏人民出版社，2005 年，第 35—36 页。

"社会乡愁"，指社会处于剧烈转型中，转型前的一代人生活在当下，却对时代和空间产生一种陌生感和异乡感。所以是一种时光不再的错位、恍惚、惆怅，表达了强烈的存在感、现实感，是当下生活的隐喻，一种"结构性绝望"。正如社会学家戴维斯所言："乡愁的兴盛基于转变，基于引发我们怀念连续性的那种主体性的断裂体验。"①也是普通人感觉到的那种"一般是指身在现代都市的人对飘逝的往昔乡村生活的伤感或痛苦的回忆，这种回忆往往伴随着或多或少的浪漫愁绪"。② 这种"自己的时间""有人性的时间"在普鲁斯特的《追忆似水年华》里表现得淋漓尽致。

从词源学上看，"乡愁"源于希腊语的返乡（nostos）和怀想（algia）两个词根。美国学者纳吉认为，希腊词 nostos 和印欧语词根 nes 有关联，意为"返回光明的生命"，源于荷马史诗中奥德赛从冥府返回的情节，nostalgia 从源头上看具有"本源""新生"等希腊文明独特的对生命意义的思考。1688 年，瑞士军医约翰内斯·霍芬(Johannes Hofer, 1669—1752)发现当时瑞士远征法国的雇佣兵和离开家乡去国外学习、务工的学生、仆人中，很多瑞士人由于远离祖国和亲人而产生了强烈的思乡病，导致了身心的一系列强烈反应，如想家、哭泣、焦虑、忧郁、厌食、失眠、幻听、喜怒无常，原因不明的消瘦、心律不齐等情绪、生理方面的反应，甚至声称看见了鬼魂，感觉声音"附体"，身在国外却"看见"遥远的家乡等不正常情况。还有一些患者拒绝治疗，极端地一任自己在消沉中走向死亡。这是一种新病症，既往的医学理论无法解释。霍芬假托古希腊语杜撰了 nostalgia 一词为这种病症命名。从症状上看类似于中国民间所谓的"癔病"或者历史上曾经发生过的"四面楚歌""风

① Fred Davis, *Yearning for Yesterday: Sociology of Nostalgia*. New York: Free Press, 1979.

② 王一川：《断零体验、乡愁与现代中国身份的认同》，《甘肃社会科学》2002 年第 1 期。

声鹤唳草木皆兵”事件，似乎是在强烈的心理暗示或者想象中，精神不可抑止地处于一种反常状态。他搜集了大量案例予以研究，试图从生理学、病理学方面来解释这种“思乡病”(homesick)的根源。霍芬一开始认为这是可以医治的类似于感冒的疾病，当时流行的鸦片、水蛭、远足等疗法就可以治愈。然而，随着战争的扩散，这种症状随之蔓延到了除了俄国、英国之外的欧洲。人们终于认识到，这种类似于传染病的思乡病可能产生的根源远远超出了生理性，除了返回家乡之外无药可医。它的精神性原因在于丧失性记忆，“轻快神经由中脑纤维的持续运动，而中脑中仍然粘附着关于祖国思想的印痕”。[①] 即大脑运动呈现碎片的、不连续的状态，破坏了反应的整体性进而造成人的记忆断裂、对当下的无所适从感。患者不断地回忆过去回忆家乡，清晰地打捞遥远的细节，却对身体所处的当下强烈拒绝，病人处于“一种毫无生气的、憔悴的姿态”而“对一切冷漠”，混淆了过去与现在、真实与想象，形成一种貌似“在场”的“不在场”。可以说思乡病从一开始就不仅仅是生理的疾病，更是心理的、精神的疾病，生理失常不过是精神、肉体不协调的外部表现。诞生于实证主义的西方医学试图寻找病理根源，然而始终没有找到所谓的“病理性骨骼”，自然也就无法消除 nostalgia 的病理根源。至此，可以认为 nostalgia 属于精神性疾病，传统医学手段是无法治疗的。病人思念的家乡(hometown)既是一段时光，也是一个空间，是一个时一空不可分离的结合体，是自我主体诞生的源头。在漫长的人生中，源头的源源活水取之不尽用之不竭，永远滋养着心灵。通过向本源不停地回返，进行净化、纯粹化、神圣化，使得主体获得新生和力量。大约 1770 年前

① Fred Davis, *Yearning for Yesterday: Sociology of Nostalgia*. New York: Free Press, 1979.

后，nostalgia 进入英语词汇，成为临床精神医学研究的对象，认为思乡病主要是由心理反应引起的生理反应，“因为一个人并非身处家乡而感觉到的痛苦”，由于这种丧失和位移而出现“胸腔紧迫、喉咙紧迫、胸口疼痛”，可能引起绝望的情绪等病理症状。从 17 世纪开始，随着现代性进程的加快，nostalgia 症状在欧洲广泛流传，对它的研究也逐渐“去医学化”，被视为现代性的伴生物，一种不可治愈的现代顽疾。人们发现，似乎越是历史悠久的国家，那里的人们越容易陷入 nostalgia，而没有悠久历史的美国，更是视这种因为 nostalgia 而造成的懒散、低效率为可耻。可见工具理性从一开始就排斥这种情感的“无所事事”状态。nostalgia 进入到人文研究领域后，意义开始不断增长繁衍，除了“怀旧”“乡愁”等本源意义，又与人文地理学的“恋地情结”（topophilia）相交织，衍生出如中国文化中的野人怀土、水土不服、移民以家乡的泥土隐喻故乡的大地等寓意。这些意义后来被商业化消费化，繁衍成了庞大的文化产业体系，形成诸如民俗主义、神话娱乐化等席卷全球的文化消费现象。随着精神分析学影响的扩大，对 nostalgia 的研究逐渐扩展到哲学领域。我们知道，精神分析学的诞生意味着主体的“他者化”和解构，可以说 nostalgia 解构了统一的本质性主体，建构了现代文化新主体。

从俄罗斯移民到美国，经历了长久的 nostalgia 情结后又返乡的斯维特兰娜·博伊姆，专门研究了 nostalgia，写成《怀旧的未来》一书。在书中她追溯了 nostalgia 的起源、历史和表现，认为“怀旧（原文 nostalgia 在本书中一概译为怀旧。——引者注），不仅仅是某种个人的病患，而且是我们时代的症状。它不一定与现代性和个人的责任对立，而更可以说与现代本身是同时期的。怀旧和进步就像哲基尔和海德，乃是一个整体的两个不同形象：是可以调换的两个自我。怀旧不仅是对于某一地点的向往的表现，而且是对于时间和空间的新理解的一种结果，这样的理解形成了对于'地方的'与'普遍的'这二者的划分"。① 准确地指出了现代乡愁的实质。它是现代性和全球化的产物，相当于审美现代性，以感性形式对抗总体性的现代性，以地方性对抗同一性。乔纳森·弗里德曼这样定义全球化：全球化是关于那些有全球性特征的意义的赋予过程。正是这个"赋予过程"解构了地方性。在全球化背景下，nostalgia 更成为一个困扰每个个体和我们这个时代的问题。维特兰娜·博伊姆把怀旧分为修复型和反思型，前者在返回本源、重建人类整体的乌托邦神话情结中展开，后者在历史与时间之流中返回自我，整合主体碎片加以重塑。这两种怀旧表现为集体记忆与个体记忆的交织和演化，在隐喻和转喻的"记忆之场"展开了怀旧叙述。所以，怀旧话语既包含了以往的人类经验，更是对未来的文化想象。

维特兰娜·博伊姆把近代诞生的 nostalgia 认定为"可以调换的两个自我"，如同雅努斯的两副面孔。自我即主体。为了理解 nostalgia 这个关键词，我们暂时把话题转到主体这里，必须先理解主体的建构问题。主体认同(identity)，又意指身份、同一性，是当代文化研究领域的关键词。在人格主体研究中，它是指一个人本质的、延续性的自我，是作为个体自我内在的、主体性的概念，如性别认同、族群认同或群体认同等。

从古希腊哲学开始的对"我是谁"的追问，开启了西方文化的主体认同的源头。从先验的神性认同，到文艺复兴时期去"神化"而建立了人类主体，古典主义时期笛卡尔的"我思故我在"的自主主体，康德的为自然立法建立的先验主体，浪漫主义时期人性高扬建立的天才主体，存在主义以人为核心的生存论主体，形成了一条

① [美]维特兰娜·博伊姆：《怀旧的未来》，杨德友译，南京：译林出版社，2010 年，第 5 页。

人类主体逐渐上升的本质主义路径。而“现代性不仅是一场社会文化的转变,环境、制度、艺术的基本概念及形式的转变,不仅是所有知识事务的转变,而根本上是人本身的转变,是人的身体、欲望、心灵和精神的内在构造本身的转变,不仅是人的实际生存的转变,更是人的生存标尺的转变”。[①] 西美尔更是讽刺地指出了现代人的令人悲哀的所谓本质:“现代人的形成意味着人的形而上学品质或实质性本质的解体,人只能被视为各种自然生理和历史社会因素的总和。”[②]

精神分析学的横空出世,意味着形而上的主体的“人”掉落到了生物性层面。弗洛伊德无情地把“人”还原到生物性的“本我”,对西方哲学传统里一直处于最高位的、伟大的人类主体进行了毫不留情的解构。弗洛伊德认为,所谓的认同过程事实上是一种无意识的自居作用,即日常生活里司空见惯的看样学样、爱屋及乌、近朱者赤近墨者黑等“不自觉”的模仿行为。“自居作用(identification)是精神分析理论认识到的一人与另一人有情感联系的最早的表现形式”,[③]类似于审美过程中的“移情”方式,以他者代替了主体。但是这个过程也充满了矛盾和分裂,因为“超我往往是自居的第一个特别的力量;随着自我逐步强大,自我对自居作用影响的抵抗就会逐渐加强”。[④] 如果说弗洛伊德的古典心理分析学石破天惊地撕开了主体的本质主义表象,接下来,自我心理学派的埃里克森(Erik H. Erikson)进一步揭开了主体的假象,他认为所谓的主体建构在虚幻的“同一性”上,只不过“是自我把一切自

---

① 刘小枫:《现代性社会理论绪论》,上海:上海三联书店,1998年,第19页。

② 刘小枫:《现代性社会理论绪论》,上海:上海三联书店,1998年,第20页。

③ [奥地利]弗洛伊德:《弗洛伊德后期著作选》,林尘、张唤尼、陈伟奇译,上海:上海译文出版社,1986年,第112页。

④ [奥地利]弗洛伊德:《弗洛伊德后期著作选》,林尘、张唤尼、陈伟奇译,上海:上海译文出版社,1986年,第115页。

居作用与力比多的变化，与先天遗传形成的自然倾向，与在社会各种角色提供的机会进行整合的这种能力的自然增长的历程”。[1] 也就是说生理因素和情感因素对主体建构的影响更大，主体似乎只是“人”的生理心理行为。对本质性主体打击最大的是法国后结构主义精神分析学派的拉康。他认为形成自我的主体功能的镜像阶段反映了主体的虚构性，所谓的主体很可能根本上就是误认、异化的产物，虚幻的主体镜像只不过是想象性、象征性的秩序。拉康在《形成自我的主体功能的镜像阶段》一文中分析了爱伦·坡的《失窃的信》，阐释了自我—想象界—象征界的隐喻关系。其实爱伦·坡的《威廉·威尔逊》更表达了对自我认同的质疑。整个文本以一个威廉·威尔逊的心灵悬疑为线索，设置了两个同名同姓、外貌几乎完全相同的威廉·威尔逊，表达了主人公的内心困惑和死亡独白。爱伦·坡一直被视为侦探小说的鼻祖，其实这是一个很大的误读。他的文本以侦探小说的外壳包藏着向人的内宇宙不断探索的内涵。我是谁？是耶非耶？这是中外哲学永恒的主题。春秋战国诸子辩论中的郑人买履、刻舟求剑、白马非马，无一不是对本质的追问。李商隐的“庄生晓梦迷蝴蝶，望帝春心托杜鹃”，反映了对漂移不定的主体的困惑。宋朝开始，中国哲学的理性化进一步深入，发展为理学，《笑得好》以“包袱雨伞枷，文书和尚我”质疑了貌似强大的理性逻辑对自我的遮蔽。至于不朽的《红楼梦》，更是以甄宝玉这个亦真亦幻的镜像，反映了贾宝玉的自我困惑和不断建构。拉康认为，镜像阶段形成了理想的“我”意象，是“主体借以超越其能力的成熟度的幻象中的躯体的完整形式是以格式塔方式获得的，也就是说在一种外在性中获得的”。[2] 由此可

① 转引自赫根汉：《人格心理学导论》，海口：海南人民出版社，1988 年，第 162 页。

② [法]雅克·拉康：《拉康选集》，褚孝泉译，北京：生活·读书·新知三联书店，2001 年，第 91 页。

见，个体永远走在认同之路上，这个过程没有终结。“主格之‘我’不知疲倦地倾注于凝结一个不可能被凝结的主体性过程，倾注于将凝固性引入人类欲望这一变动不居的领域。”[①]镜像中的自我认同是在幻象中完成的，这是幻觉，更是悲剧，是人类永远陷入镜像迷恋的异化根源，古希腊神话里的纳喀索斯早就揭示了人类所陷入的这一永恒的困局。彭塔力斯的《窗》以文学话语描绘了梦幻，“我”在流动的时间中对空间产生了幻觉，生活变成了幻象。“我”是谁？也许根本连镜像都无从说起。“我”到底在哪里？曾经永恒、稳固的大地漂浮起来。

然而，“我”毕竟还是被抛离在这世界上，无论大地怎样漂浮，“我”既然不得不永远“认识你自己”，永远面对自我，就必须有一套对自我进行阐释的新话语。历史地看，传统社会形态里，由氏族、血缘形成了固定的本质主义身份认同。而当“一切固定的古老的关系以及与之相适应的素被尊崇的观念和见解都被消除了，一切新形成的关系等不到固定下来就陈旧了。一切固定的东西都烟消云散了，一切神圣的东西都被亵渎了。人们不得不用冷静的眼光来看他们的生活地位、他们的相互关系”[②]后，人只能以相对本质主义的相似性形成相对认同。伴随着现代性而来的人与熟悉的传统世界的分裂，席勒以“素朴的诗和感伤的诗”指称两种完全不同的人与世界的情感方式，前者主体与对象相一致，主体通过反思认识对象；后者世界与主体发生了分裂，对象在主体的想象中偏离。在《荷马史诗》的《奥德赛》中，物质化的故乡与精神化的故乡合二为一；而在卡夫卡的《变形记》中，尚处于家中的身体已经完全丧失了存在，只有无比残酷真实的异化感，物质化的故乡与想象中精神

---

① ［英］玛尔考姆·波微：《拉康》，牛宏宝、陈喜贵译，北京：昆仑出版社，1999年，第28页。
② 《马克思恩格斯选集》（第1卷），北京：人民出版社，1972年，第254页。

世界的故乡分离。浪漫主义就是现代性的产物，主体只有以越来越高扬的姿态来抵御对象世界对人的疏离。吉登斯认为，“现代”意味着流动的全球化新秩序，给个体带来感官和意识上的强烈冲击，当巨大的现代性空间和速度压倒了渺小的个体，成为对立于“人”的存在，“无力感相对于占有”（powerlessness versus appropriation）”，“现代性的剥夺是无法抗拒的……剥夺的过程是现代制度成熟的一部分和一阶段，它不仅进入到日常生活的领域中去，而且还进入到自我的核心中去”。① 这个“自我的核心”就是主体和情感结构，当貌似强大的主体再也不能立足于世界时，对本质性主体的解构自然而然就发生了。

自我认同是群体认同的基石和前提，群体认同就构成了文化认同。拉康认为形成自我的主体功能的镜像阶段反映了后现代主体的虚幻性，所谓的主体可能是误认、异化的产物，通过镜像建立了内在世界与外在世界之间的关系，镜像完全是想象性、象征性的秩序，体现了话语与社会意义的决定关系。后结构主义对主体继续进行了攻击。阿尔都塞干脆把象征界看作意识形态，又称为绝对主体、大他者，自我主体即个人镜像就是个体与生存关系的想象关系，就是意识形态结构。福柯把“移动”的主体视为主体位置，认为它是由话语和权力建构的，不存在本质主义的身份，身份就是一套建构的话语系统。在流动的现实中，主体与他者不完全处于异化中，而是处于多种多样的认同形式中。镜像阶段是主体处于空无状态的他者化认同，移情阶段是处于充实状态的主体对自我的对象化认同，处于分裂状态的主体可能产生对自我的否定性认同。

在主体面临的重重危机里，我们终于接近了问题的核心。“主

① ［英］安东尼·吉登斯：《现代性与自我认同——现代晚期的自我与社会》，赵旭东等译，北京：生活·读书·新知三联书店，1998 年，第 225—228 页。

体”产生的土壤是什么？究竟什么是“主体”？“主体”为什么一直处于追问、反思、建构、解构中？现代社会曙光初启之时，黑格尔深刻地洞察到了社会的转型，把“现代性要求确证自己的问题作为哲学问题乃至哲学的基本问题”。① 这就意味着作为现代世界根本原则的主体性的横空出世。吉登斯分析了现代社会结构，发现“现代性以前所未有的方式，把我们抛离了所有类型的社会秩序的轨道，从而形成了其生活形态”。② 这种新的生活形态切断了与大地的关系，形成了一种所谓的无机社会。利维斯把工业革命之前的传统文化定性为：“在十七世纪……有一种真正的人民文化……一种丰富的传统文化……一种已经消失的积极文化。”③这里的“积极文化”是指生活在前现代社会里的人有着“内在的自由”的心性结构，根源于滕尼斯描述的“以亲密情感、道德承诺、社会凝聚力以及长时间延续存在的”④前现代社会共同体形态，每个成员是一个“真实的与有机的生命”，具有“本质意志”，自然地源于身体所处的有机体，而且处于不断生成的状态，成员之间形成了共同劳作的生产—生活结构和牢固的精神纽带。而“只有到 18 世纪，在‘市民社会’中，社会联系的各种形式，对个人说来，才只是表现为达到他私人目的的手段，才表现为外在的必然性。但是，产生这种孤立个人的观点的时代，正是具有迄今为止最发达的社会关系（从这种观点看来是一般关系）的时代”。⑤ 这就是黑格尔所深刻指出的人的严

---

① [德]于尔根·哈贝马斯：《现代性的哲学话语》，刘东译，南京：译林出版社，2011 年，第 9 页。

② [英]安东尼·吉登斯：《现代性的后果》，田禾译，南京：译林出版社，2000 年，第 1 页。

③ Arthur S1Reber, The Penguin Dictionary of *Psy chology* (Harmondsworth : Penguin, 1995)1，转引自周宪：《“合法化”论争与认同焦虑——以文论“失语症”和新诗“西化”说为个案》，《南京大学学报》2006 年第 5 期。

④ 汪民安：《现代性》，桂林：广西师范大学出版社，2005 年，第 131 页。

⑤《马克思恩格斯全集》(第 46 卷上)，北京：人民出版社，1979 年，第 21 页。

重异化问题。韦伯认为正是由于工具理性成就了一个自主的非人格化的领域，以“目标合理”的社会行动取代了“价值合理”，表现为“技术系统的现代性同人的解放的现代性的悖论”。[①] 工业生产方式从根本上改变了人与自然的关系，更重要的是改变了人与人之间的关系。工业生产的组织是基于自觉的利益关系的联合体交往，形成了以工商或市场经济为基础的功利性实践方式。人的活动仅仅是巨大的社会链条中的一个环节，尊从“抉择意志”即目的理性，按照思维原则行动重新构造了劳动对象。社会结构从各种有机共同体变成了一盘散沙的利益社会。于是，共同体瓦解，原来一体的成员分化为一个个原子化、单子化的个体，“这种 18 世纪的个人，一方面是封建社会形式解体的产物，另一方面是 16 世纪以来新兴生产力的产物”。[②] 乌尔里希·贝克干脆把它命名为“个体化社会”，还有一些学者以不同术语阐释了这个剧烈的社会转型，如斯宾塞的“尚武社会”和“工业社会”，梅因的“身份社会”和“契约社会”，迪尔凯姆的“机械团结”和“有机团结”，等等，都从不同角度对于传统社会与现代社会的基本特征进行了准确归纳。

至此，独立的个体生成了，成为现代性诞生的标志。“在个体对社会的依赖中，血缘、地缘等直接的、自然的因素逐渐减少，市场交换、竞争合作等间接的、社会历史的因素逐渐增加，是社会转型的实质性内容。直接的自然联系是既定的、现成的，是个人无条件从属的整体；间接的社会联系是生成性、过程性的，是人们在历史活动中创造出来的，它以个体独立性的确立和主体性的强化为前提。”[③]总之，作为巨大总体性的现代性，“指大约在 17 世纪出现却

---

① NISBET R. *The Sociological Tradition*. Herndon: Transaction publishers, 1993: 18.

②《马克思恩格斯全集》(第 46 卷上)，北京：人民出版社，1979 年，第 18 页。

③ 孙德忠：《现代性的双重路径：科学文化与资本逻辑的现代性关联》，《光明日报》2015 年 04 月 15 日 14 版。

在其后不同程度地在世界范围内产生影响的社会生活或组织模式。"[①]在这种总体性统治下，正如舍勒所言，人类生存方式和心理精神不可避免地发生了全面转型，作为一场"总体转变"的现代现象，发生了"事物和人的巨大变形"。"现代现象是人类有'史'以来在社会的政治—经济制度、知识理念体系和个体—群体心性结构及其相应的文化制度方面发生的全方位秩序的转型。它体现为一个极富偶在性的历史过程，迄今还不能说已经终止。"[②]

因为现代主体"天然"内在的矛盾冲突，从它诞生那一天起，就先天地处于紧张对立的状态。由于以"抉择意志"代替了"本质意志"，前者尊从"理性"原则，后者尊从"自由"原则，它们分别拥有的真理、科学、合理性等范畴与权利、民主、平等范畴处于对立冲突中，造成了主体的分裂。这是现代性危机产生的根源。在"目标合理"的社会行动驱动下的人，"本质意志"下的本真存在被遮蔽，以外在目的和工具理性取代了天生的自由意志，现代性就这样把"人"彻底抛向了无家可归之路。这种本体性安全与存在(Being)的缺失构成了现代人焦虑的根源，决定了现代人不幸的命运。威廉斯之所以提出一种全新的文化观念，正是因为"流动的现代性"从根源上解构了传统文化的本质，"无根"的现代性与传统发生了断裂。他延续了文艺复兴运动以来对人的现世存在意义予以充分肯定的思路，然而，我们的困惑也在这里。人之所以为人，就在于人是稳定的内在价值的产物，无论是"上帝的子民"还是"天生烝民"，"人"都被赋予了神圣性永恒性。当现代性解构了这个永恒性之后，"有物有则"之"人"将如何安身立命?

根据卡西尔的观点，人永远是文化的产物，人与社会具有内在

---

① [英]安东尼·吉登斯:《现代性的后果》，田禾译，南京：译林出版社，2000年，第4页。
② 刘小枫:《现代性社会理论绪论》，上海：上海三联书店，1998年，第3页。

的同构性。斯图尔特·霍尔分析了文化的构成，认为“文化”本身就是一种表意实践，文化的功能就在于生产意义，意义的产生是通过语言进行的，语言与主体之间形成了一个双向过程，更像一场“对话”。主体形成心理表象，在概念与符号之间建构起相似性，指向符号所表征的语言。所以意义是被建构的，表征建构了意义世界。由于前现代社会与现代社会完全不同的社会结构，“前现代的信任环境是由亲缘关系、地点上的地域化小区、宗教宇宙观和传统所营造的，而现代的信任关系是由友谊或隐秘的个人关系、抽象体系、以未来为取向的非实在的模式来建立的”。[①] 前现代信任给予个体存在(Being)意义上的本体性安全(ontological security)，“而缺乏这种基本信任感的人，是缺乏个体性安全感的和焦虑的，更深刻地从存在主义哲学的角度看，他就是存在性地焦虑(Angst)”。[②]

精神分析学解构了本质化的主体，把主体看成动态的、不确定的甚至值得疑问的，正如黑格尔所言：“我们这个时代就是一个新时期的降生和过渡的时代。人们的精神已经跟他旧日的生活与观念世界决裂，正使旧日的一切葬入于过去而着手进行他的自我改造。”[③]这种改造是艰难的，只要人类仍然存在，永远必须面对大写的我。既然主体已经分裂，主体观念和认同路径可能也随之必须改变。拉康、阿尔都塞、福柯有力地质疑了主体的建构与文化传统的关系。前文我们用雷蒙德·威廉斯的情感结构概念指称主体对不同历史时期文化现象的反应，文化研究正是呼应着现代文化转型潮流而起的。引领威廉斯进入英国文化研究领域的“文化研究

① [英]安东尼·吉登斯：《现代性的后果》，田禾译，南京：译林出版社，2000年，第88页。
② [英]安东尼·吉登斯：《现代性的后果》，田禾译，南京：译林出版社，2000年，第87页。
③ [德]于尔根·哈贝马斯：《现代性的哲学话语》，刘东译，南京：译林出版社，2011年，第7页。

之父”斯图尔特·霍尔试图在流动的现代性中阐释主体。在《识字的用途》中，他充满怀念之情地描述了工人阶级的地方主义和“乡下习气”，赞美这种文化为“健康有机文化”，与戴维·洛奇的《美好的工作》中以维克和父亲、子女的眼光描绘的，以伯明翰为原型的破旧的工人住宅区里，老维克一成不变的古板饮食习惯，记忆中一切永远停留在三十年前的老价格，老家具、老衣物的品质都是最好的等等讽刺性描写，形成了有趣的“互文”。这恰恰印证了斯图尔特·霍尔的“美好”的“‘旧式’的秩序”(An ‘Older’ Order)只能是他理想中的世界而不具有普遍性。他认为“文化”本身就是一种表意实践，文化的功能就在于生产意义，意义的产生是通过语言进行的，语言与主体之间形成了一个双向过程，更像一场“对话”。主体形成心理表象，在概念与符号之间建构起相似性，指向符号所表征的语言。所以意义是被建构的，表征建构了意义世界。

霍尔既继承了马克思主义的批判传统，又汲取了精神分析理论和后结构主义思想，形成了有巨大影响力的文化唯物主义理论，构筑了庞大的文化分析批判体系。他的理论核心是后现代语境里的认同问题。他认为认同问题的核心就是主体问题，“认同主要是自我的认同，自我认同又主要表现为身份认同和人格认同。说到底，这就是我们应当如何在历史中为自己找到‘归属的标记’”。[①] 由于现代性造成了自主主体的解构，要认识全球化语境里的后现代主体就必须转换思路。本质主义的认同概念把主体看作整体性、本源性相统一的主体，霍尔以精神分析理论和后结构主义理论建构了一个非中心化的、中介性的主体。“在通常的说法中，认同过程(identification)实践是在对某些共同本原的体认后面建构起来的，或是与他人或群体所共有的某些特征，或是共有某种

① 周宪：《文化现代性与美学问题》，北京：中国人民大学出版社，2005 年，第 43 页。

理想，共有某种建立在这一基础之上自然封闭的团结和忠诚。然而，与这种界定的‘自然主义’相反，话语研究方法则把认同过程视作一种建构，一个从未完成——总在‘进行中’——的过程。”[①]霍尔摒弃了“自然主义”的主体认同，认为封闭的前现代社会对应着本质主义主体，开放的后现代社会始终处于未完成中，主体相应地处于开放性和可塑性。如果说本质主义主体追问的是“我们是谁?”，后现代主体追问的应该是“我们会成为谁?”。这就意味着主体认同路径的转换，从前现代固定、抽象、普遍永恒的主体，转向地方性、变化的、受制于特定语境的主体；从中心化、统一的主体，转向非中心化、碎片化的主体。思考认同的路径从整体性、本源性转向差异性、动态性、多元性。这种主体认同更多地取决于外在性、“他性”。有多位理论家对形成现代主体的语境进行了阐释。如福柯的权力话语理论，利奥塔的大叙事话语瓦解理论，鲍曼的流动性与矛盾性理论，韦尔什的多元化理论，弗里斯比的碎片化理论，哈维的现代时空压缩理论，都试图解释话语实践、接纳路径，现代文化主体与传统文化的关系。霍尔最终得出结论：“认同过程是一种联结(articulation)，一种缝合(suturing)，一种多因决定而非包罗万象。”[②]

经过这样一条漫长的理论路径，我们终于认识到，现代认同的核心是“变化着的同一”，是一群家族相似体，从统一的大叙述话语转变为如何叙述、建构主体。不确定的、他性的、象征性的现代主体诞生了。这个不确定的主体由于现代性与生俱来的内在冲突，一出生就陷入了 nostalgia 的陷阱中，不可自拔。

---

① 转引自周宪：《文学与认同——作为现象/问题的认同》，《文学评论》2006 年第 6 期。
② 转引自周宪：《文学与认同——作为现象/问题的认同》，《文学评论》2006 年第 6 期。

第三节 现代中国的文化乡愁

前文我们给出了中国现代文化史上的几个文本，表征了现代中国人的乡愁，预示着现代新文化类型的诞生。激进的新文化运动出于启蒙的目的，猛烈抨击传统文化，造成了文化传统断裂，直接影响了对现代中国民族国家身份的建构。现代文化史上的新文化领军人物与整理国故派、西医与中医、国画与油画的论争，无一不是对文化话语领导权的争夺。抗战时期，中国前途最黑暗的时候，钱穆先生针对主流话语的这种文化价值观，感慨国人对传统文化的虚无主义态度，怀着"不过千夫诺诺，不如一士谔谔"的拳拳之心，在漂泊动荡中撰写了卷帙庞大的《国史大纲》，痛呼："文化与历史之特征，曰'连绵'，曰'持续'。惟其连绵与持续，故以形成个性而见为不可移易。惟其有个性而不可移易，故亦谓之有生命、有精神。""一民族政治制度之真革新，在能就其自有问题得新处决，辟新路径。不管自身问题，强效他人创制，冒昧推行，此乃一种'假革命'，以与自己历史文化生命无关，终不可久。""断断无一国之人相率鄙弃其一国之史，而其国其族犹可以长存于天地之间者。""以我国人今日之不肖，文化之堕落，而犹可以言抗战，犹可以言建国，则以我先民文化传统犹未全息绝故。""世未有其民族文化尚灿烂光辉，而遽丧其国家者；亦未有其民族文化已衰息断绝，而其国家之生命犹得长存者。"[①]整部《国史大纲》从头到尾贯穿着强烈的民族文化自豪感和忧心忡忡的危机感。民族认同既是现代性的出发点，更是现代民族国家的归宿。现代性是西方的内生性原发性文

① 钱穆：《国史大纲》(修订版)，北京：商务印书馆，2010年，第475页。

化，具有“天然”的合理性。而中国近代被迫走上了文化转型之路，继发性的现代性意味着水土不服，东方亚细亚的共同体结构完全不同于西方的社会关系、社会组织。金惠敏认为，在中国甚至整个东亚儒家文化圈，凝聚社会、构建民族身份的功能不是由西方那种逻辑、知识式的百科全书建构的，而是由历史和神话来承担的。无论历史还是神话，都是钱穆先生呼唤的不可移易的连绵与持续的民族心灵史，都可视为传统文化的核心，共同体的主体，是一种神性的存在，珍藏着民族认同的基因、密码。

如果我们承认连绵与持续的历史文化构筑了民族文化主体，那么“文化记忆”就是文化最大的社会功能。德国学者阿达莱·阿斯曼提出了个体记忆和集体记忆概念，认为记忆绝不仅仅只是一种个体行为，个体只有在社会化过程中才能获得属于自己的记忆。文化因为是人类的一个永远处于生产性的“形成与构成的过程”，文化内核抽象成一种“凝聚性结构”，通过民俗、节庆、纪念日等形式使过去的事件延续到当下，流逝的时间就成为绵延不断的时间，事件因为具有了永恒的意义而成为集体成员所认同的共同价值观念，产生归属感和认同感。文化记忆包括神话、历史、传说、事件，作为建构民族文化主体的权力话语，“文化记忆”显然属于记忆政治学，是一种主动的历史建构，在不断地叙述中“重现”历史，建立一套与过去保持联系的新话语体系。正是在这个意义上，保罗·康纳顿指出：“我们保持回忆的方式，是把它们和我们周围的物质环境联系起来。我们的记忆若要重现，那么我们所必须关注的，正是那些被我们占据的、不断步步回溯总可以参与其中，随时能够重构的社会空间。”[①]本尼迪克特·安德森甚至认为，作为一套意义

① [美]保罗·康纳顿：《社会如何记忆》，纳日碧力戈译，上海：上海人民出版社，2000年，第37页。

系统的国家认同，正是通过不同层面文化想象被不断塑造出来的，国家也只有通过基于历史、空间和制度等多层面的文化指示框架，才能创建出一体化的、稳定的心理归属感和共同体符号系统。当然，通过想象创建的符号系统不是随意的、虚构的，它只是借想象的力量建构起来的，想象是多民族创建国家认同的重要方式和渠道。[①] 这套体系为了验证主体，必须与历史、过去保持内在的连续性，这套话语就是乡愁，就是对文化记忆和自我的呼唤。这些学者的论述都是对现代性语境下主体认同的阐释，给我们研究中国现代主体认同问题以深刻的启示。

从近代中国进入现代性进程开始，尤其是近几十年来中国的快速城市化发展，传统的乡土中国发生了痛苦的转型和撕裂。从新中国工业化时期开始形成的城乡二元对立格局，到大规模城市化阶段的几亿农民脱离土地进城，以及城市出于经济理性的空间极速扩张，造成城市居民在自己熟悉的家园“背井离乡”。这些巨大的社会变迁，反向于社会内在逻辑的自然演进，都出于对现代民族国家身份的激进诉求。从乡土中国熟人社会的差序格局，到以价值理性和资本逻辑为基本准则、以社会分工实现价值效率的城市工商业经济体，造成传统伦理价值与资本逻辑相冲突，整个社会迅速转入经济至上、人的原子化、价值观念世俗化的模式。虽然经济总值有几何级提升，然而这场以同质化、公约化为目标的城市化，导致了“人”藉以安身立命的时空迅速解体，文化记忆中断，牢固可靠的诗意家园和稳定永恒的文化价值认同感逐渐消失。同一、复制、“丰富”、繁荣的大时代里却没有感性、独特、唯一的个体身心寄托的所在，民众幸福指数下降，导致整个社会价值观念迷

① ANDERSON B. *Imagined Communities: Reflections on the Origin and Spread of Nationalism*. London: Verso, 2006.

茫，找不到精神原点，与传统文化断裂。海德格尔在这个意义上极端地把“现代”称为全面黑暗和贫乏的时代，乡愁就是这个剧烈变迁时代社会思潮的反映。当代人对身体所在的时间空间产生了强烈的异乡感，时光不再，对中国社会的现状转过身去，向传统寻找源头，连接记忆，寻求身份认同。可以说乡愁反映了中国人的精神失重现状，也是整个民族、国家、时代的纠结和阵痛。乡愁作为复杂的、多向度的社会思潮，既虚构又真实，既悲情又有收获的喜悦；既是被动的抛入，也可能是积极的选择和重构；既是“求助于过去的现代文化生产模式”以转换成“可参观的体验”，也似乎成为当代社会人们的情感“归宿”；既从审美价值转换为消费价值，也可能是批判现代性的犀利工具……总之，作为当代复杂的文化实践，乡愁蕴涵着多重意义，是多元化社会中建构、想象和追寻自我文化身份的路径，终极意义是找回自我，重构心灵故乡和精神家园以安顿生命。

由于城市化造成的人与土地的分离，劳动力转移，农民群体进城打工，把乡土社会的熟人模式带到了城市。但是这种以血缘、宗族和地域为纽带的社会模式，核心是“人”的价值，而以精细社会分工谋求实现效率最大化的机械文明所排斥的却恰恰就是“人”的价值。科学理性以同一性、重复性、实证化的客观规律形塑了同质性、排他性、追求自身利益最大化的理性经济人。自从五四运动以来，我们偏激地把“先进”的现代性与传统文化对立起来，把传统的负面性不断放大，造成了城市化以来完全铲除了乡土社会里人与人、人与社会水乳交融、相互依赖的共同体方式，匆忙地建立起一套以经济理性为核心的工业社会模式。在这个巨大的社会机器里，以人的物化、非人性化，造成了“人”的鲜活肉身消失，成为单子、原子化的、蜷缩在仅能容身的格子间和永远重复的流水线上的一个代码，完全失去了安全感、归属感，更可怕的是，同样也失去了伦理约束和道德敬畏。“现代感受性的特征是一种急迫而痛苦的差距感，该差距存在于经验与意识及用经验的强烈感受来补充理性意识的欲望之间，那么，这本身就标明了经验对意识必要而无法逃避的依赖。而且，反之也是如此。经验与自我认识之间每一分裂本身都产生于认识或自我认识的形式中。”①从某种意义上看，这种反人性的城市化切断了所有人与传统、与自然的联系，是一个巨大的毁灭性悲剧。

布尔迪厄(Pierre Bourdieu)以“场域”“习性”“资本”三个关键词解剖复杂的社会生活。他认为，各种经济文化要素的组合构成了不同的社会生活场域，比如城市和乡村就属于不同的场域。社会生活是由“性情”指导的行为在社会场域中构成的，主体在社会生活中形成的即兴能力就是一种“习性”。主体在社会生活的不同“场域”中，总是无意识地、习性化地去行动。“资本”包括经济资本、社会资本、文化资本。社会资本是一个社会或群体所具有的现实或潜在的资源集合体，它主要由确定社会或群体成员身份的关系网络所构成。文化资本包括：精神和身体的持久“性情”形式、文化商品形式、文化体制形式。各种资本、习性的主体在不同场域中的行为构成了社会生活，形成社会结构。布尔迪厄把场域作为社会文化动态变迁的基本分析单位，认为文化的延续性受制于人的实践目的和行为选择，权力结构主导的利益格局决定了文化现象的产生和存续，所以社会文化的再生产机制取决于社会结构中占支配地位的利益者。“场域”揭示了社会文化动态变迁的过程及其内在机制。以布尔迪厄的场域理论看，儒家伦理构成了传统乡土社会的宗族关系社会资本，大家庭是最小的社会单位，每个个体在这个伦理系统里以自己所在的地位获得社会资本，按照礼乐教

---

① [英]史蒂文・康纳：《后现代主义文化》，严忠志译，北京：商务印书馆，2002 年，第 10 页。

化养成的习性指导自己的行为，比如祭祀、家族繁衍等行为就不仅仅是个人行为，更是社会无意识规训的习性。整个社会以伦理教化秩序有序运作，形成了超稳定的社会生活场域。而现代城市工作和生活空间一反传统伦理血缘关系空间和大家庭组织形式，打工农民群体进城后，传统伦理失去了调节、约束作用，效率化、组织化的现代生产关系把传统生活秩序和伦理关系排空，形成了机械文明的“无机化”场域。出生于乡村的农民子弟，在城市求学入职，成为得到稳定生活的中产阶层。他们经历了整个成人期的城市化生活，心理结构虽然与城市社会同构了，但是作为文化连续性的主体仍然保留着从前的习性，这就造成主体失去精神原点，缺乏安全感和归属感，在城市文化场域中失去自我。一直生活在城市的市民，面对几十年来大规模的城市化空间变迁，找不到伴随生命成长的空间坐标，也就失去了对家乡的依存感和敬畏感，同样失去了生命之根。尼采、海德格尔、福柯、利奥塔、吉登斯都批判了现代性文化生产机制，揭示了权力和文化相互交织下文化资本的存留和控制，希望能够寻找到一条重建现代主体之路。

空间既然是形塑现代社会的“主因”(the dominate)，空间的生产就决定了身体的生产。身体一直处于社会历史环境中，身体感觉从来都不会去历史化，而是被内嵌于历史中。空间改变造成身体位移后，由场域带来的习性也必然改变，人的生活和情感乃至生理倾向，也势必发生变化。梅洛·庞蒂的知觉现象学理论分析了身体与空间的关系，“物体的统一性是意向的。但是——我们就要在这里得出结论——这不是概念的统一性。我们不是通过精神检查，而是当双眼不再分别起作用，而是被一种目光当作一个单一器官使用时，才从复视转到单一物体。不是认识的主体进行综合，而是身体进行综合，在这个时候，身体摆脱其离散状态，聚集起来，尽一切手段朝向其运动的一个唯一的终结，而一种唯一的意向则通过协同作用的现象显现在身体中”。[①]“靠着身体图式的概念，身体的统一性不仅能以一种新的方式来描述，而且感官的统一性和物体的统一性也能通过身体图式的概念来描述。我的身体是表达现象的场所，更确切地说，是表达现象的现实性本身。例如，在我的身体中，视觉体验和听觉体验是相互蕴涵的，它们的表达意义以被感知世界的前断言统一性为基础，并因此言语表达以被感知和纯概念性意义为基础。我的身体是所有物体的共通结构，至少对被感知的世界而言，我的身体是我的‘理解力’的一般工具。”[②]可见一旦现实分裂了，身体的分裂就不可避免。身体的位移使得故乡想象内在于城市化，造成身份认同的复杂性。一般来说，文化认同包括两个向度，一个是归属，一个是选择。归属来自血缘、地缘等自然因素，选择出于主体的判断，具有能动性。自我认同是主体与社会互动的产物，在现代社会一直处于变动不居的建构中，文化移民处于文化夹缝的“居间者”(intermediary)，不同经济文化板块的巨大差异使得“居间者”处于严重的精神危机中，面临巨大的文化冲击，产生了痛苦的“脱嵌”与“再嵌入”过程，常常在新社区里处于弱嵌入的不适应状态。乡愁就是试图“超越与弥合”的表征，是主体的重新认知图绘和自我认同的文化实践。空间既是上层建筑中各种社会关系的综合体现，又是各种社会关系发展的前提。因此，对空间的重构也是对同一性的社会重构。对空间拓展的愿望也即是对个人主体性独立、自由的向往。

中国的快速城市化进程中，失重的乡愁作为主体记忆断裂的表征，形成了弥漫整个社会的思潮。学者们从不同学科对乡愁展开了研究。首先是空间实证研究。陆邵明带领上海交通大学城镇

---

① [法]梅洛·庞蒂:《知觉现象学》，姜志辉译，北京：商务印书馆，2001年，第297页。
② [法]梅洛·庞蒂:《知觉现象学》，姜志辉译，北京：商务印书馆，2001年，第300页。

空间文化与科学研究所进行大数据研究，整理了 1912 至 2014 年百余年的文献数据，得出结论：“乡愁是一种主观的情感，而且是具体的、可感知的。”比如乡音、民歌、地方戏、地方美食、民俗等感性形式，故乡空间更是有形的乡愁载体，最容易引发思乡情绪。从云南到北京，经济越发达，思乡程度相反，越来越弱，“乡愁越高的省份人们越愿意留在家乡工作”，“乡愁能在一定程度上影响人们选择工作的地理空间位置。”①他把中国现代乡愁的基本特征归纳为：首先是一种对于“故土”地理空间的“情感”，其次是对家乡“过去”时间的一种“记忆”及其对家园“未来”的期望。这种对家乡的思念依恋的乡愁在儒家文化主导的社会中尤为突出。现代中国乡愁作为一种源自主体体验的情感，总体来看是“积极”的，“关爱”“美”等情感具有绝对优势，同时也是一种理性的“批判”与“思辨”，形而上地升华为对美好“理想家园”的精神追求即由“家”与“乡”的“小乡愁”升华为“民族”与“国家”的“大乡愁”。② 台湾学者蔡明达、许立群提出一种测量怀旧乡愁情绪的量表，认为人们对“地方老街”的印象包含了温暖、精美、感触、休闲和历史感等五种情怀。邹广文把这种由“个人感受”而形成的地方文化“集体记忆”称为“人性的圆周”“文化身份”。我们发现，二百年前，美国人还以 nostalgia 为耻。当历史走到 1965 年，美国人 Roy Reiman 呼应着社会强烈的怀旧思潮，创办了《怀旧》(Reminisce Magazine)期刊。可以看出，nostalgia 从必须丢弃的、低效率的无所事事，变成了缓解高效率所带来的紧张压抑而造成的无所事事的空虚的利器，形成了强烈的反差。因为衡量生命价值的“时间”从自己独有的、人

---

① 郭敬丹：《大数据剖析唤起乡愁的那些人那些事》，东方网，2016 年 02 月 11 日。http://news.eastday.com/eastday/13news/auto/news/china/20160211/u7ai5280627.html.

② 陆邵明：《留住乡愁》，《人民日报》2016 年 7 月 24 日。

性的时间变成了均质化的、统一的时间，价值统一了，个体的“人”就消失了。可见现代性带来的巨大进步最终没有指向对人性的关怀，反而走向了意义消解的荒诞。1996 年，山东画报出版社创办了《老照片》期刊，一大批“老”字号报纸期刊随之而起，怀旧产品形成了庞大的产业和商业市场，似乎现代与怀旧构成了二律背反。这股潮流热衷于打捞那些陈年往事“旧闻”，复制所谓“国民”旧物，制造迷离伤感的气氛，并且形成了一种丧失性叙事话语。这种话语“对已经、正在或即将失去的传统大声疾呼，表示惋惜和焦虑，认为伴随着现代化进程所失去的将是国家或民族的精神之根，因此，亟需抢救、保护和传承等。”[①]叙述前提是以本质主义立场预设了传统文化身份的纯粹性，认为具有“原生态”“本真性”“原汁原味”的永恒性精神价值。然而，根据现代社会的文化认同逻辑，传统从来不是凝固的沉淀物，而是一个松散的、相对抽象稳定的结构，是民族的文化原型和精神血液。所以这种丧失性叙事话语所建构的乡愁，在社会学家特纳看来根本就是一种文化幻觉。他把乡愁话语分解为四个层面：第一，乡愁有一种历史衰落感和失落感，它远离故土家园的“黄金时代”；其次，乡愁话语是一种个人整体性和伦理确定性丧失或匮乏的感觉，那种曾赋予人们关系、认识和个人经验以统一性的价值观衰落了；再次，乡愁话语范式随着本真的社会关系的消失，出现了一种失去个人自由和自主性的感觉；最后，乡愁话语还是某种有关失去单纯性、个人本真性和情绪自发性的感怀。[②] 与席勒的把古典时代设定为人类“在家状态”的黄金时代一样，都是一种封闭的社会理想，以形而上学的非历史观念裁剪现实，去想象一个理想社会的乌托邦。戴维斯认为，乡愁“隐匿和包

① 周星：《生活革命、乡愁与中国民俗学》，《民间文化论坛》2017 年第 2 期。

② Bryan S. Turner. A Note on Nostalgia. Theory, Culture, Society, 1987: 4. 转引自周宪：《文学与认同——作为现象/问题的认同》，《文学评论》2006 年第 6 期。

含了未被检验过的信息，即认为过去的事情比现在更好、更美、更健康，更令人愉悦，更文明也更振奋人心。简言之，它泰然自若地宣称‘美好的过去好于毫无意义的现在’”。[①] 鲍德里亚把这种孤立静止、封闭形而上学的社会理想称为“历史的灰尘”。“历史的终结也是历史灰尘的消散。这就要求我们在处理旧的意识形态、旧的思想框架、旧的价值观念后，不再制造任何灰尘。”[②]丧失性叙事就是这种“历史的灰尘”。周星从本质性民俗学视域，认为目前的中国知识界，仍然以丧失性叙事话语占据主流。“伴随着诸多乡愁的丧失性叙事，其实是和经不起推敲的文化纯粹性以及本质主义的民俗观互为表里。把乡土社会描述为和谐的、道德的、诗意般栖居的，把传统文化描述为优美的、纯粹的、正宗的、富于本质性的精神价值，是丧失性叙事的基本表述，然而，文化的可变迁性、文化的流动性及越境性，还有文化所曾经受到过的那些外来的影响等等，则被有意无意地忽视、忽略了。”[③]周宪从文化相对主义立场认为中国近代经历了巨大的历史断裂和激变，传统文化价值日趋解构，这种“去传统化”造成了严重的“文化失语症”。传统社会向现代社会转型蕴含了太多的未知性，造成了严峻的文化认同危机。面对“变化着的同一”，必须“重新传统化”，“自动”忽略文化的消极面，在不断地阐释和“发明”新的传统中才能阻止断裂，形成新的认同。可见无论本质主义还是相对主义立场，学术界一致认为乡愁是当下中国建构、想象、叙述自我文化身份的路径，是自觉的文化行动和实践，是推动社会文化建设的重要动力。

至此，我们终于接触到了问题的核心。中国的文化传统到底

① 周宪：《文化现代性与美学问题》，北京：中国人民大学出版社，2005 年，第 32 页。

② 周宪：《“合法化”论争与认同焦虑》，《文学与认同：跨学科的反思》，北京：中华书局，2008 年，第 206 页。

③ 周星：《生活革命、乡愁与中国民俗学》，《民间文化论坛》2017 年第 2 期。

是什么？近代中国被迫转型，在亡国灭种的焦虑下国学兴起，寻找传统的根源以树立民族自信心。无论是儒家的“赞天地之化育”，还是道家的“辅万物之自然而不敢为”，都视宇宙为生命本源，“万物并育而不相害，天道并行而不相悖”，“小德川流，大德敦化”，天人一体方能安顿生命。中华文明在漫长的历史中形成了自己特有的根源性结构和演进动力，经历了无数次融合淬炼吐故纳新，形成了世界上独一无二的连续性文明。中华文化辐射所到之地形成了儒家文化圈，具有自洽性和强大的生命力、影响力。五四运动“打倒孔家店”的激进思潮，某种程度上可以看作是一贯强大、唯我独尊的传统文化在遭遇现代性巨大打击后产生的反向镜像，即文化无意识里自我强大的欲望折射，反映了文化主体崩塌的焦虑。冯友兰和张岱年怀着对传统文化的拳拳之心，在东西方文化比较的背景下对传统文化进行了整体性哲学思考。冯友兰提出中国哲学所特有的伦理学范式，完全不同于西方哲学的本体论和认识论范式。张岱年整理了中国古典哲学范畴，总结出中国哲学迥异于西方认识论模式的思维特征。当“居天下之中”的中国变成众多现代民族国家一员的中国时，原来的儒家文化主体不再能够阐释新的天下与中国主体。现代中国建立在民族认同的基础上，以现代性话语把叙事焦点和核心转变为拯救民族危机，把救亡问题与启蒙问题一并纳入到斗争叙事逻辑中，替换了传统的伦理治理逻辑，以此完成了民族独立解放的现代性事业。改革开放以来，以现代化叙事逻辑把斗争叙述逻辑转换到经济建设模式，既接续上了原来的关于中国社会历史进程的叙事，又把叙事重心由时间性的未来挪到空间性的当下，以西方现代性模式为参照，完全转换为现代性的空间叙述逻辑。这样现代性话语成为叙事的焦点和核心。民族复兴则是关于民族国家主体的未来命运，把现代性不同阶段的历史使命统一起来，把历史的深度和世界的广度结合起来，以民族认同统领时代认同和阶级认同，把传统文化和红色文化的双内核话语统一起来，在全球化的时代变迁语境里重新确立中华民族的主体，形成一套新话语体系。中国现代性话语的形成路径就是一条如何认同主体的路径。我们发现，无论遵循怎样的逻辑，中华文化的根源性结构和发展动力没有改变，它就是中华民族的主体，文化传统就是不同时代对这一根源的继承和发展，形成了主体活的灵魂。

由此观之，当代中国风起云涌的乡愁思潮具有深刻的政治、经济、文化实践意义，既提供了一个全球化背景下进行社会主义中国民族国家身份重新确认和历史定位的契机，又是一个纠正现代性强势话语主导性、激活东方传统文化体系活力的时机，更是一个传承红色文化基因、实现"本土化的现代性"(inigenized modernity)的时机，是一个"去传统化"后再"重新传统化"的过程。从单一文化时代的静态地追溯"天道"或起源，转向全球化多重文化叠合语境下动态地立足现在并指向未来，也就是必须重新建构一套关于讲述中国故事的话语。

事实上，现代性作为复杂的意识形态，一直内涵着巨大的矛盾和分裂。卡林内斯库认为存在着两种截然不同的现代性，"可以肯定的是，在19世纪前半期的某个时刻，在作为西方文明史一个阶段的现代性同作为美学概念的现代性之间发生了无法弥合的分裂。(作为文明史阶段的现代性是科学技术进步、工业革命和资本主义带来的全面经济社会变化的产物。)从此以后，两种现代性之间一直充满不可化解的敌意……"[1]前一个现代性指的是作为社会总体性的现代性，在工具理性主导下以直线进步的历史观推动

---

① [美]马泰·卡林内斯库：《现代性的五副面孔》，顾爱彬、李瑞华译，北京：商务印书馆，2002年，第48页。

社会生产力飞速向前进，这个进程永远处于“现在进行时态”，无穷无尽没有终点。后一个现代性又被称为审美现代性，指的是在巨大时代潮流碾压下的个体在空前的焦虑中对自我的建构和时代的反思。这一对矛盾的现代性贯穿着整个现代社会的历史进程，现代主义艺术就是杰出的代表。从来没有一个时代拥有这样巨大的历史合理性，也从来没有一个时代对个体造成这样巨大的压迫和分裂。“现代感受性的特征是一种急迫而痛苦的差距感，该差距存在于经验与意识及用经验的强烈感受来补充理性意识的欲望之间，那么，这本身就标明了经验对意识必要而无法逃避的依赖。而且，反之也是如此。经验与自我认识之间每一分裂本身都产生于认识或自我认识的形式中。”[①]马克思主义认为中国存在一种特殊的东方亚细亚生产方式，作为文化表现形式之一的意识形态一直发挥着重要的治理功能。在中国向现代转型的过程中，由于中国所处的弱势语境，强大的现代性诉求具有相当的紧迫性合理性，而有意“忽略”了审美的非功利性意义，导致“进步”的现代性压倒了审美现代性，形成了中国特有的“本土化的现代性”(inigenized modernity)。这也是后发展国家所共同面临的问题。所以“在以农耕自然经济为主体的社会结构向现代化发展的过程中，现代化的诉求既是作为改造半殖民地半封建社会的强大力量，又是作为对现代性和资本主义制度和资产阶级文化的抵抗和批判力量被引进和介绍到中国来。在政治上，马克思主义与中国革命实践相结合，在实践中走出了一条中国模式的社会主义革命和建设的道路。在美学上，由于马克思主义美学的特殊性，也由于马克思主义美学与社会革命的复杂关系，特别是由于中国文化问题的复杂矛盾性，

---

① [英]史蒂文·康纳：《后现代主义文化》，严忠志译，北京：商务印书馆，2002年，第10页。

马克思主义美学的中国化进程呈现出更多的矛盾和困难。上层建筑与经济基础的关系在中国社会的现代化过程中呈现出多层次叠合性的复杂现象”。[①] 这种把追求经济理性的现代性和反意识形态的现代性融为一体，在复杂的全球化语境里，将长期伴随着中国的现代性进程。

现代性一直以强大的工具理性对现代社会造成了异化，中国的现代性更关注以社会政治经济制度现代化为基础的现代人的精神心态气质，关怀人类的心灵，体现了现代性的本土化逻辑。一个成功的例子就是电子红包，是现代性和中国传统文化相结合的产物。中国特有的熟人关系构成的乡土社会加上技术网络，成功地重构了人际关系，形成了更大的熟人网络，仍然是以熟人为中心的一圈圈涟漪，形成了具有中国特色的城乡社会。农业文明特有的熟人之间的信任关系，具有扩展性，由熟人社会而扩展、融入生人社会，就这样一层层逐渐生成、叠加，由众多“熟悉的陌生人”形成更复杂的关系网，仍然是温暖的“高信任度社会”。同样出生于东方儒家社会的弗兰西斯·福山认为，这种熟人社会相对于依靠“巨细靡遗的契约和强制机制才能进行交易而成本大增”的“低信任度社会”而言，是更“成功的现代化形态”，“前现代（premodern）的文化习惯与现代性完全可以并存共荣”，形成新的共同体。对比吉登斯的“前现代的信任环境是由亲缘关系、地点上的地域化小区、宗教宇宙观和传统所营造的，而现代的信任关系是由友谊或隐秘的个人关系、抽象体系、以未来为取向的非实在的模式来建立的”[②]的现代性彻底西方化模式，世界并没有断裂，现代社会秩序

---

① 王杰：《中国马克思主义美学的基本问题与理论模式》，《文艺研究》2008 年第 1 期，第 19 页。

② [英]安东尼·吉登斯：《现代性的后果》，田禾译，南京：译林出版社，2000 年，第 88 页。

和伦理依然有效，他称这种有道德的生活秩序为“生活政治”。电子红包就体现了农业文明与信息文明的成功融合。事实上，“平等、理性、公正、信任、民本主义”一直是儒家的核心价值，与现代契约社会的价值观念不但不矛盾，反而能够相互融合，产生派生价值，延伸出新的生命力。这种意识形态治理模式下形成的“互惠、道德义务、社会责任与信任”的“乡风礼俗”具有道德自觉性、向善性，自然就导向了高信任度社会，这正是冰冷的现代理性社会最稀缺的资源。电子红包作为特有的社会经济现象和文化现象，验证了马克思的“东方社会以血缘关系为基础的公社的组织形式和文化，可以与资本主义生产方式创造的现代技术和现代管理发生相结合，从而在新的历史层面上实现社会现代化的非西方方式的发展”。[①]

上世纪五六十年代，电影《我们村里的年轻人》和《朝阳沟》既表现了对科学现代性所引领的光明未来的向往，又对乡土传统生活表现出深情的眷恋。乡村社会里，先进的科学文化和传统农耕文化处于平衡和谐的状态，表征了美好的现代乡土中国的迷人魅力。到了八十年代，路遥的《人生》和《平凡的世界》表达了强烈的对城市文明的向往，乡村虽然仍然是伦理美好的温暖家园，却因为巨大的城乡差异而黯淡无光，失去了温暖和生命力，成为年轻人一心只想离开的地方。新世纪初，北北以女性特有的敏感，在《寻找妻子古菜花》中让李富贵和古菜花都离开了封闭遥远的桃花村，在无边无际的大雨中寻找真正的幸福。随着经济因素和“陌生人”侵入了传统乡村，失落的美好人性、稳固的家园到底在哪里？他们又会走向哪里？灰暗的乡村浸透了忧伤，传统人伦已经无法约束膨胀的欲望，乡村大地开始倾斜。毕赣的《路边野餐》里，在中国版图

① 王杰：《中国马克思主义美学的基本问题与理论模式》，《文艺研究》2008 年第 1 期，第 19 页。

的边缘，仍然保留着熟人社会的贵州乡村，陈升一直在本雅明式的游荡闲逛中持续着几乎没有希望的“寻找”行为，伴随着他内心里不断回荡的、自我独白的诗句，把过去、现在、未来融为一体，以老歌《小茉莉》唤起过去的时间。毕赣让陈升在“荡麦”——一个根本不存在的地方，与过去相遇。这个事件以42分钟的纪实性超长镜头，把现实时间对应着故事叙述时间，完整可信，陈升遇见了不同时空的自己。这是一个关于时间的寓言，关于自我的隐喻。通过在时空交错中寻找失去的时间，在熟悉的芦笙声寻找情感家园，陈升粘贴修复了时空碎片，完成了自我精神救赎。《路边野餐》表现了在流动的现代社会里重建温暖的乡土记忆的努力。刁亦男的《南方车站的聚会》里，周泽农在野鹅湖畔的行动也是以长镜头表现的，星丛化意象隐喻着重新建立审美共同体的努力，老歌《美丽的梭罗河》把罪与罚、人性与救赎的主题诗意地吟唱出来。毕赣和刁亦男不约而同地都采用了本雅明的美学逻辑和老歌，以城乡边缘“游移的观察者”(ambulatory observer)视域表征了在当下流动的社会里希望重建信任的感情结构，充满温暖的人性之光。通过多重自我对话的诗意救赎，隐喻了中国的现实性未来。如果说本雅明以城市游荡闲逛者的视域撕开了现代空间的裂口，隐喻了现代性的分裂；中国文本中的城乡游荡闲逛者却穿越了不同的空间，以乡土记忆重构了中国式现代性。长期生活在域外、一直想念着故乡的聂华苓，在无数次描述了华人试图融入他乡而不得的局外人处境后，在《千山外　水长流》中，以中国古典式意境构筑了一个世界多元文化共生的理想乌托邦秩序，美好而安稳。邓一光的《人，或所有的士兵》和周恺的《苔》，叙述者经历了百转千回，重新回到家乡叙述，表述了地方性成为世界时代人们的皈依，成为人们观看、理解、认识世界的方式。这条艺术文本线索，审美地反映了中国现代性的平衡、撕裂、弥合历程，构成了詹姆逊的第三世界的

“民族寓言”历史，表征了不同时期的中国现代性感情结构。在“自然”状态的前现代社会，地方就是全部世界。随着现代性的扩张，现代性成为普遍知识和真理，与现代性相对的地方性成为亟需被否定的他者。经历了漫长的、单一化的现代性历程，我们终于认识到，同质性文化等于死亡。必须以地方性叙事抵抗全球化，回归差异性、特异性的地方文化，讲好中国故事，以拿来主义的文化立场和博大胸襟进行中国现代话语建构。

总起来看，乡愁作为社会思潮和文化实践，以审美现代性对抗现代性，具有强烈的社会、文化、政治反思意味。在一次次焦虑、梦幻、自恋、挣扎、反思、重构中，把现实生活经验里的故乡上升抽象为文化原乡。无论是冰心的朝向未来的修复型乡愁，还是鲁迅等的怀旧型乡愁，“怀旧体验的核心就在于培育对先前自我的赞赏姿态。通过怀旧，当下看起来不再那么恐怖，也更容易被接纳”。[①] 通过不断地向源头回返，修复碎片化的现代社会，重构理想的精神家园。乡愁的审美意义不仅仅在于建构了美好的乡愁乌托邦，“乌托邦强大的动力就在于它能从绝顶的混乱和无序中，拯救世界，乌托邦是个关于秩序、安静、平静的梦幻。其背景是历史的噩梦。与此同时，秩序每每被人们认为是人间事物所能达到的完善，或者近乎完善”。[②] 更在于乌托邦“只能是那样一些超越现实的取向，当它们转化为行动时，倾向于局部或全部地打破当时占优势的事物的秩序”。[③] 这就是乡愁的社会功能，就是中国特有的“本土化的现代性”。

---

① [美]珍妮特·伯尔薇等：《小说写作：叙事技巧指南》，赵俊海、李成文译，北京：中国人民大学出版社，2017 年，第 109 页。

② 聂华苓、保罗·昂格尔：《革命的领袖、浪漫的诗人》，萧延中等编：《外国学者评毛泽东》(第 3 卷)，北京：工人出版社，1997 年，第 421 页。

③ [德]卡尔·曼海姆：《意识形态与乌托邦》，艾彦译，北京：华夏出版社，2001 年，第 228 页。

2012年,胡主席针对凝聚中国现代民族国家共同体意识的重大紧迫问题提出了“三个自信”,即道路自信、制度自信、理论自信。2016年,习主席又进一步发展为“四个自信”,特别加上了“文化自信”,这是中国自我定位的核心,是全球化语境下现代中国对民族国家自我身份的肯定。“四个自信”体现了强烈的文化自觉意识,力图自主掌握文化转型,进行文化选择。“四个自信”构成了当下中国的文化根基、文化本质、文化理想,强调传统文化的历史自豪感,希望以传统文化复兴而推进现代民族国家文化新“质”的建构。近现代以来,传统中国从瓜分豆剖、“文命危浅,朝不虑夕”、遭遇三千年未有之大变局的强烈生存危机到艰难的救亡与启蒙,终于一步步站起来、富起来、强起来,构成了一条从失去文化主导地位再到重建身份的历程。中国从儒文化圈的领导者到沦为失去自我文化生命力的“东亚病夫”,再到崛起的第二大经济体和文化大国,这个历程印证了“在东亚周边地区人民的心目中,‘文化中国’是一种作为概念的理想中国,是千百年来文化理想在时间之流中的积淀,有很大的成分是由想象所建构的;但是‘政治中国’则是作为实体的现实中国,是当前的权力结构关系所刻画交织而成的,它是具体而实在的存在,想象的空间较小”。① 文化共同体从来都既是历史的,也是现实的。历史上,当文化空间单一时,“人们会把传统当做理所当然的东西加以接受,并认为去实行或去相信传统是人们应该做的惟一合理之事”。② 而近代文化陷入混杂化、异质化以来,尤其是当下这个多重文化流动的全球化非“一度空间”语境,文化中国的身份更是历史与未来的交融、创新。“在东亚文化交流圈中所呈现的‘自我’与‘他者’,都深深地浸润在‘时间’的概念之中,因

① 何成洲主编:《跨学科视野下的文化身份认同——批评与探索》,北京:北京大学出版社,2011年,第78页。

② [美]E. 希尔斯:《论传统》,傅铿、吕乐译,上海:上海人民出版社,1991年,第17页。

而'自我'与'他者'都不是'一度空间'的存在,而是上与历代祖先下与无限未来者交融为一的生命。"[1]当下这个非"一度空间"就是多重文化流动的全球化语境,文化中国的身份就是历史与未来的交融、创新,就是人类命运共同体。这一切印证了 E. 希尔斯的传统从来"是人们在过去创造、践行或信仰的某种事物,或者说,人们相信它曾经存在,曾经被实行或被人们所信仰"。[2] 传统从来就是想象、建构的话语,或者干脆就是对当下"转过身去"的乡愁,是存在的隐喻。

通过对现代"乡愁"形成史和演变史的梳理,我们认为这个关键词贯穿了现代性的历程,伴随着现代性共生,既是对现代性的反思和批判,也体现了现代主体从建构到解构的路径。现代不同门类的学科通过对其意义进行不断地深化阐释,解构了自古典主义和启蒙运动以来建立的崇高的本质主义人类主体。如果说流动的全球化语境里还有新的主体,这个主体的本质也处于流动性中。本质主义的主体已经不再,只有相对主义的主体。主体是一套意识形态话语下虚构的产物。乡愁永远是一种建构,是一种对现实的历史想象和未来期待。表现在微观层面上,是个体通过建构自我连续性记忆、形成混合身份认同(Hybrid identity)、进而建构主体;表现在中观层面上,是建立地方文化记忆而形成文化共同体;表现在宏观层面上,是民族国家寻求文化主体确认和传统继承之间的平衡与张力。表现为把传统文化、民族文化与现代性融合起来,形成新的家国情怀和文化记忆。文化身份是人类的价值观念通过社会实践在时空中的显在。现代民族国家的文化身份必须、也只有在现代性、全球化中才能得到确立。现代性和全球化一方

---

① 何成洲主编:《跨学科视野下的文化身份认同——批评与探索》,北京:北京大学出版社,2011 年,第 79 页。

② [美]E. 希尔斯:《论传统》,傅铿、吕乐译,上海:上海人民出版社,1991 年,第 15 页。

面导致了强烈的文化同质化，另一方面加剧了文化乡愁的反思建构和文化模式的冲突。后儒家时代，社会主义的民族国家在全球化下可能遭遇的文化冲突，不仅仅是模式化、绝对化的文明冲突，更是复杂境遇的张力、纠葛和矛盾聚合、共时的后果。乡愁首先是全球化语境里的传统文化共同体转型为现代民族国家的文化身份问题，在这个意义上是国家政治问题；其次是文化话语建构路径和认同问题；再次是地方文化建构和个体主体认同问题。三个问题虽然层次不同，但都是现代性与传统对话、融合的问题。

到这里，我们发现进行了一个反方向的论述，通过“乡愁——自我——现代——文化重构”这样一条线索，由表及里地扒开了现代人——现代主体——现代文化的实质，现代乡愁就是现代中国的自我存在表征，是中国全球化语境里自我身份的隐喻。

下面，我们将从当代乡愁的文化书写、城市空间的再生产与乡愁、乡村社会的乡愁与重构、现代性语境中的民俗与民俗主义几方面展开论述，分析乡愁作为中国当下复杂的文化现象，是如何表征的，体现了怎样的文化逻辑。试图从学理上阐释乡愁中纠结的文化身份，因为“文化身份问题是中国社会在自身的现代化进程中知识界对文化生成结构和现代性的重要反思。……要不断从新的认知框架去审视民族国家的发展道路、文化发展模式、当代思想史、西方业已建立的经济制约框架、权力关系中的知识生产和传播、文化的多重资源与传统的承接和创新等一系列关系和悖论。”[①]这样，我们就可能通过一些个案，从个体、地方到民族国家，剖析我们这个古老民族进入当代的文化心路历程。

---

① 何成洲主编：《跨学科视野下的文化身份认同——批评与探索》，北京：北京大学出版社，2011年，第50页。

第三章 当代乡愁的文化书写

时间只有在人在的情况下才成其为时间。没有一种时间是人不曾在其中的；所以如此，不是因为人是从永恒而来又在入一切永恒中去，而是因为时间不是永恒而且时间只有作为人的历史的此在才成为一个时间……人领会在。只要人领会在是必须的，那么人也就是历史的、现实的。

只有当此在是将来的，它才能本真地是曾在。曾在以某种方式源自将来。

——海德格尔

时间的商品化，启动了工业和生产的机制，瓦解了阶级分化社会中特有的城乡分化。……伴随着时间的转型，空间的商品化也建立了一种特征鲜明的“人造环境”，表现出现代社会中一些新的制度关联方式。

——吉登斯

被割断了与过去的联系，不断地踩着眩晕的步伐摇摇晃晃向前猛冲，乃至无法生根，而只是过一天算一天：它无法回到自己的开端从而恢复自己的更新能力。

——帕斯

张法认为，传统文化一般划分为宫廷文化、士人文化、民间文化和晚近的市民文化，不同文化圈之间不但没有分裂对立，反而通过文化互动达到了价值观念上的同一，形成了以儒家观念为核心的传统文化价值体系。到了19世纪中叶，随着西方现代性的强势入侵，在全球化语境下，原来的天朝大国中心话语不复存在。无论它后来被批判为一种权力话语还是意识形态、强势文化霸权，由于这种“流动的现代性”无处不在的侵蚀，导致了来自根部的传统文化所提供的价值稳定感的逐渐丧失，稳固的传统文化统一体趋于解构，新的文化系统开始形成。自晚清以来一直处于被塑造中的“乡土中国”概念开始生成，它表征着意识形态的变迁、文化精神的分裂、社会阶层的分化，它作为一套新的话语系统开始建构新的中国形象。这就是费孝通意义上的、一直处于动态建构中的乡土中国。对中国作为“家的意识形态”的现代乡愁的寻找、书写也就成为20世纪以来中国文化永恒的主题，从而建构了现代民族国家意义上和全球化语境中的关于中国的“想象的共同体”。

正因为中国这个“想象的共同体”处于不停的建构中，传统文化与现代性的矛盾冲突也一直忽隐忽现地存在着。当民族意识高涨时，国画、戏曲、民间文化等传统文化形式就被提到高位，获得一时间的生存空间。当现代性意识高涨时，油画、话剧、传统戏曲的现代改造、现实主义等占据了主流话语权，并且这种主流话语权统领了现代中国叙述。当现代性价值观既不能整合社会、也不能表征当下中国时，我们才发现当代中国文化成了西方文化的附庸，失去了传统文化核心价值，从而急于寻找传统文化与现代文化的连接路径。于是出现了各种对传统文化的寻觅、书写。

第一节 主流话语的乡愁书写

城市化是现代性发展的必然结果。农业文明与城市文明既是两种不同的生产生活方式，也是两种不同的意识形态和人类精神文化再生产形式。随着社会发展和城镇化进程的加快，现代生活方式和传统村落保护的矛盾日益突出。虽然经过这么多年的曲折，我们已经意识到农业文明是与工业文明、城市文明并行不悖的一种文明形态，是人类文明的三大基本载体之一。但是在城市化大潮摧枯拉朽的形势下，农业文明处于绝对弱势状态，乡村在快速消失。据调查资料显示，目前全国范围内具有较高保护价值的村落仅剩下不到5000个。在以工业理性文化基因为核心的城市文明体系对比之下，传统村落生产生活空间虽然是我国农耕文化的核心形式，承载着历史、文化、科学、艺术、社会、经济价值，内孕着中华文明的DNA，它的存在却岌岌可危，很难延续与再生产农业文明的辉煌。由于农业文明经济价值上的劣势，乡村日益空心化，传统村落虽然是农耕时代特定的传统生活方式及文化习俗的宝贵文本，虽然不可再生，却由于内生性动力消失而丧失了生命力，只能沦为遗产。甚至在城市化大潮中即使作为遗产，村落的命运也岌岌可危。

正是在这种形势下，多年奔走于民间传统文化保护的冯骥才先生以中国民协主席的身份焦急地大声疾呼："如果一个民族农村的文化没有了，那么这个民族文化的根就基本上没有了……没有了根，文化的传承就断了血脉！""一个地区的经济有兴衰，但唯有文化是永远攥在手中不变的王牌，是永恒的资源。这资源既是经济的，更是精神的。如果拿它换眼前几个小钱，失去的只能是一个地区最重要的东西——精神。地域精神、人文传统、乡土情感与亲和力，这些东西一旦失去，多少钱也买不回来。”[①]建筑一直被认为是凝固的历史，从存在论意义上看古村落是中华精神的象征，保留了农业文明生命的气息。古村落作为传统文化空间的孑遗，处于静态的保留和动态的传承激活的矛盾中。这些社区是生活共同体、地缘、价值共同体。因为现代性的巨大总体性，率土之滨没有一个角落能处于它之外。这些“被发现”的古村落顺理成章地“证明”了想象中的桃花源乌托邦的存在，“礼失求诸野”，去寻觅记录它们以满足当下社会浓烈的乡愁潮流也就呼之欲出了。由中宣部、住房和城乡建设部、国家新闻出版广电总局、国家文物局联合发起，中央电视台组织拍摄的大型纪录片《记住乡愁》就是这个层面上的国家表达。

自从 19 世纪影像技术发明以来，影像迅速与文字结合起来乃至于逐渐替代了传统媒介，成为现代信息社会里重要的传播手段。因为影像具备着所谓“天然”“客观”的科学性，纪实被认为是影像话语的重要品质，纪实摄影在二十世纪成为重要的影像讲述形式。纪实美学认为“纪实摄影成为一种民主的风格与手段，它使凡人获得尊严，并把富人和权贵放在了普通人的位置上。在某种意义上，纪实摄影甚至成了沟通社会各个阶层、消除隔膜的载体”。[②] 中国传统的历史叙述又称为“志”，“史志”就包含了如何叙述、如何构建话语。当下的影像志是以影像为媒介的话语叙述，“再现”历史场景和鲜活的生活。在信息图像飞速传播、产生巨大视觉冲击力的语境里，具有志书文本形式的创新性革命意义，表达了叙述者的

① 鲁婧：《冯骥才：中华民族最深的根不是在城市　而是在农村》，人民网，2011 年 03 月 09 日。http://culture.people.com.cn/n1/2020/0430/c87423-31694598.html。

② 晋永权：《红旗照相馆——1956—1959 年中国摄影争辩》，北京：金城出版社，2009 年，第 279 页注释。

“在场”。《记住乡愁》的拍摄制作原则是“纪实”,纪实的目的是“使你相信”。通过眼见为实的村落空间建构一套“信”的话语,把深藏在传统村落里的儒家核心价值观挖掘、展示出来以建构新语境里新的话语系统。

《记住乡愁》记录了一百个传统村落,以优美和谐的自然环境、合乎天道的人文景观、多种多样的民风民俗、深沉丰厚的地方文化、具有强大道德约束力的村规民约,把农业社会的社区生活“再现”出来。如“绝壁上的村庄”的河南郭亮村,一代代人薪火相传在险峻的悬崖绝壁上开凿出长达 1250 米的绝壁长廊“郭亮洞”,还有关于福建的塘东村、安徽的许村、广东的沙溪村的讲述,都属于同一类型,基本内涵是愚公移山、自强不息,都是在生产力低下的时代里养成的精神品质。这些空间是真实的,由故事人物的后人来完成讲述,无疑进一步强化了历史的真实与当下的连接。福建的培田村、安徽的屏山村、甘肃的哈南村、重庆的濯水村的故事体现了敬畏祖训、孝道传家、忠厚诚信的农业社会核心文化观念。由这些中国乡土故事出发,体味世代相传的祖训,寻找传统文化基因,从而阐释今天的自强不息、拼搏奋发、勇敢顽强、积极进取的时代精神,激活优秀传统文化的当下时代价值。《记住乡愁》第一季的主题是厚德载物,第二季是自强不息,都是在现代性话语和全球化语境下对中国人共同体意识的一种描述,传统家国情怀的现代保留和激活。

由于现代性强大的历史合理性和空间正义性,城市化大潮完全改变了传统社会的物理空间和伦理空间。阮仪三、冯骥才两位先生虽然学术背景不同,但是从保护传统文化的视角出发,都认为没有任何特色的千城一面是造成中国当代乡愁越来越浓烈的重要因素。《记住乡愁》的古村落里所呈现的乡规民约、乡村文化礼堂、乡贤文化、家风祖训、家族宗祠等传统生活场所以活态形式保留了中国文化“原型”，在契约法制社会还未能完全建立、传统道德伦理逐渐失去约束力的当下具有呼唤传统、安慰人心的意义。

强调艺术的道德教化功能一直是中国文化的重要传统，也是艺术整合社会、统领价值观的社会功能的体现。各种历史演义、《三字经》一类的读本对于文化程度低的民间社会历来都起到了强大的敦伦教化作用，《记住乡愁》可视为这种艺术的当代影像版。这些中国故事以诗意的方式进行讲述，比较能够打动人心，实现价值观的认同，进而春风化雨，将其内化到个体，引发主体的道德向善性、自觉性。

改革开放几十年来，在经济建设飞速发展的同时也引进了由西方传统文明而生发演绎的现代文明，生搬硬套无法对接导致消化不良，西方的社会体系和价值观念不适合于儒家文化涵养的中国。无论是城市化造成的巨大空间改变引发的乡愁还是传统文化丢弃造成的无力感，我们现在终于意识到了只有安身立命的传统之根才是民族文化生生不息的血脉。这个传统就是以儒家文化为核心的中华文明。由农耕文化孕育而生的儒家文明在漫长的历史中由上至下得到推行，深深植根于寻常百姓的日常生活，外化为物质层面的柴米油盐酱醋茶和精神层面的琴棋书画诗酒花，在上千年的代际传承中形塑了中国人的人生，是中华文明得以绵延五千年的内在动力。儒家文化形成的核心价值观天人合一、尊老敬上、友善勤劳、守旧谨慎、善恶报应、祖宗家法，是一整套与中国古代农耕社会相适应的社会意识形态，塑造了中国人稳定的国民性。在时代转型的背景下，农耕文明必然无法完全适应现代性，传统文化的遽然失落，生活样态的骤变不适，构成了传统与现代的两难境地。在历史的嬗变中如何保留传统文化并实现与现代性的对接，《记住乡愁》挖掘了内生文化资源，阐释了中国价值观的内涵、传承与发展，从国家政治层面反映了对中国文化发展的理性认识。

总起来看,《记住乡愁》中的古村落是现代民俗主义的产物,是整个社会在现代性和城市化大潮下意识到传统文化的重要价值,为呼唤、保留传统文化而编织的国家话语。这些在民俗主义原则下讲述的中国故事,目的是挖掘传统文化的内涵,实现其与现代文化的对接。以纪实手法创作的《记住乡愁》集演义、抒情、唯美于一体,安慰人心,应该说达到了这个目的。至于那些村落空间是原生态的还是在民俗主义思想主导下的再造空间,那些故事属于历史还是演义,在艺术的社会功能最大化原则比照下就不那么重要了。如果达到了汪晖先生理想中的"传统的、原住民的、乡村的文化和精神,绝不是抽象的文化和精神,而是跟地方、乡村的日常生活方式、制度、习俗连在一起的,我们要保护好这些东西"的目的,真正地把乡愁视为民族的精神文化密码而不是消费乡愁,把淳朴乡村秩序和村社邻里关系保留在现代社区里,《记住乡愁》对存在的提醒就显得很重要、很及时。

《记住乡愁》开启了国家层面上的传统文化影像叙述方式。接下来,由国家卫生健康委支持、国家中医药管理局专业指导、上海笃影文化传媒有限公司制作的《本草中国》是第一部反映中医药文化的大型系列纪录片。中国本土的中医药学自从现代性进入以来遭遇了多次被污名化、黑化、彻底否定又无限拔高的反复经历。混合着感应心理学和巫术的中医药学从鲁迅开始,沦为接受了现代性的激进知识分子们攻击的对象。以身体隐喻落后的国民性,以疗救隐喻现代性,身体与现代性构成了尖锐对立的关系。可以说,中医药学从东西方文化不对等交流的近代,就成为知识界认识、解析传统中国文化的对象。在现代性与本土文化此消彼长的不同历史时期,关于中医药学,出于不同的历史需要,建构了不同的叙述话语。鲁迅文本里的"人血馒头"和否定一切文化的十年浩劫时期的"打鸡血"是两个著名的例子。事实上任何医学都不是什么中立客观的“科学”，福柯在《临床医学的诞生》里解析了西方医学话语的建构过程，同样包含着巫术、神秘、恐怖和主观想象。随着历史进入全球化一体化、技术理性主导的现代医学快速发展的时代，中国传统文化包括中医药学的存在环境发生了深刻变化。屠呦呦获得诺贝尔医学化学奖意味着中医药在全球医学界受到越来越多的关注和肯定。但是，在西方主流科学话语的强势语境里，仍然存在着如何阐释中医药文化的本源、功能、标准等问题。《本草中国》就是这种语境下对中医药的大众化影像叙述。中医药学诞生、形成于中国人的生存环境，体现了中国式的对自然、身体、天人之际的认识高度和生存智慧，形成了中国式的身体话语阐释体系。

《本草中国》以中国非物质遗产的中药炮制技术及中药传统制剂方法传承人为线索，记录了生活在中国广袤大地上不同自然环境里的中医药方剂生成和保留的故事。体现了“中医药”就是中国人对“生命”的认知，就是对中国人天人合一的生存、生活、生息方式的肯定。从纪实的美学原则出发，以真实的病例治疗过程记录把医生、本草、患者串接起来。从医生把脉疗病开方的思路，看得出中医学的以具体的“人”为中心，不仅仅局限于医治身体，更关心“人”的生成环境、人与人的关系，上升到了医治整体的“人”的高度。在中医眼里，不存在什么统一标准的治疗方法，只有不同的患者、不同的人生遭遇了“不通”才形成身体心理的疾病。医生必须帮助他们打通才能还原身体和心理正常的机能。所以理解病人的情感、经历是治疗的重要途径，也是中医学“医者仁心”的最高价值。《本草中国》的情感叙述话语反映了对传统文化和讲述中国故事的自信，一反鲁迅和“拿来主义”时期对现代性的盲从，以中国话语讲述中国故事，传递中国人的生存智慧、中国人对天地、生命的敬畏和赞美。一反从统一化模式化“标准”出发的所谓科学医学，肯定和渲染了中医学中神秘文化的成分。这也是这部纪录片在媒体时代大得风行的重要原因。《本草中国》的国际传播向世界发出了中医药学的声音。

从工业文明向生态文明的回归，体现了对文明发展模式的深刻反思。“绿水青山就是金山银山”“走向生态文明新时代，建设美丽中国，是实现中华民族伟大复兴的中国梦的重要内容”都是从国家认识层面对生态文化的呼唤。“绿水青山”“美丽中国”以情感的方式表达了人类高层次回归自然环境的重要性、迫切性。中央电视台的《绿水青山看中国》以“大会”体传播模式，从中国传统的天人合一、生生不息的生命哲学高度，把“山水林田湖”视为人类的“生命共同体”，以中国画的“散点透视”构图和大写意的手笔书写大美中国。在“山”“水”“林”“田”“湖”“乡愁”“丝路”和“美丽中国”八个主题里展现了中国广袤的自然地理景观。它们从来就不是独立于人之外的存在，而是千百年来留下了层层叠叠中国人活动的“痕迹”，形成了自己的历史和记忆。大自然是中国人永恒的家，“春秋代序，阴阳惨舒，物色之动，心亦摇焉”，“望秋云，神飞扬，临春风，思浩荡”，人类的情感建立在对自然节律的感应上。在“道法自然”“天不变道亦不变”的宇宙观支配下，“繁花著处务是日，长沙千人万人出”，“渭城朝雨浥轻尘，客舍青青柳色新”，“晴川历历汉阳树，芳草萋萋鹦鹉洲”，“蜀僧抱绿绮，西下峨眉峰”，“扬子江头杨柳春，杨花愁杀渡江人”，“过雨看松色，随山到水源”，“江碧鸟逾白，山青花欲燃”，“不觉碧山暮，秋云暗几重”，“水从北湖去，舟从南浦回”，“耿耿残灯背壁影，潇潇暗雨打窗声”，“树树皆秋色，山山唯落晖”，“翠幰金车锦骆驼，芙蓉绣褥载双娥。雨晴辇路尘沙少，风起春城柳絮多”……数不胜数的锦心诗句把中国人的深情投射在大自然里。中国的自然景观从来不是单纯的物理景物空间组合，而是深情的目光里“染”上了“人”的情感的家园，从来不外在于人，敞开母亲的怀抱接纳时间长河里的游子。所以自然景观更是人文景观，记录了人类的过去，只有保留住它们的生命力，才能向未来敞开。

《绿水青山看中国》以影像纪实为原则，运用了远景、近景、特写、航拍、摇臂、微距等多样化拍摄手法展现视觉之美。在大旅游、泛传媒时代的今天，真实的山水因为并不令人满意的旅游体验，每个游客因为影像技术水平的限制，不一定呈现最美、最全的一面。所以影像“再现”的“真实”更有说服力、吸引力。整部纪录片以中国画散点透视方式结构图像，唯美、唯深、唯全、唯大，多角度全方位地再现景观之美，以人文痕迹激活景观历史记忆，大会式的在场参与和互动，引导观众来一次景观人文深度游。

《绿水青山看中国》从生命哲学的视角建构了中国地理的话语叙述。源于先哲“天地所以能长久，以其不自生，故能长生”的生命认知，中国人眼里的世界是一个完整的、活生生的、本源性的世界，是最大的本源性存在，是生命永恒的起源、生长地和归宿。人类文明都是在尊重敬畏大自然、按照天地运行规律进行的有限活动。《荀子·王制篇》言：草木荣华滋硕之时，则斧斤不入山林，不夭其生，不绝其长也；鼋鼍、鱼鳖、鳅鳣孕别之时，罔罟、毒药不入泽，不夭其生，不绝其长也。春耕、夏耘、秋收、冬藏，四者不失时，故五谷不绝而百姓有余食也；污池渊沼川泽，谨其时禁，故鱼鳖优多而百姓有余用也；斩伐养长不失其时，故山林不童而百姓有余材也。“圣王之制”就是对自然规律的尊重。中国古典文明正因为遵循了这些原则，才得以长久和辉煌。这部纪录片是向中国智慧、中国文明的致敬，是对工业文明的深刻反思，也是把传统人文资源向现代生态文明话语转换的成功范例。

随着国家层面传统文化叙述的开展，各个地方的文化保护行动也随之兴起。如江苏省江阴市史志办编撰的《难忘乡愁——江阴消失自然村图志》，以上、下两册圆脊精装的文本形式郑重永久地保留了那些消失的村落，抢救保存了历史资料和文化遗存，把江阴城乡环境和生存空间的变化永远留在了纸上。地方政府文化保护自觉意识的开启，意味着文化保护行动已经在路上。

苏州市有着2500年漫长的历史，是世界上最古老悠久的城市之一。从古代的人间天堂到当下的中国经济领头羊，苏州对自己历史的讲述从来就不吝笔墨。还在上世纪的纸媒体时代，苏州就创办了文化综合期刊《苏州》，由著名作家陆文夫担任主编。电视时代，苏州电视台打造了《苏园六纪》《苏州水》《手艺苏州》《烟波太湖》等专题节目，对苏州的人文地理特色展开讲述。然而相对于人间天堂、人文积累极其丰富的苏州，这些讲述就显得太单薄了。2017年丁酉年春节期间，28集大型文史纪录片《苏州史纪》第一次以电视的形式系统记录讲述了苏州的历史。这部超大体量的城市影像史一时间“圈粉”无数。

影像的特质是“真实”，《苏州史纪》中出现了60多幅古代地图，完全是根据历史记载、“还原”历史情境绘制的。影像志的特点是必须有强烈的现场感和代入感，当下流行的“以人带事、以事说史、以史论理”的情景再现方式就是遵循这样的创作思路。苏州历史上名人灿若星辰，把人物和事件还原到历史语境里，容易激发地方认同感和自豪感。《苏州史纪》建立在对地方文化的深刻理解和热爱上，脚本长达20多万字，拍摄历时4年，素材超过两万分钟，最终剪辑成近700分钟的成片。全面展示了苏州自先秦建城到辛亥革命进入现代的漫长历史，彰显了苏州文化的生长肌理和丰富脉络，揭示了苏州千年文脉生生不息的生命力之所在。

“语言是存在的家”，流动的现代性和主流文化强大的同一性造成了方言的边缘化、低层次化，逐渐趋向于同化。统一的语言意味着思维的统一，地方性的消解。正因为意识到了这种危险，2008年10月，国家语委启动中国语言资源有声数据库录制项目。在全国各地寻访不同年龄代际方言说话人，以科学的方法收集当代中国的汉语方言、少数民族语言有声语料，建立庞大的数据库，进行整理、保存、研究。“方言保护”在快速现代性的语境里显得非常紧迫和必要，是对文化之“根”的保护。

以上所举的例子，可能都属于民俗学的所谓丧失性叙事，指怀着强烈的惋惜和焦虑心态回忆那些失去的传统，呼吁抢救、保护、传承民族文化之根。这事实上是出于一种文化纯粹性的本质主义观念，把“过去”的时光予以美化，把乡土社会理想化为和谐、道德、诗意栖居的桃花源，把传统文化提高到优美、纯粹、本质性的精神价值地位，而“有意”忽视了文化一直处于变迁性、流动性、涵化性的“活态”生产过程中。这种以文化保守主义立场对传统文化做出的“原生态”“本真性”的价值判断是现代文化话语场中的一种，把当下社会生活事实寄托在过往的民俗“真实”上，具有激活传统文化记忆的实践意义，迎合了全球化语境下呼唤中国文化自信的时代心理，起到了激活历史、塑造中国形象的重要作用。

第二节　乡土文学与乡愁

关于传统中国，在费孝通先生那里被表述为“乡土中国”。“土”指的是土地、社、农业、守土意识，“乡”指的是群、故乡和具体时空坐落。费孝通先生认为乡土社会的组织结构是以宗法群体为本位，以亲疏关系为主轴的网络关系，依次而形成了一种差序格局。农民以土地为生，以农为业，安土重迁，儒家文化统治下的农业社会重义轻利，与追逐利润的资本主义构成了天然的敌对关系。而近代资本主义社会的目标正是现代性，无论工业化还是城市化，发展进步的基础都是建立在乡村社会的解体、农民阶级的消失上。

这条所谓人类文明的必由之路以永不停息的直线型进步宣告了历史的合法性，现代性的宏大叙事摧枯拉朽，成为世界潮流。这个逐渐侵蚀传统乡村的过程事实上是农业文明向现代文明转化的过程，引发了革命、进步与传统、保守的尖锐矛盾。现代性天然地具有进攻性、紧张性，与传统农业社会的内源性、自律性、长久性的自我循环机制形成了剧烈冲突。随着现代性的强势侵入，以西方为中心的全球化语境逐渐形成，那些相对于西方的文明体系都成为他者和地方话语，中国由天朝大国变成了地球一隅之乡土，费孝通的“乡土中国”就是这种视域的产物。传统文学必须进行整体思维转换，才能书写自我，建构与世界对话的文化和美学母题。事实上乡土文学是近代以来宏大的文学主题，不同民族国家在形成自我的路径上都在重新书写历史。乡土文学就是关于现代性的地方书写，植根于地域文学的民族文化传统中，在全球化视野下一改国民文学的自大和偏狭，建立起新的审美想象，对本土地域文学在中国文化整体意义上进行时代整合，以重建自我，抵抗现代性。

正因为传统中国的乡土社会性质与现代性的猝然碰撞，反思乡土中国的乡土文学毫无疑问成为中国现当代文学的一个重要组成部分。由鲁迅开启的现代文学以现代性视野回望传统，发现一直以来引以为自豪的漫长的历史不过是一部“吃人”的历史，故乡不过是想象中的乌托邦。《狂人日记》把传统中国寓言化象征化，《故乡》失望于他乡的漂泊，在美好回忆的诱惑下回到了魂牵梦绕的故乡，终于痛苦地发现，实体的故乡虽然还在，但精神的原乡已经死亡。在茫然的夜色中，故乡和遥远的他乡，哪里是安身立命之地呢？从鲁迅开始，中国文学汇入了世界文学现代性的主题，对故乡之路的寻找成为现代文学一以贯之的主题。在这种思考下，新文学兴起了乡土小说潮流，构建了关于乡土中国的“元话语”，其后近一个世纪的乡土书写基本上都是在这个系统内进行的重复、改写、拓展、延伸。鲁迅对乡土文学这样评价道："蹇先艾叙述过贵州，裴文中关心着榆关，凡在北京用笔写出他的胸臆来的人们，无论他自称为用主观或客观，其实往往是乡土文学。但这又非勃兰兑斯(Gbrandes)所说的'侨寓文学'，侨寓的只是作者自己，却不是作者所写的文章，因此也只见隐约着乡愁，很难有异域强调来开拓读者的心胸，或者炫耀他的眼界。"①随着现代性的深入，茅盾、沈从文和老舍分别从三个途径寻找拯救之路。茅盾书写了乡村的破败和城市的陷落，现代性无力拯救中国，激进的革命现代性也不能拯救，茫茫子夜中中国的出路在哪里？沈从文漂泊于城市中，失望于传统道德伦理的崩坏，把希望寄托在湘西的边城乌托邦，那个失去的世界只能供奉在文学的庙宇中。老舍把希望寄托在老中国的儿女们身上，然而现代性对古老北平的破坏，也破坏了传统的人性，家园的美梦完全破灭了。

由此可见，中国现代知识分子视域中的乡土指向的是故乡，即费孝通意义上的传统中国，来自现代性的异质性文化与传统文化的矛盾构成了乡土书写的核心。作家们游离于两种文化立场之间，如果偏向于传统，就表现了乡土的乌托邦性、寓言性；如果偏向于现代性，就立足于对乡土传统的强烈批判否定。总之，在现代话语系统中乡土中国不再是文化整体意义上的传统中国，它成了各种力量各种话语的角斗场，一直处于动态的建构过程中。

1949 年之后，激进的现代性叙事迅速以"农村题材"取代了乡土文学，以宏大的家国书写取代了个人化的乡愁叙述，知识分子以现代国家立场取代了启蒙立场，而乡土社会的主体——农民却被遮蔽了，一直是不在场的。红色经典《红旗谱》《暴风骤雨》《三里

① 鲁迅：《且介亭杂文二集·〈中国新文学大系〉小说二集序》，《鲁迅全集》(第 6 卷)，北京：人民文学出版社，1981 年，第 247 页。

湾》《山乡巨变》《创业史》《艳阳天》中虽然还残留着一些乡土意识，但是很快就被现代性同化了。进入到新世纪，王建池的《龙凤泉的故事》接续了这种叙述话语，以农村新人的视角反观乡村民众的心理，从鄙视农村农民、继而离乡出走到清醒地认知农村、认同农民，认识自我，终于找到了人生之路。然而，在历史宏大叙事已经解构的背景下，这种类似于《创业史》的文本显得凤毛麟角，也不再能够编织符合历史理性的话语。贾平凹的《带灯》，叙述立场是“我这一生大部分作品都是给农村写的，想想，或许这是我的命，土命，或许是农村选择了我，似乎听到了一种声音：那么大的地和地里长满了荒草，让贾家的儿子去耕犁吧。于是，不写作的时候我穿着人衣，写作的时候我披了牛皮。”“来自于农村，本身就是农民。”这些文本虽然以农民的身份书写，事实上仍然属于知识分子代言体，以出生于乡村的知识分子情感去理解农民、贴近农民，反思乡村，很大程度上真实地反映了农民的存在。

1990 年代，随着现代性大潮的风起云涌，“乡土文学”重新浮出水面，以“乡土”理论反思和批判现代性，乡土中国成为对抗现代性的文化资源。在这种复杂的语境里，“乡土文学”呈现出多义性的复杂面貌。“乡土文学是中国文学现代进程中一个重要的文学现象，历经百年，见证了中国的苦难与崛起，不变的是乡土文学的精神，即关注现实的价值立场，寻找中国文学主体性的意识，融入世界的文学抱负，文学与时代共振的使命感。乡土文学融合了区域文学和国族文学，在迈向世界文学的发展历程中，与现代中国站起来、富起来到强起来的历史性过程同构。中国文化在历史的发展中有‘变’亦有‘常’，‘变’就是文化发展的变革性、阶段性，‘常’就是文化发展的继承性、连续性。”①

---

① 魏策策：《中国乡土文学的发生与百年流变》，《文艺理论研究》2019 第 6 期。

韩少功的《马桥词典》以115个湖南省汨罗县马桥人的日常用词建构了一个地域小世界。“语言是存在的家”，这些“关键词”以“言语”的形式保留了马桥人的生活世界，又以“语言”原则沟通了大世界，在乡村的历史变迁中展现了一套与主流话语迥然相异的民间话语系统。母语、方言塑造出一个生动鲜活的存在的世界，把被大一统的话语意识形态遮蔽的存在显现出来。语言不再是工具性的，而是一个保留了本真的“差异性空间”。引车卖浆者交流的日常语言具有与生活同构的流动性和生命力，撕开了大一统的意识形态的裂隙。林白的《妇女闲聊录》《万物花开》以私人的日常语言通向了公共性，勾划了存在意义上的道德伦理崩塌下乡村全面溃败的现实。莫言的“高密东北乡叙事”，陈忠实的“关中叙事”，阎连科的“耙耧山叙事”，毕飞宇的“里下河叙事”都继承了鲁迅的立场对乡村进行了寓言式书写，解构了关于乡土的大一统话语。阎连科的《受活》与“列宁”进行了一场隔着时空的对话，意味着作家对乡村“背过身去”，乡村再也承载不了他们的情感。李云雷的《再见，牛魔王》呈现了今天城市化背景下一个复杂多义、完全不同于传统的乡村。李凤群的《大风》《大江边》以家族历史的形式书写了长江流域百年来四代农民的编年史，巨大的社会变迁形塑了每个个体的命运，宏大历史碾压了渺小的个体，一代代农民在对“身份”的寻找中挣扎着扭曲着。这种以农民的视角呈现宏大历史的结构意味着知识分子启蒙身份的退场，农民的自我主体开始建构，书写农民自己的“小”历史。到了《良霞》里，徐良霞以病入膏肓的残缺身体支撑着自己的人生，奇迹般地在漫长的岁月里活成了全家的主心骨，活成了人们日趋逃离的、空心化了的江心洲上的“我们的姑姑”。徐良霞以地母的形象完成了对自我的救赎，对乡村的救赎，以顽强的生存隐喻了乡村大地内在的生命力，与格非的《望春风》异曲同工。无论乡村在天崩地裂的时代里如何变化，一个没有任何亲人的孤儿在“自己”的村庄里竟然一直身心健康地活着，只有人性温暖的传统乡村才能在冰冷的现代社会里还保留着这点春风。《望春风》是对传统乡村伦理的热烈赞美，与1980年代的冷酷的《活着》形成了鲜明的对比，显示出作家文化立场的“向后转”改变。王安忆的《上种红菱下种藕》，以儿童和老人的双重眼光，对浙江绍兴一个叫做沈溇的小村庄和相邻的华舍小城镇里，年轻人慢慢地流向绍兴、杭州、上海，乡村城镇社区逐渐凋零而又不乏传统温暖的人性化过程进行了精雕细刻的工笔描绘，对熟人社会的一去不复返带着感伤，叹息乡村社会的未来。朱辉的《七层宝塔》以宝塔这种中国乡土社会的神性建筑象征乡村文化的主心骨。一旦宝塔被拆除，失去了敬畏心理，乡民的定心丸也就失去了，乡村伦理的崩溃不言自明。秦岭的《一头说话的骡子》以聊斋式的鬼话书写了乡村伦理的崩溃。阿来以“山珍三部曲”《三只虫草》《蘑菇圈》《河上柏影》书写了偏远乡村在消费世界的诱惑下慢慢打开通向城市的通路，藏区在开放的同时也失去了自我。阿来苦苦寻找商业社会隐藏的一套文化生产逻辑，提醒人们警惕那些包装起来的、今天深入侵蚀我们的感情和精神的东西。王威廉的《秀琴》，以“我”从儿童到青年的成长视域，叙述了进城务工的农民宝魁不幸死于非命后，他的妻子秀琴一直在寻找真相，被迫顶着虚构的身份而最终自我分裂的故事。因为丈夫不明不白的死亡却又无处讨说法，绝望而不甘心的秀琴把宝魁埋在了故乡，决心找回宝魁的灵魂，因为唯有灵魂才是这个满是漏洞、重重谎言的世界上唯一真实可信的东西，换句话说灵魂就是自我，只有灵魂才能知道真相。秀琴以宝魁的身份活着，自我分裂而失去了灵魂，一直在寻找失去的自我。凋零的乡村有无数秀琴这样的残缺畸零者，最后只能把身体留在故乡，只有故乡的大地才能接纳他们漂泊的灵魂。这是一个在现代性碾压下农民命运的悲怆寓言，巨大黑暗的城市吞没了他们。这种悲伤的灵魂转世与《聊斋志异》的温暖可亲的人鬼一体完全不是同一个世界，身体已经死亡，只有灵魂忧伤孤独而温暖地存在着。王威廉的系列文本具有人类学层面的象征穿透意义，以高度城市化的广州为背景，书写了异域人在广州的漂泊，巨大的城市对人的压迫，灵魂的撕裂，永远对自我焦灼的追问。

2015 年，“70 后”作家叶炜的“乡土中国三部曲”《富矿》《后土》《福地》以史诗的形式，描述了一个苏北乡村从农耕文化到城市中国的转变，在地方书写中探索城市文明与农村文明的碰撞，试图建构关于“新乡土中国”的想象。评论家们由此提出了作家的“新乡土写作”立场，认为无论乡土中国还是城乡中国，都有一个“乡”在里面。“乡”是中国的底色所在。即使在已经充分城市化的地方，仍旧保留着乡土的痕迹。中国依旧处于乡土时代，乡村依然是最需要作家去关注的地方。乡土中国的总体性决定了中国文学的乡土底色不会变，乡土贯穿了现代中国的整个历史。同样是在 2015 年，雷达先生认为由“乡土中国”转向“城乡中国”是理解处于社会转型期的中国的重要范式。“新乡土写作”就是以这种“城—乡”的双重视角书写复杂的中国现状，“乡下人进城”成为文学新的时代主题。“新乡土写作”的作家们“心在乡村、身在城市、灵魂在路上。”乡村是他们的生命之“根”。叶炜深情地说：“人这一辈子，只能扎一次生命之根，那扎根的地方就是生养你的血地。……我的根永远地扎在了家乡，扎在了位于苏北鲁南的那个小村庄。”[①]那些“血地”化为“文学地标”，勾勒出中国乡村脱胎换骨的浴火重生历程。这种姿态使得他们的乡土书写重新审视乡村主体，重建城乡关系。他们的知识结构和“城—乡”视野在书写乡土中国的过程

① 叶炜：《读懂中国人的乡愁，认识巨变中的中国——“乡土中国三部曲”〈富矿〉〈后土〉〈福地〉创作谈》，《山东青年政治学院学报》2016 年第 2 期。

中为我们民族寻找联系乡土和城市的精神密码。如果放大到全球化背景下，新乡土写作的“最终目的必然是实现文学的‘中华性’和‘世界性’的统一，既拥有世界性视野，又肩负重塑中国‘国家形象’、传播中国文化的重要责任”。[①] 为了实现“走出去”的目的，新乡土写作大多采用了宏大话语的“大写”手法书写乡村大时代，以小说去实现“折射大时代、大政治、大命运”[②]的文学企图。事实上这种“大小说”文学理念是柳青等的宏大叙事在当代的延续，是在新语境里重构乡土文学的宏大叙事传统。

这些现当代文学史上不同时期关于乡村的建构和书写，是我们今天审视、反思、想象乡土中国的宝贵思想资源。乡土中国作为一种传统社会形态，具有重要的文化意义。具有东方儒家文化背景的弗兰西斯·福山在《历史的终结及最后之人》和《信任》中提出了一种“现代”与“前现代”或曰“传统”互相协调平衡的状态，认为“法律”、“契约”、“经济理性”等现代理性规范与“互惠”“道德义务”“社会责任与信任”等东方传统伦理道德规范并不冲突，完全可能互相交融，在东方文明中实现“现代与传统的共存共荣”。“现代化也意味着社会越来越世俗化以及科学和理性的主导地位”，“现代化的传统想象是以欧洲为中心的，反映了欧洲自己的发展模式。它确实包含了试图用狭隘方式定义现代化的因素。……世俗化不是现代化的前提条件”。[③] 我们需要想象和重构一种新的健康合理的城乡关系，重构乡土社会的主体性，才能真正发现中国，书写乡愁。贺仲明认为，“在进入全球化时代、民族文化被西方文化大

① 宋学清：《“新乡土写作”的发生：新世纪长篇乡土小说研究》，《当代文坛》2018 年第 1 期。

② 叶炜：《小说“大说”——谈〈后土〉创作及对“大小说”的初步思考》，《当代作家评论》2014 年第 6 期。

③ 弗兰西斯·福山：《现代化不一定非要先世俗化》，《社会科学报》2019 年 08 月 16 日。

面积覆盖的时候，对本土性的倡导具有特别重要的意义，甚至可以说，本土性是一种比现代性更重要、也更切时的文学品格。至少，本土性可以与现代性同时并存。它能够照亮被现代性遮蔽的许多地方，更切应中国新文学的历史环境和现实处境”。[1]

正是由于城市化造成的城乡关系的改变，“新乡土写作”的写作姿态完全不同于前辈作家们，而是一种拉开了距离的书写。这些写作者们大多出生于上世纪 70 年代到 90 年代，经历了青少年时期短暂的乡村生活后接受现代教育，进入城市习惯了城市。正因为拉开了一定的时空、心理距离，他们对乡村更多的采取了审美的眼光，比贾平凹们后退得更彻底。通过城市这个参照物“回望”乡村，拉开距离观察思考，过滤了沉重的苦难和生存，过去的生活就悬置起来，从而具有了审美回味的意义。高建新的《走向自由的村庄》回忆了衣胞之地河湾村，追述逝去的生活和亲人，在记忆中把因为修建沪宁高速公路旁而消失的河湾村重建起来，河湾村也因为这种书写而实现了永恒。李娟的阿尔泰系列文本，舒飞廉、沈书枝、邓安庆等的故乡书写，都是由于这种文化“回望”的立场使得原来那些平平常常的乡村风俗礼仪、人伦风情变得有意义起来。

除了虚构的小说和文化散文这两种“新乡土写作”形式，诗歌的乡愁书写毫无疑问应该构成一个重要的维度。然而，由于诗歌的边缘化，由于现代文化生产体系无所不在的商业化，使得反映乡愁本真的诗歌凤毛麟角。谷禾、梁平、毛子都是出生于六十年代的诗人，身在传统社会的撕裂转型时期，他们在场书写的诗歌文本就格外具有突出的意义。

现代性初始时期，海子以诗人的直觉预感到一个新的时代的到来，旧的一切将要崩塌，他的以麦子为核心意象的乡村诗歌试图

---

① 贺仲明：《本土性：一种亟待关注的文学品格》，《文艺报》，2016 年 2 月 16 日。

挽留那个时代,那种亘古不变的诗意的乡村生活。如果海子不改变自己的写作立场,可以想象他的书写仍然是不在场的,他歌颂的古典时代只能停留在他的海市蜃楼里。海子的这种不在场的写作姿态在今天很多诗人的文本里比比皆是,他们以知识分子的姿态精细地描绘乡村的外表,以印证自己对乡村的知识和想象,只是克隆了古典山水田园诗歌的审美意象,而没有任何审美超越和发现。

与海子出生于同一年的谷禾走的却是另一条路,他三十年漫长的乡村生活经验和现代知识结构决定了他的进入立场。他一直向自我的内心掘进,以"天然"的乡村情感深入到乡村的内部,以知识冷静解剖乡村的困境,与裂变中的乡村一起去感同身受、去歌哭。他的返乡的心路历程,既是个体的,更是乡村和时代的。谷禾的《庆典记》《纪事诗》《大海不这么想》《鲜花宁静》这些饱满的在场书写,反映了时代深刻的痛,"包容着深邃的伦理,揭示出日常生活和现实历史的神奇"。正因为他长期感受和思考着乡村的美好和凋敝、城市的丰饶与冷酷,他的书写才真实地反映了存在,抛弃了寓意化象征化,使得诗歌成为"人类真实性的最后避风港"。

梁平在四十余年的写作生涯里创作了十二部诗集,《重庆书》《家谱》《时间笔记》这些不同时期的巅峰作品以隐喻、转喻平复现代人的精神焦虑,治疗创伤。他以深刻的知识分子立场写作,他以醇熟独特的修辞、肌理、想象书写实现了生命的彻底性,穿透了时间之皮。比如《我是我自己的反方向》:

我是我自己的反方向,
所以面对你就是一个问题。
你的名字和根底,你的小道具,
比熟悉的我自己,更明了。
你是不是你不重要,

你在和不在也不重要。
镜子面前我看不见自己，
别人的眼睛里我看不见自己，
我是我自己的错觉。
跟自己一天比一天多了隔阂，
跟自己一次又一次发生冲突。
我需要从另一个方向，
找回自己。①

《我是我自己的反方向》体现了拉康意义上的现代主体的虚幻性，直抵存在和时代场域，打通了诗歌本体层面的“词与物”的关联，以语言史串联了生命史和时间史，再造了“拟像现实”的“诗性空间”。“如果我们假设在不间断的表征和印象之链中，最简单的是最小程度的相共性，且诸表征、诸印象之间没有一丁点儿相共性，那么前一印象唤起后一印象，使印象重新显现，并由此准许其表征出现在想象中，就都不可能了；这些印象将在最为整体性的差异中相接续——这样的整体性，使得差异根本就不能被感知，因为表征从不可能凝固在原地，重现先前的表征，与之并置以供比较；甚至对于所有区分所必需的最微小的同一性也不会被给出。”②

诗人毛子有长达三十余年的写作历程，创作有诗集《时间的难处》《我的乡愁和你们不同》、中英双语诗集《从庸常中升起的》等。像他的著名先辈、行吟诗人屈原一样，毛子从狭小的故乡宜昌出发不断扩大着自己精神故乡的版图，直到走向海洋，走向世界。他以本初的赤子之心把现代人绝对意义上的孤独置于更广阔的天地，

① 梁平：《时间笔记》，广州：花城出版社，2020 年，第 28 页。
② [法]米歇尔·福柯：《词与物》，上海：上海三联书店，2001 年，第 83 页。

以卡夫卡式的锋利和庄严解剖这个商业时代的全面堕落，批判巨大的现代性车轮下的罪恶和羞耻。毛子的文本深邃而透彻，与庞大的物质世界构成了紧张的对峙关系，又以高度的自省而敞开，照亮了被遮蔽的世界。

一个不同于传统乡村的乡土中国在形成中，也在书写中。“乡”不仅仅是与“城”相对的乡村，更是与“异乡”相对的家乡，“城乡中国”指涉着这个复杂的现实。从这个意义上看，乡愁的对象应该是家乡，是逝去的传统。无论是乡村还是城市，乡愁还应当包括“城愁”。

乡村沦陷时，城市也在沦陷，经济理性主导的大规模拆迁消灭了城市的历史，粗暴地斩断了人与城市的感情联系。美国的郑雷孙和武汉的李玉祥合作的《乡愁的天际线》勾画了 1938 年秋天的浙江省慈城。已经离开故土 70 年的郑雷孙，隔着太平洋，隔着两代人，与家乡进行了对话，完成了精神回乡之路。沈继光的《乡愁北京——寻回昨日的世界》，以 420 幅照片和文字记录了 1984 年到 2006 年间消失的北京，那些遍布城市的皇宫遗址、贡院学堂、市井民宅、胡同院落、门钹柱础、店铺门脸、摇车炕席、石碾农具……共同构成了文化北京。而这些传统亲切的空间无一能逃脱城市化的巨轮。李百军的《老城记忆：八十年代临沂城》以影像记录了临沂日常生活形态的变迁，书写了百姓的历史。上海徐锦江的《愚园路：对一条路的路史式探究，为了回家》，以个人体验串联起愚园路的人物和历史，路史变得有温度起来，社区认同感呼之欲出。庄乾坤的《记住乡愁》以方言俚语与图片相呼应，把地方风土人情、宗教仪式栩栩如生地呈现出来，浸透着作家对城市化的深刻思考。韩少功的《山南水北》质疑乡愁高昂的“成本”，传统文化竟然成了富人的“专利”。“市场规律逼迫穷人与富人在建筑美学上交换场地……市场正在重新分配人们的趣味与习俗……情感多与过去的事情相联系，欲望多与未来的事情相联系，因此情感大多是守旧，欲望大多是求新。”[①]与鲍德里亚的观点不谋而合。乡愁一旦成为市场消费品，立刻面临着表演化、空心化的危险。

诗人于坚的写作一直抵向坚硬的存在内核。他多年前就以《何谓日常生活——以昆明为例》对昆明充满油烟味道的世俗生活进行了精雕细琢的工笔描绘。衣食住行的永恒性与“时代的列车”不仅没有什么关系，而是恰恰相反，日新月异的“改造”“解放”这些宏大话语遮蔽了人类最基本的存在，存在（being）的根基就是无意义的日常生活。以《昆明记》为昆明树碑立传、自认为理解了古典中国的于坚，面对建水县城竟然手足无措。因为日复一日无休无止的拆迁几十年来已经成为生活常态，成为不证自明的现代性真理。竟然还有建水这条漏网之鱼，完全超出了他的想象。所以诗人熟悉的话语不管用了，“没找到怎么写它”。通过建水与昆明的反复比较，他终于意识到，“只有去建水，建水成了古典生活世界的活化石”。现代性之外的建水成了那个逝去的古典中国的标本、凝固物、隐喻和象征，在这个意义上“实际上我写建水是在问我们到底是谁，我们到底要什么。”建水超越了地方性而“不仅仅只是一个地方”，成了于坚一辈子要找的那个中国。于坚以《建水记》保存了中国完整的古典美，追问我们在现代性变迁中残存的文化身份。从昆明和建水出发，他的笔触延伸到了澜沧江源头的广袤腹地，《在源头》追问的是澜沧江的源头，更是澜沧江孕育的活色生香的云南文化的源头。

于坚痛心地发现，“在全球化时代，故乡越来越小。人类如今只剩下某种共同故乡，而不是像古代世界那样无数的平淡无奇、各

---

① 韩少功：《山居心情》，《2006 中国散文排行榜》，北京：北京工业大学出版社，2007年，第 48 页。

有千秋的故乡。故乡已经被经典化,标本化了”。[1] 这个诗人直觉到的“共同故乡”就是现代性,以进步的名义摧毁了历史和个性。他的脚步走遍了世界,在《印度记》《巴黎记》《密西西比河某处》《希腊记》这些他命名为“文章系列”的文本里,他寻找着人类的集体记忆和共同故乡以抵抗遗忘。《巴黎记》里,时尚之都、文化之都的巴黎,竟然以旧时代的慢节奏而自豪,法语以非工具化的古典、优雅、复杂、缓慢为傲,巴黎人以“懒散”而著名。正因为这种慢、懒,巴黎才一直是欧洲文化的中心,产生出源源不断的思想以抵抗统一的麦当劳快餐文化,它对自己的“旧”充满自信,这份“旧”就是厚重的历史、文化,连接过去、活在当下的生活方式。在这个意义上,巴黎和建水一样,是逝去的古典时代的标本、凝固物、隐喻,空间没有被现代性损毁,仍然是一个时间空间交融的存在,正如鲍曼所言:“在现代的时空之战中,空间是战争笨拙迟缓、僵化被动的一方,只能进行防御性的壕堑战并阻碍时间的前进。时间则是战争积极主动、具有充分活力的一方,它永远具有进攻性:具有侵略、征服和占领的力量。”[2]巴黎赢得了这场战争,所以巴黎仍然是世界文化中心。“世界仿佛蒙着一层包浆,停在遥远的一日。我青年时代的某一天,我在梦里来过这里……我一直被蒙在鼓里,以为求新是一个世界趋势,全世界都在忙着推倒重来。我茫然,发现巴黎岿然不动,沧桑大道,到处是历史、时间、细节、包浆、旧世界。一头顽固守旧的大象,趴在世界之夜中。我没有抵达未来,倒仿佛回到了过去。”[3]巴黎既充满活力,又是沧桑而充满本雅明赞叹的“灵光”的文物,普鲁斯特、本雅明、罗兰·巴特以回忆体的絮语描述它,巴黎

---

① 于坚:《巴黎记》,南京:江苏凤凰文艺出版社,2020 年,第 3 页。

② 鲍曼:《流动的现代性》,欧阳景根译,上海:上海三联书店,2002 年,第 14 页。

③ 舒晋瑜:《于坚:现代写作其实是“文”的复活》,《中华读书报》2020 年 4 月 26 日。

充满传统的精神生活构成了它的灵魂。于坚感叹“巴黎是个活着的故乡标本，属于人类记忆。”[①]于坚以“文章”命名这批系列文本，事实上也无法以传统的文体来为它们分类。于坚一直以来把写作视为一个神圣的文化行为，写作就是文，动词，“文，错画也。文就是为世界文身”。[②] 这是中国文字乃至于文化的起源，德理达在反思现代“存在的危机”意义上提出必须回到文化“书写”的本意上。“书”终结了，“文”开始了，“书”不是一般的“物”，而是“文”。“书”“文”不可分，读书即书文。“没有语言我们不知道那是什么。诗言志，有无相生，志是无。诗是语言之有。有无相生，以文照亮，谓之文明，文教。人通过语言而在。”[③]语言只有通过这种途径才能真正成为存在的家。

于坚关于云南的文本与阿来的“山珍三部曲”异曲同工，都是关于边缘文化在现代性中的地位问题的深刻思考。虽然文本形式不同，但是无一不是扼住了时代的咽喉。于坚的“文章系列”是对全球化的深刻反思，是一个清醒的文化人自觉的文化行为。

文化散文是近年来兴起的一种新文体风格，艺术的感性与知识者的理性交织在一起，这种进入当下的立场既是在场的，又有冷静的距离反思。庞培、赵荔红主编的《中国书写：二十四节气》被誉为“2018 年最美的收获”。2016 年末，中国二十四节气被世界联合国教科文组织批准为世界非遗项目。这个行为传递了一个信号，全球化语境下中国传统文化的地位在上升，对传统文化价值的认识在深化。在中国的时间知识系统里，时间从来就不仅仅是冰冷客观的物理时间，更是心理的时间，生命的记录，存在的容器。这个逐渐远去的记忆被唤醒了。

---

① 于坚：《巴黎记》，南京：江苏凤凰文艺出版社，2020 年，第 45 页。

② 于坚：《这是一封信》，《天涯》2007 年第 2 期。

③ 于坚：《这是一封信》，《天涯》2007 年第 2 期。

先秦的《逸周书·时训》最早记载了二十四节气，流传至今的节气命名都以简洁朴素的词汇描述了人对天象气候物候的感知。这些美丽的名字无一不带着浓烈的诗意和情感。“春秋代序，阴阳惨舒，物色之动，心亦摇焉。盖阳气萌而玄驹步，阴律凝而丹鸟羞，微虫犹或入感，四时之动物深矣。”“人”只有在“世界”中才能敬畏天时运行，体验生命的意义。二十四节气是中国时间的特定节令，日子是针对“人”的意义而言的日子，“人”作为“天”的产物以心灵体味宇宙节拍，把天道融入自己的情感和智慧。二十四节气是中华民族对天地万物同呼吸共命运的细微体认，是文化身份共同体的标志。金岳霖先生认为，在中国生命哲学体系里，人作为自然的一部分应当与自然节奏和天地韵律沆瀣一气，追求“与宇宙合一”的生命。“节”是天地时气的交合之处，是“天”“地”的节奏，自然而然地就是“人”的节奏，是连通自然节奏与人生命运的“节点”。对节气的感悟既是对大自然的感悟，也是对生命的感悟，由此对节气的歌咏一直是中国文学的重要主题。从《诗经》开始，无数诗人如曹操、白居易、李商隐、杜甫、李白、王维、司空曙、苏轼、陆游、欧阳修、辛弃疾、李清照、毛泽东等的文本里都留下了关于节气的咏叹，那是他们生命的痕迹，是在大地上的书写。

庞培的“这里的二十四节气，恍若中国文学史背面靠墙的一架编钟，无论怎样的人声呼吸、魂魄动静，都能触及它庞杂音序之上的一个哪怕最微小的音叉。每一个诗人的名字背后，都有一整本的‘二十四节气’，在调匀、校正他独特的嗓音”的书写出发点，就是在今天的现代性语境里对刘勰《文心雕龙》文学观念的创新性继承。尤其是在现代性和全球化语境下，这种关于中国时间知识的书写显得格外必要。“气”乃天道之本体，“节”乃自然之“气”变迁的显现，“人”以自己的眼光感悟这种变迁，以“立春、雨水、惊蛰、春分、清明、谷雨、立夏……”给节气命名，在大自然辽远苍茫的诗意里以民俗风物留下了“人”生动的痕迹。当先民们认识到这些日子是天象气候转变的关键节点，敬畏地把这些归结为神的意志，以巫术、占卜、祭祀日月星辰、风雨雷电、五谷等自然神灵，朴素地表达了对“天”的虔诚，祈求神灵保佑风调雨顺、五谷丰登、健康平安。二十四节气既是天籁更是人文，既是宇宙的节律更是中国人的生命节律，二十四节气里凝聚着中国人对生活的大地和文化故乡的回望。

可是，历史斗转星移，当“……农用语转工业行话，遂大地层层剔尽，河流越显纤弱……填塞河流、沟渠、湿地，筑超级体重的大坝、楼盘，酷热难熬，年复一年，不察原委”时，“人”失去了对自然的敬畏，“天”不再能承载人的欲望。只有反思自身，“父母、自然、本性，其实都是我们的归处，这三样在我们这个时代都遭到了空前的毁坏与遮蔽”，只有回归本性，才能找回失落的传统。

《中国书写：二十四节气》反思了工具理性对人性灵的遮蔽，呼唤人与大地诗意关系的回归，呼唤传统文化的回归。冯骥才、史铁生都曾经描绘过节气这个“神奇”的时间段落里人的感受。陈帆的《人间时节》以图片和诗意的文字书写二十四节气，都是对传统文化价值的热切呼唤和肯定。可以肯定，关于中国时间的诗意书写会绵绵不断地继续下去，以表达中国人对永恒的此在的“思”。

第三节　社会学文本中的乡土书写

就我的阅读视野而言，潘年英的《伤心篱笆》《故乡信札》《木楼人家》是比较早的从人类学和社会学视野对城市化进程下的乡村变迁进行书写的文本。这些人类学笔记介于学术话语和文学话语之间，书写了不同类型的边缘文化、少数民族文化在外来的强势现代性冲击下必然走向衰败的无情进程。潘年英作为一个系统接受过人类学学术训练的少数民族学者，对故乡的“失去”怀着强烈的忧伤和痛惜。他以情感的强烈投入和理性的在场使得这些文本兼具了文化分析和文学建构的双重向度，开启了后来“返乡书写”的源头。然而这些边缘族群却急于投入现代性大潮中，因为对自己的“落后”文化怀着深深的自卑心理，所以对自己宝贵的民族文化财产的破坏、失去毫不自知也就不奇怪了。这才是潘年英的痛苦和纠结，他的写作在现代性大潮刚刚涌起的1990年代显得很不合时宜。在今天如果说起到了振聋发聩的作用，那也为时太晚，那些不该失去的文化早已经永远失去、进入了文化符号再生产的阶段，并且这个过程仍然是由现代性逻辑支配的。

潘年英的观察与写作显示了作家对中国“去农业化”趋势的明察秋毫，也是从人类学视角对“三农”问题与城乡“困境”的微观考察和反思。自从现代性进程开启以来，农村社会结构的分崩离析就开始了。有学者认为早在道光十五年(1835)的传统社会时期就出现了“空心村”现象。这种愈演愈烈的现象从新世纪开始引起了高度关注，学术界把围绕着农村的一系列问题称为“三农问题”。关于“三农问题”的文本有2000年社会学家曹锦清的《黄河边的中国》，2003年作家陈桂棣、春桃的《中国农民调查》等。这些文本主要从宏观的视角力求“客观”记录乡村正在发生的变化，目的在于考察乡村的核心“三要素”的变化以求得政治上的“稳态乡村秩序改变”。正因为出于这一写作动机，曹锦清们的写作是不在场的，客观冷静，完全不同于后来的梁鸿们。随着现代性的急速推进，稳态乡村秩序的越来越不可能，作家们只有继续沿着这条路径记录着撕裂的时代。熊培云的《一个村庄里的中国》，撷取了不同时期丰富多样的历史细节记录了乡村喜忧参半却又无可奈何的变迁；程明盛的《大国空村》以新闻纪实与深度分析的方法记录了乡村社区逐渐消失的历史。这些文本基本上都采用了纪实性写作与社会学分析的方法，通过对村落中社区村民的日常生活考察，透视村落内部及村落与村落间的社会交往，以发现村落中的“城市”。在这些文本里，社区里通过上学、打工、当兵、通婚、拟亲、游戏等新型日常生活事件使得传统村落人际关系发生了改变，家庭经济关系、成员结构都发生了改变。这些城市化因素日积月累，逐渐蚀空了乡村的内在肌理，乡村就这样变成了城市的赝品，变成了寻找故乡的游子们的异乡。

潘年英的文本写作姿态在很多出生于乡村的学者那里呈现为一以贯之的叙述路径。比较典型的是梁鸿，她的非虚构文本《中国在梁庄》《出梁庄记》里记录了怵目惊心的乡村。那是一个与城市的繁荣光鲜靓丽完全不同的遗弃物，梁鸿痛心疾首地称之为“时代的呕吐物”，它所承载的是这个高速发展、繁花似锦、魔幻一般的时代的负面。梁鸿悲悯着沦陷中的乡村之痛，无力承载生存之痛的乡村被城市抽空，梁庄的打工者们遍及全国各地，带去了梁庄的家庭、人伦、经济关系，城市却无处安放这些乡村人伦。那些传统稳定的“乡村内部结构”到了城市却一触即溃，打工者们艰难痛苦、边缘化的生存体验，与高速城市化的“超现实”形成了巨大的反差，具有魔幻讽刺意义。中国是梁庄的延伸，也把一个庞大的“中国制造”压缩在了梁庄。打工者们身后那个看不见的城市身影解构了传统的梁庄。手工美食的失去是因为急功近利的工业添加剂加工的方式流入了乡村，人与人之间没有了亲情血脉的维持仅剩下讽刺性的“表面亲戚”关系，乡村承载着被城市遗弃的人与物，乡村触目惊心的“失去”“沦陷”造成了冷漠化、空心化。梁鸿痛惜着传统乡村的急剧破坏和消失，以学者的良心和理性深刻反思，把自己置身于当下正在激烈进行的社会关系重构中。她认为所有这些现象“都不是与‘我’无关的事物”，“乡村在加速衰落下去，它正朝着城市的范式飞奔而去，仿佛一个个巨大的赝品”，“我们应该负担起这样一个共有的责任，以重建我们的伦理”，“否则，我们的‘自我’将彻底地失落”。梁鸿走出了象牙塔，以“同情的理解”立场进入梁庄的中国，自觉地转换为梁庄打工者主体，进入梁庄的打工者们同时也是自己的亲人们的世界，以社会学者的眼光分析当代乡村在中国历史变革和文化变迁中的位置，真实展现当下乡村的社会生活图景。巨大的城市、巨大的工厂对渺小个体的碾压，陌生、无助的“人”的顽强生存，梁鸿的立场是“真正的人文主义态度是从自身——‘民族’和‘自我’的双重自身——的经验、体验和伦理感出发，从内部的历史与原点出发，去发现其与外部世界的关系。”所以梁鸿的写作永远是在场的写作，由“个人性”通向了“公共性”，这也是这些兼具社会学和文学双重性质文本的共同特征和价值所在，梁庄被赋予了多重美学意义和社会学意义。梁鸿的写作以启蒙的视角审视乡村的痛和沦陷，希望拯救乡村，重建乡村伦理，恢复乡村的内生性自主性，为失去家乡的亲人们寻找家乡，寻找失去的自我。梁鸿的虚构文本中短篇小说集《神圣家族》、长篇小说《四象》仍然是对梁庄和吴镇的叙述，她认为虚构与非虚构两者并不是泾渭分明的，都是为了“扒开一条缝隙来看看现实的乡村到底什么样子”。这也是启蒙者必须承担的责任和义务。

与梁鸿的写作立场相近似的作品还有：黄灯的《大地上的亲人》，土家族作家野夫的《乡关何处》《身边的江湖》，冉云飞的历史随笔《每个人的故乡都在沦陷》，网红作家十年砍柴的《进城走了十八年：一个70后的乡村记忆》《找不回的故乡》，李贺的《从故乡到远方：一个媒体人的时光碎片》，电影人王小帅的《薄薄的故乡》，许卫国的《小城里的中国》《小高庄的中国血缘》，还有《故乡在纸上》《乡愁里的中国》《隐秘的故乡》等。这些充满惆怅的书名仿佛一声声叹息，呼唤着失去的故乡。这些不同地域的写作文本拼起了一个中国乡村沦陷的版图。野夫的《乡关何处》和《身边的江湖》字字滴血地书写了一个在巨大的时代变迁里命运飘零的家族无法承载的生命之痛。那个永远挟着《楚辞》谋生的手工艺人,一个个先人的非正常死亡,重情重义的民间江湖,病痛、离别、变故是这个鄂西荒郊野岭的主旋律。虽然遭遇了一个多世纪毁灭性的打击,野夫仍然深情地为这个“人文介乎蜀楚,民俗肇自夷蛮”“银盆雅号,不输中原”的故乡树碑立传,以此留住土家族文化的根。

与梁鸿的写作同时兴起的是近些年流行的、春节时段出现的“返乡书写”文本。如社会学家贺雪峰教授的研究团队2014年的春节回乡见闻集《回乡记》,2015年春节王磊光的《在风中呼喊——一个博士生的返乡笔记》,2016年春节黄灯的《一个农村儿媳眼中的乡村图景》。这些非虚构写作是在今天社会网络开放的背景下形成的,城乡和文化的边界已经打破,相对于传统的田野考察或者文学虚构表现得更加开放、多元化。“返乡书写”文本通常在各种文体互补中既有中性的客观叙述,即传统的“代言体”和“对象化”叙述,又因为自我的在场而不那么“客观”化变得感性化,淋漓尽致地表达了“故乡回不去,异乡没有家”的深层生存困境,城市游子的当代天问。

城市化的飞速进展,使得生产和生活方式发生了结构性巨变,传统民俗和地域社会加速度崩坏。春节这个特殊的节日把农二代身上所隐藏的矛盾的二重社会结构一下子显现出来,他们猝不及防,必须面对。他们生活在纠结的乡衰和城困中,矛盾重重的文本就像他们沉重的生活,千疮百孔,表征了乡土中国向城乡中国转型的情感结构,非常沉重和痛苦。非虚构写作既是写作立场,也是一种知识分子的文化实践,是在乡衰和城困无法突围的背景下的呐喊,反映了现有城乡结构和发展模式不仅没有解决乡村衰落的可能,反而进一步加剧了城乡分裂。城乡深层次困境是城乡长期二元对立的产物，只不过在快速城市化形势下后果逐步显现。前现代性时期，乡村生活方式和生产方式还基本保留着，人的主体的完整性、人与世界的关系没有改变。剧烈的城市化带来了消灭农村运动，农民只有进城才能讨生活则彻底改变了与生俱来的一切。农民不仅仅陷入了经济困境，更深刻和隐蔽的是陷入文化、情感、风俗传统等存在层面的困境。家族血缘、亲缘的稳态结构彻底失序，“我”的缺失造成的留守儿童、留守老人情感关系的缺失，家庭完整的缺失，老人长辈在新技术时代的无能造成的话语权的丧失，维系乡村社会的伦理关系失衡。农民被迫离家，抛离到陌生人的城市中又失去了地缘。接受过高等教育，就职于光鲜亮丽的投行、各种高大上的事务所、央企、国企、外企、部委、高校等的农二代，平时生活在业缘、趣缘、情缘构成的城市社会场域，春节返乡时切换成了乡土中国场域。目睹乡土中国的残余，城乡中国的交织，城市农二代的乡愁无处寄托，“返乡书写”就是对这种横亘于城乡之间困境的书写和控诉。残破的乡村寄托着他们失落的情感，乡愁构成了重要的叙述动力。因为返乡书写者身上交织的多重身份，他们和打工的亲人其实没有什么区别，拥有同样的身份，面对同样的困境。他们基本上倾向于真实地描写自己的家庭、家族、社区世界，以自己中产阶级的价值认同为基本导向，事实上仍然还是底层书写。面对着仍然困顿的传统的大家庭和村庄共同体，返乡书写者无能为力，只能以书写这种形式为乡村建设实践提供自己的思考，体现了乡村建设的真正内涵，是一种身体力行的乡村建设实践。

返乡书写者们的这种“‘民族’和‘自我’的双重自身”书写立场体现了知识分子在中国现代性困境中可贵的清醒，脚踏实地，直面现实，重建知识话语、自我与现实的关系，让底层真正发声。这种书写也是一种知识建构，反思现代知识体系的盲点，发现中国问题，形成新的问题意识，突破启蒙视域，重构文学与乡村、文学与现实之间的关系。

以上我们从积极的层面分析了“返乡书写”的意义。根据民俗学对“故乡”的界定，故乡是一个被周期性反复提及的主题，在城乡对立关系中被创造出来，由媒体传播开来而被大众接受的近代的产物。离乡者由于时空阻隔，更由于对现实不满，情感上倾向于过去的生活，在想象中虚构了一个美化的观念性、幻想性的完美、凝固的故乡。由此可见“故乡”只存在于离乡者的心里，虚幻的故乡是当下社会现实的反面，也不是他们认为的消失的真实。对故乡的书写建立在现实的缺失上，把乡愁客体化、对象化、美化是故乡书写的路径。返乡书写者们在现实中的痛苦、失落、焦虑经过审美化书写，建构了一个具有本真性的故乡“乌托邦”。这种故乡梦想与其说是对不合理城乡关系的质问，事实上是以想象中的乡村抚慰自我。其实这种偏见更加隐蔽，更加把乡村美化为凝固的过去、完美的风景，成为已经身为中产阶级的返乡书写者们的欲望对象，并且在资本逻辑统治一切社会领域的今天，可能进一步被商业化、消费化、主流化乃至于“返乡体化”，成为“都市趣味”包装下的“乡愁经济”。

这个逻辑还是比较好理解的。正因为现代性以来乡村在主体上日益“空心化”，城市化的正义性需要日益“去乡村化”，乡村在现实里和价值上处于被否定的状态。而现代人由于与传统文化的联系，乡愁填补了情感上的空白。所以故乡是审美的产物。有什么样的审美趣味，就可能创造出什么样的故乡。从这个意义上看乡村可能被消费，被主流话语收编，从而了遮蔽乡土社会的真实困境。

可见，“返乡书写”仅仅是乡村建设的第一步，返乡书写者们必须清醒地避免这些陷阱，拒绝乡愁浪漫和悲情失落，在现代性视野里真正把乡村文明视为现代文明必不可少的组成部分，以一种整体性城乡视野投入乡村建设，从“返乡书写”到“书写返乡”，建构中国自己的乡村建设话语。

可贵的是，已经有实践者开始了这样的行动。从 2012 年开始，多家乡村建设机构联合发起大型公益实践“爱故乡”。既有文化书写实践，也有身体力行的实际行动。随着乡村的价值越来越彰显，会有更多的知识分子投身到乡村建设中，“新上山下乡”运动正呼应了时代的需求。

第四节　小城书写的不同路径

1949 年之后的中国城市，既是中国现代性追求的目标，又“天然”地带着资本追逐利益的意识形态“原罪”，《霓虹灯下的哨兵》《千万不要忘记》都点明了这个主题。《我们夫妇之间》仅仅因为透露出一点对市民生活趣味的向往，就受到了来自主流话语的严厉批判。《金光大道》《艳阳天》表达了主流意识形态和农民阶级对集体主义乌托邦的向往，是关于乡村的政治化、理想化书写，不可能真实地反映乡土社会落后贫困的现实，也可以视为一种有意识的“遮蔽”和“遗忘”。这些文本所反映的城市意识与这一时期的城市化低级发展程度是相一致的。然而很出乎意料地，浩然的这两个文本以高大泉的视线，对城市的整洁文明、工业生产的高效率表现得极其向往，隐含着乡土文化对现代性的向往。到了 1980 年代，路遥的《人生》开始看向外面的世界，但是土地情结仍然大于县城的诱惑，乡村伦理明显占据着道德制高点。在作为《人生》“放大版”的《平凡的世界》里，朝气蓬勃的县城充满活力，改革开放初期兴起的乡镇企业使得沉默了上千年的农村活了起来，作品展示的空间从乡村、县城扩展到了地级市。毫无疑问，资本和劳动力的流动带来了另外一种生活的可能，孙少平们的人生有可能重新开始。城市生活具有强大的吸引力，前途虽然具有极大的不确定性，却也带来了充满着希望的未来。在城市化进展的道路上，《平凡的世界》承载了无数乡村青年的期望超越平凡、走向“现代”的梦想，一直是一代代进城打工的孙少平们的圣经和励志书。然而，随着城市化摧枯拉朽的巨轮碾压，大城市的虹吸效应日益明显，在快速城镇化的背景下，小城市人口日益流失，经济增长乏力，伴随着资源枯竭的投资减少、就业艰难、人才逃离、缺乏发展动力等，社会交往发生了变化，出现了文化荒芜、社会“强关系化”“庸堕化”现象，精神生活日益庸俗化、小市民化。社会阶层倾向于固化，出现了“屌丝逆袭泡沫化”“中产梦未成先碎”的残酷现实。方方的《涂自强的个人悲伤》、石一枫的《世间已无陈金芳》《借命而生》就是这种悲催现实的写照。虽然上海郊区的亭林镇走出了韩寒，四川自贡走出了郭敬明，两个以书写魔都财富梦幻博取眼球的 80 后“把上海梦带到各个城乡接合部”，然而这个梦过于高大上，像彩票中特等奖那样不真实，根本没有通过努力而实现的可能，更不能照亮黯淡破败的现实。魏思孝的小说集《小镇忧郁青年的十八种死法》终于彻底扒开了生活的荒诞无意义底色。这个时代的孙少平们，心灵早已经死了，肉体也走在了死亡的路上，令人想起《尤利西斯》。小镇是所谓的乡村就地城镇化的产物，在人和物完全离场、彻底空心化的背景下，年轻人的生存失去了任何可能的空间。生活之不可能，生命之无意义，只有在想象中实施犯罪才能带来一点快感。励志与生存现实了无关系，更显得可笑，生活彻底成为一幕幕荒诞喜剧。

如果说在中国的现代性开启之初，鲁迅以启蒙者的目光审视国民性，通过对老中国小城人群、小城世情的无情剖析，以达到拯救传统中国、重建国民性的目标。在现代性成为宏大意识形态的今天，小城作家的“身份共同体”是：出生于乡村或者小城市，有去大城市接受教育、工作的经历，回望故土爱恨交加，在一个个“高密东北乡”“张庄”“商州”重构了不同于“蛤蟆滩”“芳草地”“赵家庄”的新社区空间。这些多重空间交织了中国当代社会进程的多种尖锐矛盾，折叠着人物命运的纠结。

乔叶的小城系列主人公一般都是师范专科学校毕业的女孩，明显地带着作者自我的影子。这些女孩回到小城，以知识者的目光审视小城社会。热闹的人情来往掩盖下权力世态的风云变幻，庸俗世故的人群，貌似温暖，实际上冰冷，利益界限泾渭分明。《旦角》里因为金光闪闪的权力所带来的巨大诱惑力，陈双和母亲先后掉进了婚姻的陷阱。母亲做了一辈子窝窝囊囊的“小婆”，却始终不被丈夫、前妻的孩子们接受，像一个幻影，可悲地生活在自己的家门外。年轻的陈双天真地以为权力和美貌是爱情和家庭的保障，最后却还是因为丈夫的重男轻女思想而被抛弃。可幸的是，通过知识打开了眼界的陈双已经能够主宰自己的命运，她勇敢地走出了小城，并且自信能够掌控婚姻之外的感情，而不再像母亲那一辈人，只能把哀怨寄托在久远的《秦香莲》《秦雪梅》上。陈双的成长和生活虽然不幸，却并不压抑，而是带着一股新女性的蓬勃向上的旺盛的生命力和自信。《失语症》中的尤优，看上去美满的婚姻里却布满了陷阱，像一个个赘疣，压得她得了“失语症”。她的家庭整个就是一个权力的试金石、操作室，夫妇俩活得颤颤巍巍、小心翼翼，互相在心里埋满了永远说不出口的话，家里除了夫妻感情，物质上一切应有尽有。尤优被压迫得几乎窒息。丈夫因公遭遇交通事故，意外地留下了失语后遗症，更置这个本来就复杂的婚姻于重重的权力、人情算计中。漫长的恢复期里，各色人等轮番上场，没完没了的窥视试探。重病中的丈夫及其一家人，因为摇摇欲坠的权力而终日惶惶不安。尤优处于身心分裂中，却又必须无微不至地照顾丈夫，依靠情人的关系终于为他保住了权力，帮助他完全恢复了语言能力，只为了自己最后能够理直气壮地大声说出“离婚”二个字。尤优的身上可贵地保留着知识者的清高和自我，世俗而清醒，敢于为了自己的感情而放弃所谓花团锦簇的成功生活。整个事件既荒诞又无比真实。丈夫在大脑严重损伤的情境下竟然保持着对权力的高度敏感，人性完全异化。《叶小灵病史》里，杨庄村和杨树市的地理空间很近，杨庄村的结构几乎就是缩小版的杨树市。然而城市乡村长久以来的二元对立坚硬地阻挡了杨庄村美丽少女叶小灵的进城梦想，杨庄村和杨树市完全构成了两个世界。她虽然曾经长久地学习、生活在杨树市，熟悉那里的一草一木，养成了一整套城市生活习惯，然而杨树市那道看不见的城墙居高临下地拒绝了她卑微低下的农村人身份。叶小灵浑身城市气派，却只能在农村的家里关起门来模仿着城市人的生活，只有在这种分裂中才能完成她的城市梦。她的言行举止，她的做派，她的不甘，一切都显得与环境格格不入，好笑又令人同情。她过着最底层的生活却还保留着女人的尊严，总是不知不觉中流露出她的城市生活习惯。她在自我的梦境里搭建了一个杨庄市，并且认真踏实地努力着，对杨庄从空间结构、生活习惯方面进行潜移默化的城市化改造，希望把乡村的杨庄变成她的杨庄市。然而，突然有一天，城市化的大潮席卷到了杨庄，杨庄明天将“自动地”变成城市了。叶小灵失去了最珍贵的梦想，失去了奋斗的动力，病得更厉害了，不可救药。叶小灵终于意外地得到了她梦寐以求的城市人身份，这个身份曾经那么珍贵，千金难买，今天却轻如鸿毛令人弃之如敝履。叶小灵想丢弃什么，却没有什么好丢弃的；想发泄什么，又向谁去发泄呢？她痛苦地失去了自我。她那么漫长的城市梦终于实现了，人生却也破灭了。这是一个关于自我认知与社会冲突的悲剧。乔叶尖锐地追问：城市身份对中国人、尤其是农民，究竟意味着什么？城乡二元对立给农民造成了巨大的痛苦和人格分裂。乔叶的女性文本里一般都设置了两个结构，显性和隐性。隐性结构决定着人物的命运，显性结构展示着人物生活的扭曲和挣扎。她们越是挣扎却越挣不脱命运的设定，这种结构在《认罪书》中达到了惊心动魄的统一。我认为《认罪书》是当代文学中的《雷雨》《俄狄浦斯王》，应当在文学史和文本史上有一定的位置。乔叶笔下的女性人物命运是当代中国社会变迁的缩影，决定命运的隐性结构是传统文化的过去对当下的影响和延伸，命运表现出来的显性结构更表现了今天社会变迁中过去和现在、历史和未来的交织冲突。乔叶文本中对风俗习惯、人文风情、空间场域的细致描绘，提供了解读小城社会文化性格、时代巨变下社会嬗变的宏观文化背景。

魏微的《大老郑的女人》以回忆体在安静缓慢的叙述里展开了小城镇的生活价值观在时代大潮里不知不觉的变迁历程。一对露水夫妻即所谓的"野鸳鸯"，男人兄弟四人从福建来到异乡的小城镇上做生意。随着外地人的到来，小城开始喧嚣浮华起来。长兄大老郑为人处世很有分寸，和"我们"房东一家人在一个院子里和睦相处，日子久了大家竟然没有了外乡人的尴尬感觉。大老郑突然带回来一个本地女人，"我们"小城人碍于面子被迫接受了，不知不觉中看着萍水相逢的他们还很恩爱，一天天自自然然地生活着，很有天长地久的感觉。"我们"在心理上也开始不排斥他们了。然而，女人丈夫的突然到来，打破了小院子里温馨的幻象。这些半良半娼的女人既爱着"新"男人，又养育着自己的"旧家"，"人要脸树要皮"的古训今天似乎用不上了。这一幕令人想起沈从文的湘西世界，有情有义的卖身女子和买春男子。"卖笑能卖到这种份上，还搭进一点感情，好歹是小城特色吧，也算古风未泯"。作者感叹道：那是怎样安宁淳朴的时光啊，像我们幻想中的莆田的竹林，在月光底下发出静谧的光……现在，它已经遥不可及了，或许，它压根儿就没存在过？魏微创造了一个梦幻的世界，“莆田的竹林”和“我们家的院子”已经消失了，那个有情有义的时代和小城也一起消失了。《大老郑的女人》和乔叶的《紫蔷薇影楼》异曲同工，女性进入城市最阴暗的“黑洞”谋生，却能够从容地面对生活，“捞世界”开眼界后自立自信，返回小城保守的传统文化中开始自己正常的人生，“过日子”。在前现代性时期和城市化阶段两种城市文化的冲突中，乔叶、魏微很明显地采取了“向后看”的姿态。《认罪书》里的金金不同于繁漪，虽然置梁知梁新兄弟于乱伦的境地，但是最终以死亡完成了对自我的救赎。在鲁迅那里，闰土、杨二嫂们在启蒙者的视野里都是需要被改造的，是急于丢弃的腐朽传统的遗留物。乔叶、魏微们的写作姿态与沈从文更加接近，对城市追逐利益的文化进行了毫不留情的审视批判，小城社会作为中国传统文化的一部分被赋予了珍贵的价值。

相对于女性文本对过去传统的怀念，对新时代爱恨交加的复杂感情，魏思孝的小说集《小镇忧郁青年的十八种死法》以冷酷自嘲的笔触书写了城市化大潮下男性青年的不幸命运。他文本里那些荒诞的故事、匪夷所思的情节，勾画了一幅混迹于小城市的落魄青年的生活图景，在几乎无法生存的残酷背景下展开了对“我是谁”的追问。《我总是觉得不舒服》里，“关于自己，我不想说什么，也真没什么好说的。我总觉得我是恰巧居住在这个皮囊之内，如果条件允许的话，我真想跳出来，另外找个地方。所谓良禽择木而栖，说的就是这个样子。活着是很麻烦的事，总有源源不断的麻烦找上门。对于麻烦，我总是找不到合适的处理办法，我期盼的是时间过得快一点再快一点越快越好。不说其他的，单是吃这个问题，就挺麻烦的。就我目前的状况而言，麻烦算比较少了，只剩下吃饭这一件。我想究竟什么时候才一点麻烦都没有，也许死后会好点。”这个无法摆脱的自我既不如《阿Q正传》里的阿Q，也不如《活着》里的福贵，只有比他们的生活更荒诞。阿Q的周围还有未庄，还有正常生活着的热热闹闹的人群，他好歹还能在自我麻木中“分享”他们的快乐和滋味。福贵虽然最后只剩下了“活着”，但是他毕竟经历过人生的富贵繁华，他的“活着”是大悟大彻通透的人生，清醒坦然地向最后走去。而魏思孝文本里的小城青年，人生还没有开始，却已经没有了开始的可能。当阶级斗争意识形态转变为经济发展意识形态时，人的欲望“兽”的一面无限放大、膨胀起来。在大城市资本的碾压下，这些被抛离了土地的所谓小城市子弟们首先面临着“生存焦虑”，如果暂时勉强解决了这个难题紧接着又面临着“性欲焦虑”。这两个问题只能通过奇遇、想象去发泄。他们生活的常态是饥饿、无聊、想象犯罪，在想象中得到快感。这些没有机会接受良好教育的青年倒不是天生地对枯燥深刻的哲学感兴趣，而是生存绝境把他们逼向了“我是谁”。面对这些小城里比比皆是的面目模糊的广大人群，魏思孝干脆不给人物命名了，互相都是陌生人，都是戈多，互相是对方的戈多。现在怎么活下去？未来的生活在哪里？魏思孝从人物的身体感受出发，用轻松戏谑的笔法把悲催的生活撕开，直抵荒诞本质。郭敬明、韩寒的时代，青春文学虽然那么赤裸裸地物质化，在物质已经满足的城市人看起来很好笑，却满足了精神、身体同样贫困的小城镇青年的白日梦。今天小城镇青年的白日梦仅限于吃饭、生理欲望满足后的“活着”，然而这个卑微的愿望竟然遥不可及。这些与这个富足的时代构成了巨大的反差，“活着”就是最大的不幸和讽刺。优质资源被大城市独占，小镇无法满足青年人的物质和精神需求，他们也不再有什么英雄梦想了。“惨”“每镇一惨”成为小城文学的主题。小镇生活体现了乡土社会在当代的嬗变，具有城乡交叉性，在这个意义上小镇包含着世界。小镇书写是对这个时代生活经验的书写，是全球化背景下展开的文化政治批判，表征了城乡经验的流动下小镇青年的精神困境。

整理一下小城文学的发展路径，我们可以发现，在路遥那里，小城承载着青年人的梦想和美好人生的寄托，通过奋斗有可能实现梦想，实现人生价值。“人生”“平凡”是那个时代的关键词。在郭敬明、韩寒那里，大城市具有极大的诱惑力，年轻人奔向那里能够实现自己的物质理想，“富有”构成了文学书写的价值，也是青年人奋斗的意义。到了魏思孝这里，“富有”的大城市压碎了小城市，压死了青年人的生存梦想。生活不再有什么形而上的意义，沉重而荒诞可笑的“活着”就是最大的意义。小城文学与中国城市化的进程同步，思想越来越远，物质越来越沉重，“人”的主题逐渐悬置、解构。

城市化运动进行到今天，根据有关数据统计，大城市的劳动力百分之八十以上来自小镇。小镇生活打在人身上的烙印，这些烙印隐含的“原型”在漫长人生中的形塑作用，在小镇青年身上表现得淋漓尽致。从这个意义上看，小镇青年的故事相当具有代表性，表现了城市化浪潮下个体命运的变迁、生活无限向下的可能性。无论是以文艺或者社会学笔法书写向后看的唯美乡愁，还是存在主义视域下的“每镇一惨”，亦美亦惨，这些不同的路径都真诚地书写表达了与小镇的情感联系，那是他们埋藏在心底的小镇故乡，精神原乡。从接受美学的视角看，出生于小城镇的“小镇读者”“地域同盟者”是“小镇文学”的潜在受众，一同构成了庞大的文学消费群体和情感共同体，“小镇文学”的审美意义和社会价值就在这里。这也是“小镇文学”的魅力所在。这些文学小镇是千百万城市人的乡愁，是他们追忆故土、观照社会、反思文化的精神栖息地。

《相信不起眼的改变——2018 中国小镇青年发展现状白皮

书》以一系列具体数据显示了小镇青年的纠结困境。他们离开小镇的原因八成以上是因为大城市的各种便利政策，回到家乡的三大因素是便利的教育(54.8%)、医疗政策(47.3%)、高端人才奖励机制(42.5%)，挣钱(72.6%)和积攒人脉(63.3%)是生存的重要因素，人脉对于在城市打拼的小镇青年而言更加重要(67%)。总而言之，只出于生存的目的。在优质生活资源被城市垄断，小镇既无法装满青年的物质和精神需求，也盛不下他们的英雄梦想的当下，小镇处于衰败中也就很自然了。白皮书与小镇文学形成了互文，为这个时代做了一个注脚。张颐武先生认为小镇题材文本的“切己”表达切中了当代中国“我是谁”的身份疑问，文学的本土性照亮了被现代性遮蔽的时代，切应了中国新文学的历史环境和现实处境。

然而，在世界已经处于消费社会、一切行为最终都属于消费行为的今天，“小镇文学”有可能为了“消费小镇”而沦为“千镇一面”，而伪抒情、伪修辞，沦为虚张声势的“千镇一面”，只剩下了文学的背影，变成了煽情空洞的青春文学的变种。更可怕的是，由于城市强大的吸引力，文学创作者们有可能放弃了小城镇，奔向中心城市，也就放弃了小城文学。小城文学写出了当下中国的疼痛和纠结，达到了相当的深度。里下河文学的领军作家庞余亮尖锐地提出了这个问题，这也正是我们需要警惕的。

第五节　结语

1980 年代，改革开放刚刚兴起的时代，于坚以诗人的敏锐在《罗家生》里反思了那个毁灭传统文化的时代。坚硬的现代性造成了人的隔绝异化，那是一个与农业时代完全不同的感情结构。罗家生孤独地活着，孤独地死去，谁也不认识他，除了“罗家生”这个名字。对比古典社会李白的“渭北春天树，江东日暮云”，于坚呼唤对大地的信任，希望能够重新建构“信”的系统。即使在现代性大潮横扫一切的新世纪初，昆明作为传统文化堡垒的“边缘”城市，人与人之间的关系、人的完整的社会生活仍然类似于古典时代，在于坚的《尚义街六号》和《何谓日常生活——以昆明为例》中得到了完整的保留。

无论是社会学视野的深度“非虚构写作”，当下即兴感知的“返乡书写”，还是审美建构的小城文学，这些完全不同于从前的书写姿态都比较明显地表现出对时代变化的敏感，并且把这种新的主体意识在话语层面予以表达。于坚的《住在803房间的一位青年》以诗人的直觉准确地表征了这种时代特征。

《住在803房间的一位青年》

睡了27个小时后几乎成为死尸
站在郊区出租房的无产者窗口
骷髅般看着他的大千世界
贩夫走卒老板白痴黑老大脏小姐不怀好意的城管队
失业人员流浪汉东张西望这个早晨有个渣滓被警车带走
有只狗死于误食农药
天是灰的城是灰的碗是灰的制造一切都用伟大的灰
东西南北都是灰推土机灭掉了祖母传给他的青山绿水
只剩下不朽的塑料　刚刚从名牌化工学院毕业一年
什么都及格了甚至催眠的政治课　只有灵魂空着
填补的办法是看盗版碟打口带喝闷酒手淫玩电子游戏机
美好的东西永远在梦中　梦才是乐园

一场便宜的电影　无须付费就心想事成从不浪费时间
“了此残生”不是一句怨词　他通常通过睡眠体会
偶尔醒来重返发炎的肉体　抬起搪瓷口缸歪头就漱
溅到下面小贩的油条筐里　四川人破口大骂
他关掉窗子　关掉窗子外面就是别个国家
每次回国都要重新学外语
才能与邻居聊天打麻将看报纸看电视谈恋爱
过去都以为将来就是来年夏天的星期二
一切就会彻底好转　阳光灿烂
世界的花园盛着一大篮爱你的姑娘
没想到年轻人依然奇形怪状　野怪黑乱
最近的风气是染黄头发伞状翘起整得像磷火
那一代是满街标语　这一代是满街汽车
依然是：最杰出的头脑毁于疯狂
歇斯底里　全身赤裸　在黎明时分拖着自己走过渣区
等着灵感的水泥阴沟里长出豆芽
金斯堡继续领导青春期　机械之夜更深
更消极　写得更乖戾　更垃圾　更绝望
在语词里吞服万艾克　诅咒的范围扩大了
他妈的！殃及母亲　人生所谓的成功其实是
一旦西装笔挺就把那堆叫做诗集的破玩意儿
扔给收废品的外地人　不再提及前科
瞧　这朵披头散发的肉罂粟摇摇晃晃走下楼梯
提着昨夜剩下的尿　一声不吭　白眼向南
小贩们不敢动弹　街坊们等着他歇斯底里
扬州八怪的孙子摇滚着进厕所去了
太阳照样升起　还空着一个蹲坑

始于天才　终于俗物
整个夏天他都在牙痛
但没有嚎叫①

根据雷蒙德·威廉斯的《漫长的革命》中分析当代社会的情感结构理论，“情感结构”对应了主体对时代文化的感知，社会价值观中稳固而明确的部分结构着我们的行为，虽然细微而难以触摸，但是被直觉把握捕捉到了。随着宏大叙事的崩塌，生存根本就成了一个无法回答的问题。伴随着青年人理想的破灭，他们只能以这种自我否定与无能为力的“丧文化”为自我定位。这种处于隐蔽状态的主体不啻成了黑色幽默，对社会、对生活、对自我构成了巨大的反讽。

这一代青年很不幸地处于社会转型时期，社会的结构性困境加之于渺小的个体，以往的价值观念不足以抵御这种强大的裂变，只能以“结构性的丧”表征个人生活经验，在日益原子化的社会里勉强作为一种防御性的焦虑管理机制，以对抗工具理性原则统领下板结压抑的世界。虽然这个世界拒绝了他们，但是没有边际的互联网形成了一个新的世界，凝结着新价值观的青年文化表明了他们的存在。虽然“结构性绝望”找不到建构主体的可能，但是作为一种主体情绪的发泄仍然具有力量。丧文化的张力、分裂、多元、流变抵御着沉重的生存，像暗黑的河流仍然发出自己的光。维特根斯坦认为，“（日常）语言乃是活动的一部分，或生活形式的一部分”。“丧”这种青年文化语言既体现出与社会生活的同构，更表现出生活被语言所“构型”、被理解和呈现的一面。

灰色的“丧文化”表现了传统文化对现代性的无能为力，是乡

① 摘自于坚的博客：http://blog.sina.com.cn/yujian。

愁书写的一个侧面。乡愁文化的主题可以归纳为“异乡人”，是现代社会的结构性问题。无论是《异乡人》还是《等待戈多》都揭示了现代社会人性的迷失，现实对存在的疏离。

寻找家园的文化乡愁构成了我们民族的世纪性情绪，表征了中华传统文化的现实困境。无论是主流话语的乡愁表述、乡土文学、小城文学的对传统中国的寻找，还是社会学文本中的乡土书写，都强烈地表现了对文化基因消失的焦虑，急切地寻找回家的路。文化意义上的乡愁“既是中国现代性的产物，也是中国现代性困境的表征。立足现代性的危机视野，‘故乡书写’就与中国现代知识分子的情感精神归宿问题关联起来，成为进入中国现代性问题情境的另一路径及现代中国主体最重要的建构渠道之一，并与启蒙和革命构成张力性的对话。经由回忆与想象、叙事与抒情、认同与归依，中国现代文学中的‘乡愁’书写已经形成一套丰富和复杂的美学机制和传统。它将成为一直置身于现代性难题中的汉语写作的宝贵资源”。①

1983 年，安德烈·塔可夫斯基创作了电影《乡愁》。以俄国诗人安德烈前往意大利，寻访流亡意大利的俄国音乐家索诺夫斯基的生平为线索，串联起隔了两个世纪的两次寻找。索诺夫斯基历尽艰辛回到俄罗斯，可是他想象中的故乡已经消失。安德烈在寻找音乐家的乡愁之路上也失去了自我，故乡只存在于他临死前的幻觉中。《乡愁》强烈隐喻着俄罗斯文化连回光返照的机会都失去了。两次失去意味着俄罗斯两次文化之根的断裂，第一次是俄罗斯传统文化母体，第二次是现代俄罗斯文化母体。文化已然毁灭，苏联的解体就是早晚的事了。

二十世纪翻天覆地的现代性巨变割裂了现代俄罗斯文化与传

① 黄杨：《论中国现代乡土文学的流变》，《文史哲》2012 年第 3 期。

统文化的联系，《乡愁》寓言般地预言了安德烈·塔可夫斯基苏联故乡的消失。贾樟柯的《车站》《小武》小城电影文本、王小帅的《青红》《闯入者》《我 11》《十七岁的单车》等青春电影文本以边城少年分裂的人生、融入不进的大城市、回不去的故乡建构了中国特有的乡愁。贾樟柯的灰蒙蒙的山西小城，王小帅的贵阳童年生长地，都是他们一直书写的精神故乡，表达了大历史环境下一代人的集体记忆，在当下无所适从，回故乡而不得的感情结构。

1904 年，德国现代性刚刚开启、传统社会面临转型之际，赫尔曼·黑塞的第一部小说《乡愁》以童年佩特敏感的心灵开始了漫长人生的成长和困顿历程。在佩特不停的漂泊和回归中，世界向他打开了，他的精神世界也打开了。“你身在哪里，哪里就是世界的中心”，在对故乡的不断回望中，在那些“已成往事却又永不消失的生活”中，佩特找到了自我的存在，回答了“我们从哪里来？我们是谁？我们到哪里去”的终极追问。存在性意义上的漂泊和回归是现代性以来全世界乡愁文学永恒的主题，在全球化语境下关于中国的乡愁书写是具有重要建构意义的文学实践，是中华文化认同的重要途径。从这一点上看，处于浓烈乡愁中的中国还缺乏这种有深度的书写。

第四章 城市空间的再生产与乡愁

空间是实现社会改造的强有力的手段。

——勒·柯布西耶

筑造不只是获得栖居的手段和途径，筑造本身就已经是一种栖居。

筑造从不构成这个“空间”。既不直接地构成，也不间接地构成。

——海德格尔

建筑者，集众材而成者也。凡材品质之精粗，形式之曲直，皆有影响于吾人之感情。

——蔡元培

城市化可能是无可比拟的，未来光明前景之所在；也可能是前所未有的灾难之凶兆。

——联合国助理秘书长沃特·恩道

空间是特定社会组织形式的投射，它依附于社会而存在。

——涂尔干

最好的城市规划，是让这个城市会讲故事。

——迪特·哈森普鲁格

第一节　现代性主导下的中国城市化历史

从中国城市的起源上看，城市首先是出于人类实际生活的需要而产生的。在这个前提下，城市既是先民对自然地理条件合理利用的产物，更是中国人特有的宇宙观的产物。所以城市从诞生的那一天起就必然地既是功能性的，更是文化性的，城市空间形塑了城市中人的社会行为和心理。刘士林先生对世界城市历史进行了研究，认为城市并不是像通常理解的那样，是农业、游牧业文明发展到一定阶段之后才诞生的。而是人类一旦定居下来，就开始了积极主动的对空间的利用和改造。从这个角度看，城市文明的历史应当和其他文明的历史一样悠久。最初的城市出于商品交换的需要，选择适宜的空间加以人工改造，“货力为己”（《礼记》），遵循“因天材，就地利”（《管子》）的法则，体现了古人对城市本源和城市建设原则的朴素而深刻的理解。“道大，天大，地大，人亦大，域中有四大，而人居其一焉”（《道德经》），更体现了中国人“法天象地”的生存智慧和对自我在宇宙中所处位置的清醒认识。曾繁仁先生认为，中国传统文化是一种原生性文化，这种“族群原初性文化”是中华先民基于原始形态的农耕文化而形成的亲和自然的文化形态，贯穿了整个农业社会发展历史。这种亲和自然的文化观念同样也体现在人工的城市建设中，追求“虽由人作，宛自天开”，形成了中国独特的、完全不同于任何其他文明的城市观念。

先秦时期，随着中国文明进入了对后代产生深刻影响的“元”文化的轴心时代，城市规模开始扩大，对城市建设有了更深刻的认识。春秋战国时期，各个诸侯国都建成了相当规模的城市。这些城市无论是出于“筑城以卫君，造郭以守民”而建立的行政、军事管理中心还是出于贸易需要的商业中心，首先考虑的都是城市的宜人性、可居性，其次才考虑政治治理功能和文化功能。《管子·乘马》云："凡立国都，非于大山之下，必于广川之上。高毋近旱，而水用足；下毋近水，而沟防省。因天材，就地利，故城郭不必中规矩，道路不必中准绳。"这是趋利避害、亲和自然的观念在城市建设中的体现，又表现出不机械地循规蹈矩、遵循自由心灵的原则，完全不同于由"几何、三角所构成的西洋的透视学的空间"（宗白华语），那是外在于人的、由"理式"主导的"科学"、冰冷的空间。《周礼·考工记》云："匠人营国，方九里，旁三门；国中九经九纬，经涂九轨；左祖右社，面朝后市。"《礼记》云："大人世及以为礼，城郭沟池以为固。"这种道法自然、天人合一的宇宙观形塑了中国特有的城市空间，也形塑了城市中的人。从文化功能上看，建筑是不同地域人们生活方式的外化，城市既是建筑的结合体，更是"人"的"此在"所居之地。这种既亲和自然、又以"礼"形塑建筑中的人的空间智慧使得中国建筑成为世界三大建筑体系之一，中国人诗意地栖居在大地上。可以说中国城市的空间构成从一开始就不仅仅局限于以实用功能为目的，而是一直围绕着意义、价值进行建构的。

总起来看，中国传统城市空间遵循的"礼"的原则以自然方位、人造空间形式建构了合院式、尊卑有别、主从有序的城市格局，反映了中华民族独特的文化秩序。这一思维体现在辨方经野、开物土疆、建州府城的活动中，贯穿了中国古典时代的城市发展史。其中的院落文化就是中国式城市空间的一个典型。"院，周垣也"，"宫室由墙垣者曰院"，"四周围墙以内的空地可谓院"。院落是在城市空间环境里对传统村落文化的传承和发展，以"北屋为尊，两厢次之，倒座为宾"的空间秩序传递着儒家的伦理序列，在流动的城市生活里以"落"的形式定居下来，实现了心理的安顿。最关键的是，城市的这种物质空间环境形成的无意识，从微观的空间意象、中观的地方情结，到宏观的文化认同，清晰地形塑了中国人的伦理观念。“礼”就这样具象地通过空间环境一代代传承下来，积累成了历史人文空间，无声地言说着传统的伦理社会结构，强烈地隐喻着“国者，乡之本也”这个家国一体观念。正因为遵循着“因天材，就地利”的环境法则，在流逝的时间里点点滴滴积累着历史、生活、地方文化，我们的城市才像一个有机体那样自然成长，形成了自己特有的自然肌理，构成了城市的“自然”生命年轮。正因为城市一直在漫长的岁月中“生长”，才能够生气勃勃，千人千面，多姿多彩。这些经历了漫长历史积累传承下来的、蕴涵着中国传统智慧的城市观念，应该是我们今天进行城市建设的宝贵文化财富。

十八世纪之前，处于前工业化时代的世界，城市还处于缓慢的“自然生长”状态，只有2%的人口居住在城市。从工业革命开始，大量人口离开乡村，因为工作、生活的原因而聚居于城市，开始了前无古人的快速城镇化历史进程。目前人类已经全面进入了城市时代，城市人口超过全球人口50%。法国的《拉鲁斯百科全书》把“城镇化”定义为：“空间和社会职业的发展趋向于促成人口日益向城市集中”，英国的《不列颠百科全书》定义为：“大量人口永久地聚集在一个相对小的区域、形成城市的过程”。从社会学上看，城镇化或者城市化，是从农业为主的传统乡村社会向以工业、服务业、高新技术产业、信息产业为主的现代城市社会逐渐转变的客观历史过程。工业生产驱动的城市化运动彻底改变了人与自然的关系，改变了人类的生产生活形态，深刻地影响了人类的存在。从存在意义上看，这个过程是一个把人从自然环境里粗暴地连根拔起、抛离于世的过程。十九世纪的粗放式工业化完全依靠体量扩张，把城市变成了集工厂、销金窟、贫民窟、垃圾场于一体的巨大怪物。马克思、恩格斯对城市的本质从经济学和社会学层面进行了深刻批判。狄更斯在《远大前程》中对伦敦，雨果通过《悲惨世界》，还有巴尔扎克的系列小说，都对巴黎进行了描绘，真实地再现了这个历史过程。“伦敦人为了创造充满他们城市的一切文明奇迹，不得不牺牲他们的人类本性的优良特点……这种街道的拥挤中已经包含着某种丑恶的、违反人性的东西。”(恩格斯语)“1848 年以后，巴黎几乎不适于人居住了。铁路网的不断扩张……促进了交通，加快了城市人口的增长。人们局促在狭窄、肮脏、弯曲的街道上，只能挤作一团，因为别无选择。”(波德莱尔语)人们终于意识到资本理性对人的巨大压迫，城市空间完全违背了人的意愿，这种资本的阴影贯穿了整个十九世纪城市化历程。城市的核心应当是人，应当“把人与自然的关系还给人本身”。伴随着对城市反人性化的强烈反思，霍华德提出了融合城市乡村优点发展的“城乡磁体”理论，还出现了城市浪漫主义的“新协和村理想方案”和庭院城市理论，表达了在压抑的城市里希望回归传统乡村社会的愿望。只是这些理论在当时的历史条件下太超前，是关于城市理想的乌托邦。

二十世纪初，随着第一次世界大战的结束，欧洲城市化速度加快，形成了一批超大城市。大量聚集于城市的人群形成了现代意义上的、原子化的大众(mass)。城市里人与空间的矛盾格外突出。工业化制造的标准化的钢筋、混凝土森林新城迅速取代了老城，仅仅为了满足使用功能。这种机械统一的卡夫卡式功能性空间完全无视人的精神需求，割裂了城市与历史的联系，加剧了现代人的异化。二十世纪七十年代以来，随着城市化的深入，人们对环境、城市空间的认识逐步发生了变化，对现代建筑运动进行了反思，开始从存在论意义上探究空间的本质。海德格尔以“筑居”定义“建筑”，从空间转向关涉人的存在，认为人和建筑都是与“大地”相关的“在”。1977 年，英国的查尔斯·詹克斯在《后现代建筑语言》中把 city space 转换成 town space，目光终于转向了人——主体的、活动着的人。“西方学术界以场所的概念替代传统的空间概念，是历史发展中的一个重要飞跃。”[①]亨利·列斐伏尔（Henir Lefebvre）批判了城市化，“空间是通过人类主体的有意识活动而产生”，“是物质的、精神的、社会的一个整体”，“空间的实践，指人们对空间的使用、管理和设计，是特定社会关系在空间中的呈现；空间的表征是用来理解、表达空间实践的知识符号；表征的空间是通过空间符号化来表达特定的象征意义”。[②] 我们回看西方城市化历史可以发现，当粗暴的城市化在进行时，城市文化传统保护同时也在进行。两种行动构成了并行不悖的两条线索，形成了今天欧洲那些历史名城的层层累积的丰厚交错的城市面貌。

中国作为非内生性的后发展型东方国家，也不能够避免城市化过程中的陷阱。中国历史上的城市主要属于政治性城郡，城市人口比例到十九世纪仅占6%，与现代的工业城市、经济中心城市功能完全不同，城市结构和肌理更是天差地别。从世界城市文化发展历史看，城市可分为经济型、政治型、审美型三种类型，这是根据城市的功能和内涵划分的。中国由于自己特有的东方现代性道路，新中国的城市发展经历了政治型、经济型、文化型三个阶段。

上世纪50年代的城市政治型阶段，新中国急于实现工业化，以确立现代民族国家的政治地位。作为现代性的表征，必须集中力量建设工业化城市。在当时的历史条件下，只能依靠从乡村抽取大量资源来达成这个目标。在这种低城市化率的背景下，城市与乡村人口不允许自由流动，通过关闭城门、以户籍制度绑民于土的政策，使城市与乡村形成了完全不同的、不平等的两个空间。北京、上海都以工业为城市中心，北京城里建成了巨大的重工业企业，上海城里建成了彭浦、普陀、漕河泾、军工路等工业区，还有数

---

① 沈玉麟：《外国城市建设历史》，北京：中国建筑工业出版社，1989年，第89页。

② Henir Lefebvre: *The Production of Space*. Oxford: Blackwell, 1991.

量庞大的工人新村。这些完全不同性质的新型城市空间与城市历史气息相扞格，破坏了漫长时间里形成的城市文化肌理。很多中心城市都经历了工业化改造。相对于主流城市话语，梁思成、陈占祥的保护文化古城的“梁陈方案”在当时的历史语境里被视为落后保守的观念，朱偰为保护文化南京而付出的悲壮努力也不能阻止对南京城市的破坏性建设，成都、长沙的古城墙被粗暴拆毁。上世纪 80 年代，中国进入了城市经济型阶段，《宪法》修正案针对城市化的需要做出了“土地的使用权可以依照法律的规定转让”，城市土地的经济价值被提到前所未有的地位。城市传统文化又一次被视为历史遗留物，以“旧城改造”的名义粗暴地破坏城市。这一次城市化运动中，另一种声音发声了，就是专家们积极呼吁的历史名城保护行动。虽然很微弱，但是毕竟引起了注意。历史语境变了。侯仁之、郑孝燮、单士元三位先生提出了“历史文化名城”概念，事实上是在新的文化语境里延续了“梁陈方案”的城市发展理念。中国有两千多座历史古城，最长的拥有两千年以上历史，承载着宝贵的中国城市历史和文化。至 2018 年 5 月，一共有 135 座城市被认定为国家历史文化名城。从 2005 年开始，城市发展竞争进入到以软实力论输赢的阶段，人们终于意识到，城市的本质是文化，城市发展进入到文化型阶段，城市的文化身份或者灵魂才是城市最大的资产。因为前两个阶段已经大规模地破坏了城市文化，依据这种逻辑，就开始了另一种“造城”行动，不同的是这一次是冠以“文化”之名。

通过简单地梳理新中国的城市化历史，可以发现，近几十年的城市建设其实都是在权力意志主导下的政治行为，这个政治核心就是现代性的焦虑。1949 年，中国城市化率仅仅只有 10.6%，到 1978 年也只提升到 18.9%，与低水平的经济发展规模相一致。到了 2011 年则飞速飙升到 51.27%，城市总数增加至 655 个，与此同时出现了令人痛心的千城一面和难以治愈的城市病。我们把现代性仅仅理解为经济建设，所以改革开放启动了城市化高速发展的进程，只用短短的三十年时间就走完了西方国家两百多年的城市化历程。事实上从1980年代以来，经济开发型的城市开发模式一直延续着，无论是大规模拆迁还是建设文化城市，都是围绕经济中心进行的。虽然在城市化的三个阶段，也都伴随着对保护与发展之间矛盾的质疑，但是毫无疑问，“发展”的主流话语占了上风。有所不同的是，新世纪之前的两个城市化阶段，或者强力拆除，或者“静态保护”居多，历史建筑的原生态还相对保留完整。城市化发展的第三个阶段，由于城市空间价值的高度增值，经济价值提到前所未有的地位，城市开发的空间公平问题也提到了面前，而空间开发一旦与文化产业化交织，又纠结成新的城市困境。现代性不仅仅体现为一套新的时间理论，更体现为空间扩张，在资本逻辑和经济理性主导下，新的城市空间被不断再生产出来。资本和权力形塑了城市空间，城市成为当下中国的文化、经济、政治多重话语合力的产物。在生产新型城市空间秩序的同时，也再生产出一套新的社会伦理话语和价值体系。经济理性主导下的城市既进入了资本生产的循环链条中，它本身又是资本的产物，资本的逻辑从根本上改变了城市空间作为人的社会关系空间化的特征。这种由实践理性推动的城市化实现了土地城市化和空间资本化，带来的后果是城市发展的不可持续性以及随之而来的城市文脉的中断。

这里我们以上海的城市空间改造为例。1949年之前，上海是中国最大的轻工业生产中心、商业中心、金融中心、流行文化生产消费中心。从1950年代开始，意识形态改造和现代经济理性改造同时作用于城市空间。跑马场、大世界、百乐门等代表腐朽享乐城市流行文化的场所改造成工人文化宫，被主流的社会主义工业文化所取代。与此同时在原中心城区建设了大量工厂和工人新村，这种从消费型城市转向生产型城市的巨大变化，彰显着现代性的城市空间生产逻辑。1990年代，随着传统工业的衰落，上海的城市战略从原来的生产型导向转变为文化产业为核心的消费导向，中心城区的空置老工业区的空间价值发生了转换。以城市空间开发而实现经济效益，失去了原有的经济价值的生产型空间和民宅变成休闲文化和娱乐空间，转换为体验经济价值。在全球一体化的语境里，只有建设发达的国际化城市才能表征中国迫切希望跻身发达国家的愿景。上海在空间体量上跨越黄浦江，创造了浦东新区，同时对城市空间进行旧城改造。国棉17厂成为上海国际时尚中心，董家渡码头附近上海最大的水产蔬菜批发市场变成老码头创意文化园，还成功打造了思南公馆、新天地、田子坊等创意休闲服务区。原来的城市居民按照"退二进三""四个中心"的空间规划，离开所谓的占据好地段、却不能产生增值效应的二级旧里家园，去到很远的郊区"一城九镇""三大新城"。在现代性的合法化"空间正义"逻辑下，这种改造实现了诸多社会价值，如新城市理念、生态城市、保护城市历史文化遗产，打造宜居城市、创意城市、健康城市、卫生城市、文明城市、国际城市、未来城市，实现城乡一体化、农村城市化、农民市民化。这些行为实际上更多地体现为实现了开发效益，以现代性话语进行意识形态的开发主义(developmentalism)运作，无论是彰显民族国家的政治身份，还是今天改造成消费场所以步入全球资本再生产体系、打造国际化大都市，各种现代性新城市理论具有逻辑一贯性，在话语变换中以巨大的历史合理性进步性突出了政治意义。① 这正是亨利·列斐伏尔所指出的"工具性的空间，首先进行的是一种普遍化的隔离，这就是群体的、功能的和地点的隔离。普遍化的隔离使得普通民众，

① 陈映芳：《城市开发的正当性危机与合理性空间》，《社会学研究》2008年第3期。

尤其是工人在空间中被重新安排，被驱赶到了边缘空间”。[①] 而所谓的“工业遗产”(Industrial Heritage)，是指“由具有历史价值、技术价值、社会价值、建筑学或科学价值的工业文化遗存组成。包括建筑物和机械设备，生产车间，工厂，矿山及其加工和提炼场所，仓储用房，能源生产、传输和使用场所，交通及所属基础设施，以及与工业相关的居住、宗教崇拜、教育等社会活动场所。”[②]无论把工业遗产认为是“工业化时期的产物，一方面对它们的保护便是对民族工业历史完整性的尊重，也是对传统产业工人历史贡献的肯定和崇高精神的传承；另一方面，它们曾在一定的历史时期发挥过重要的作用，解决了大量的就业，创造了大量的物质财富，在人们的心中存在着相当程度的心理认同，工业遗产恰恰提供了对工业文化进行怀旧体验和回忆的载体”，[③]还是把工业遗产认定为“为工业活动而建造的建筑物，所运用的技术方法和工具，建筑物所处的城镇背景，以及其他各种有形和无形的现象，都非常重要。它们应该被研究，它们的历史应该被传授，它们的含义和意义应该被探究并使公众清楚，最具有意义和代表性的实例应该遵照《威尼斯宪章》的原则被认定、保护和维修，使其在当代和未来得到利用，并有助于可持续发展”。[④] 无一不是既从资源和功能的意义上进行“视觉性的挪用方式(ways of seeing)”，又迪士尼式地进行“视觉一致”和“视觉消失”，即“将外部世界构造并协调为一个视觉性统一体的

---

① [法]亨利·列斐伏尔：《空间与政治》，李春译，上海：上海人民出版社，2005年，第27—28页。

② 上海市文物管理委员会编：《上海工业遗产实录》，上海：上海交通大学出版社，2009年，第323页。

③ 王永健：《陶溪川：工业遗产资源再利用的造梦空间》，《中国文化画报》2018年S1期，第22页。

④ 上海市文物管理委员会编：《上海工业遗产实录》，上海：上海交通大学出版社，2009年，第323页。

方法”，从而实现所谓的创意经济时代的最大价值：“一是从生产的角度看，在经济增长的诸因素中，资本、土地和劳动等传统生产要素的贡献率处于相对下降趋势，而创意在经济增长中的贡献率处于相对上升趋势。二是从消遣的角度看，在社会总产品中，人们对物质产品的需求比重在相对下降，而对精神产品的需求比重在相对上升。”①无一不是遵循着经济原则，把生产价值转换为观赏价值，把使用价值转换为心理价值，以工业遗留物打造新城市新景观。所谓价值，是建立在主客体之间的一种特定的需要关系。马克思认为：“‘价值’这个普遍的概念是从人们对待满足他们需要的外界物的关系中产生的。”②“是人们所利用职权的并表现了对人的需要的关系的属性”；“表示物的对人有用或使人愉快等等的属性”。③ 这就是价值的本质属性，在城市空间转换中价值的意义鲜明地体现出来。

上海的城市化过程并不孤立，当下中国，所有的城市都在经历这个过程。在巨大的空间重构中，城市记忆在失去，市民生活结构的有机性在失去，生活碎片化，身份发生分裂，新的空间价值在生成。强大的推进城市化的主导意志究竟是什么？城市化发展向何处去？这些都是我们面对飞速发展的城市化必须追问和思考的问题。

由于“人”永远生活“在”空间里，空间形塑了人的生理、心理习性乃至于伦理习俗。可以想象，当城市建筑空间一旦改变，与之相关联的人的生活、情感、生理习惯，也必然发生变化。梅洛·庞蒂

---

① 张京成等：《工业遗产的保护与利用——“创意经济时代”的视角》，北京：北京大学出版社，2013年，第19—20页。

② 中共中央马克思恩格斯列宁斯大林著作编译局：《马克思恩格斯全集》（第19卷），北京：人民出版社，2013年，第406页。

③ 中共中央马克思恩格斯列宁斯大林著作编译局：《马克思恩格斯全集》（第26卷），北京：人民出版社，2013年，第139页。

从存在论意义上研究了人与空间的关系，他把身体的运动放置在时间性上来阐析主体知觉的性质。他指出："我们把被感知世界的综合交给身体，而身体不是一种纯粹的直接材料，不是一种被动接受的东西。然而，在我们看来，知觉综合是一种时间综合，在知觉方面的主体性不是别的，就是时间性，就是能使我们把它的不透明性和历史性交给知觉的主体的东西"。① 梅洛・庞蒂把"现象的身体"还原到空间里，"'空间性'概念意指空间对我来说何以成为空间，这里面包含两层含义：其一是主观的空间如何产生；其二是主观的空间与客观的空间之间的关系如何"。② 所以，空间的核心是现代性问题，是梅洛-庞蒂意义上的、主体与空间互相构造、相互归属的问题。空间是权力话语和社会关系的隐喻，村落与社区是文化象征的空间。当工人失去了他们的空间，也就意味着他们的身份重新被赋予了价值。

第二节　中国的城市化与传统文化的关系

至此，我们终于面对了最关键的问题：究竟什么才是城市化？通过巨大的城市空间重构以达到所谓的国际化现代化，或者对人的生活所在地设施进行现代化，是不是就是我们想象的城市化？

洪庆明先生研究了西方的城市化历史后认为：工业化浪潮下从乡村移居城镇的旅程，首先是一个脱离传统文化的过程。前工业时代乡村社会按日光和季节劳作的劳动节奏消失了，代之以定时定点的工厂和机器节奏和极其严格的工作纪律；传统的家庭和

① [法]梅洛・庞蒂：《知觉现象学》，姜志辉译，北京：商务印书馆，2001年，第303页。
② 杜小真、刘哲：《理解梅洛-庞蒂》，北京：北京大学出版社，2011年，第171—173页。

乡村社区模式不见了，面对的是新的人际关系和社交网络；传统的道德与伦理准则不再形成那样有力的约束，代之以法律或规则的硬性约束占据主导地位……概言之，对这些新来者来说，乡村文化环境无可挽回地远去了，成为留在历史层累当中的“失去的世界”。[①] 这些“失去的世界”毫无疑问影响着现实中人的存在，而“人”却被巨大的城市化运动忽略了。也就是说城市化的核心应当是“人”，巨大的空间结构、社会结构改变而导致的生活变迁、伦理关系变迁、生理节奏变迁、家庭关系变迁对人的影响，人的思想观念、价值观念、生活方式、知识结构等方面的变迁才是城市化的核心。

回看西方城市化历史，美国城市学家芒福德认为，那种巨大的、到处都“物化”“硬化”了的城市，虽然貌似提供了最广泛的资源和多样性，实际上却是统一、强迫的选择。这种“卡夫卡式”的空间只能形塑无个性的集团化人格结构，马尔库塞意义上的单向度的、平均的人，导致城市个体人生狭隘平庸，城市生活与文化丧失了丰富性、多样性、创造性，最终走向城市意义消解的荒诞结局。查尔斯·詹克斯把 city space 转换成 town space，目光终于转向了存在意义上的人。亨利·列斐伏尔(Henir Lefebvre)的“空间是通过人类主体的有意识活动而产生”，“是物质的、精神的、社会的一个整体”的认识，是城市化的必然之路。所以，“城市化本质上是国家治理、国土治理和城乡关系的系统构建过程”。[②]

相对于西方城市化经历的必然性、内生性历史进程，正如中国式社会主义道路是基于现代性与中国历史现实相结合而产生的那样，中国传统文化特殊的东方亚细亚性质决定了中国城市向现代转型也必然不同于西方的城市化，具有更多的特殊性。陈映芳深

① 洪庆明：《近代西欧城镇文化心态的演进与形成》，《光明日报》2015 年 2 月 28 日。
② 周伟林：《中国村镇的生与死》，《文化纵横》2018 年第 3 期。

刻指出，“差序格局、家族主义、礼治秩序、血缘联结等等，作为中国传统性的核心内容，不仅存在于传统中国的乡村社会，也存在于传统中国的城镇社会。传统中国的乡村社会—城镇社会，以及城乡关系，同样都是中国传统性的载体或表现。尽管乡村社会与城镇社会的内部结构和生活方式等会有种种差异，但将中国传统性与乡土性划等号的自我认识，实际上使中国的城市传统被悬置于中国文化传统，将中国的城市性剥离于中国的传统性。这样，中国的城市现代性成为无本之木，这实际上构成了中国城市现代化困境的一个根源所在”。[①] 这段话从社会文化根源的高度一针见血地指出，乡土社会文化既是我们进行现代文化建设最重要的核心资源，更是城市化中迅速壮大的各级城市的永恒母体。然而无论知识界还是现实操作层面，各方面都选择性忽略或者有意错误地把西方城市理论视为城市化理论资源，产生了巨大失误。席卷整个社会的快速城市化同样摧毁了农村的社会生活结构、邻里关系和就业基础，造成了诸如大量留守老人、妇女、儿童问题、农村空心村、城市贫困人口、传统伦理解构等触目惊心的社会创伤，城市化方向出现了严重的问题。这种城市化恶果应当引起反思和纠正。

强大的现代性逻辑与这些巨大失误联合在一起，造成了城市化实践的几个严重后果。从 1980 年代开始的“旧城改造”运动，完全无视城市历史文化，对城市的历史街区进行了扫荡式的拆除，直接造成了城市历史形象的丧失。然后以我们对现代性的想象快速复制统一化的、商业性的、流行的城市程式。这些崭新的城市与已经被毁灭的历史肌体没有任何联系，城市文化苍白，文脉中断。没有历史传承的城市成了文化孤儿，失去了灵魂，一片废墟，既没有

① 陈映芳：《城市开发的正当性危机与合理性空间》，《社会学研究》2008 年第 3 期。

精神内涵,更谈不上活力和创造性,可笑地成为各个地区、不同时代文化符号的拼贴,成为后现代空间的 camp。按照经济理性原则把城市效益最大化,对城市进行功能性分区,分为商业区、居住区、娱乐区等。这种机械的功能区分破坏了城市人生活结构的有机性、记忆的延续性,造成了生活碎片化,自我身份认同困难。当原来活生生的有机的城市结构被破坏后,这种反人性的城市形塑了城市中的人,终于以感性的形式引发了整个社会浓烈的乡愁。正如福柯所批判的,空间的再生产构成了现代性的本质,建筑与政治、权力建立了紧密关系,成为统治技术的重要组成部分。“建筑从 18 世纪以来逐渐被列入都市问题中,变成了达成经济—政治目标所使用的空间部署问题。”[①]我们的城市化行为正印证了大卫·哈维所指出的:“每个社会形态建构都符合物质和社会再生产的需求与目的,并且根据这些概念来组织物质实践。”[②]

究竟应该如何看待城市历史?难道现代性就是一套没有历史的话语吗?回到现代性话语源头,如果我们把“现代性”看作一个革命性的时间观念,可以认为“现代”从文艺复兴时代就开始了。文艺复兴虽然带来了一个崭新的时代,但是从这个命名来看,它不但不否认古典文化,而是恰恰相反,大量继承了古希腊罗马的文化传统。古希腊文明以商业活动为中心,古罗马文明在此基础上发展出了以商品交易为中心的契约法律文明,文艺复兴文明在继承商业文明的基础上发展了工业文明,一直延续到当代欧洲文化。何晓昕、罗隽在《时光之魅——欧洲四国的建筑和城镇保护》中详细梳理了欧洲文艺复兴以来的城市化道路。面对中世纪战乱造成的城市破坏,面对文化传统的断裂,艺术家们开始自觉地保护继承

① 包亚明:《现代性与空间的生产》,上海:上海教育出版社,2003 年,第 13—14 页。
② [美]大卫·哈维:《时空之间:关于地理学想象的反思》,朱美华译,《都市文化研究》2008 年第 1 期。

传统。意大利建筑师布鲁内列斯基在建筑实践中“将古典原则与罗马风格乃至哥特式风格相融合，运用到新建筑设计与老建筑翻新中”。著名的美第奇家族自觉地搜集古代艺术品，还开创了将古代雕塑碎片与新建筑、园林“拼接”的风格。这也是一种继承，挪移、拼装是对价值和形式的部分肯定，可见古希腊文明作为欧洲文化的母体一直涵养着城市。十九世纪，城市化运动开启时，城市修复已经形成了完整的理论。意大利的帕拉韦西尼、博伊托的“语言文献式修复理论”，把古迹视为完整的“文献”，力求复原历史语境和审美意义。贝尔特拉米的“历史性修复理论”，力求根据史料进行还原式修复。二十世纪的乔万诺尼的修建街区肌理、文脉语境理论在城市化加剧的形势下深化了城市历史保护思考。英国人从文艺复兴美学思想中提炼出和谐与崇高理念，产生了霍华德的庭院城市思想，一直指导着英国人的城市建设。欧洲在城市大破坏、大发展的同时也形成了一整套城市文化保护理论，包括意大利的文艺式、科学性、艺术性修复，法国的风格式修复，英国的保守性维护，德国的民族身份的修复与重建。这些理论都基于“大城市的塑造终极目标就在于塑造其城市文化的身份。如果你塑造了城市的文化身份，那么这个城市就成功了，一定会持续永久”。“对一个民族而言，古建筑和城镇才是根本，它不仅拥有自身的美感，更铭刻着一个国家在历史长河中的记忆”的深刻认识。[①] 这部著作是对中国城市保护现状的深刻反思，把欧洲成熟的城市保护理论和实践引进来为我所用。

1950 年代制定的《威尼斯宪章》显示了现代性进程中人们对城市保护已经达到了相当高的自觉意识。对城市历史的保护既是

① 参见何晓昕、罗隽：《时光之魅——欧洲四国的建筑和城镇保护》，北京：生活·读书·新知三联书店，2018 年，前言。

为了见证城市生命的起源和发展历程，保留文化基因，更构成了城市“生长”的基石和年轮。如果把城市视为一个巨大的建筑，可以说城市就是自我历史的凝固。吴良镛先生在《历史名城保护与美好人居》中，忍不住再次强调：1980 年代历史名城保护刚刚起步，历史名城保护应该注意保护与发展的合理空间布局问题和历史名城保护与“更新”问题；正如《马丘比丘宪章》“保护好、恢复和重新利用现有的历史遗迹和古建筑，必须同城市建设过程结合起来，以保证这些文物有经济意义，并继续使之具有生命力。”[①]历史名城的城市设计问题，着眼点应该包括：保护地方民俗特色、保护建筑环境、保护郊野山川与大地植被以及复原必要的历史名建筑等方面。基于这种认识，浙江绍兴以小桥流水、文物古迹、水乡风貌为城市灵魂，更新改造中实现了城市的“古而不衰”，犹如老树发新芽，延续了城市的生命力。江苏苏州更是城市更新的著名典范。著名建筑大师贝聿铭先生为故乡苏州设计的苏州博物馆新馆与整个城市古典园林的风格和内在精神高度一致，以“苏而新”的现代形式延续了苏州厚重的历史文脉。黑龙江哈尔滨以“古典复兴，地域新风”的理念把不同历史的城区和新建筑的风格和谐地统一起来，哈尔滨大剧院成功地实现了地域文化多重契合的空间意义。还有一眼望尽昆明千年历史的“昆明之眼”、寓意腾飞和谐美好杭州的“城市之门”，等等。这些成功的城市更新传承了地方文脉，打造了“特色乡愁”，使历史街区的风貌得到“自然”延续。2016 年 9 月，中国文物学会 20 世纪建筑遗产委员会推选出 98 项“首批中国 20 世纪建筑遗产”名录。中国建筑学会理事长修龙先生认为，这些还在使用中、功能延续的“活着的遗产”，其价值就在于“在思考中国建筑文化问题时，建筑先贤们往往从建筑全局出发，从建筑的

---

① 吴良镛：《历史名城保护与美好人居》，《人类居住》2019 年第 2 期。

过去、现在及未来整体走向出发，不会去人为分割现代建筑与传统建筑。因此，他们留下的作品无论是传统的还是现代的，都堪称20世纪建筑遗产”。[①] 这些建筑既保留了传统，又开启了城市现代性空间新的传统，是我们今天进行城市改造的宝贵财富。

遗憾的是，这种成功改造的城市仅仅是很小一部分。虽然全国很多城市都出台了地方性的历史文化名城保护条例，然而这种保护城市文化的动机可能更多的是出于旅游资源的考虑，造成失去生机的所谓“隔离式”“遗产化”保护。或者更甚一步，在“拆旧建新”后走上了另一条歧途——“拆真建假”，建成“假古董”。遍地的“古城”“古镇”“传统民居”就是这种思维的产物。如山东济宁的南阳古镇，属于典型的封闭式内生经济形态，四面环水，依傍着京杭大运河，明清水运兴盛之时，“渔船、酒船、商船，往来相接，群聚樯櫓林立如街市”，留存到新世纪的传统建筑有皇宫所、皇粮殿、二爷庙、火神庙、魁星楼、文公祠、禹庙、杨家牌坊、不沾地旗杆等多处古迹，完整地保留了古镇运河文化脉络。居民们的生产生活形态并没有随着时代变迁而发生巨大变化，水产品交易和水运仍然是主要的生产方式。当地政府拆除了村庄和居民旧宅，让居民住进“农民新村”，洗脚上楼变成了市民。他们想当然地认为，建成一个理想中的“新古镇”，就实现了城市化。这样的农民新村在神州大地上随处可见，千篇一律，毫无生命力，与当地居民原有的生产生活方式没有任何关系，只是一个僵死的“无机物”。湖北省孝昌县小河镇老街依傍汉水，是原汁原味的明清一条街。因为不具备所谓的旅游开发价值而被丢弃，更没有采取保护修复措施而任其破败不堪。当地另外建设崭新的仿古明清一条街，同样门可罗雀，完全

① 李韵：《致敬百年建筑经典——98项经典建筑入选“首批中国20世纪建筑遗产”名录》，《光明日报》2016年10月1日。

没有政府规划想象中的人声鼎沸、熙熙攘攘的游客。江苏省宿迁市的皂河镇也是京杭大运河畔的古镇，走的是保护性开发和民俗主义主导的旅游发展之路，古建筑按照“修旧如旧”的思维“恢复”得比较完整，与新建的现代建筑相对处于平衡状态。空间的意义在于人与空间的互动、人对空间的反思，这种“为旧而旧”的城市记忆提取了景观、人文、事件的碎片予以重置，与市民的城市记忆和城市经验形成了多重矛盾、复杂的关系。而西安、大同、淮安、安阳、昆明等历史文化名城，则经历了拆了建、建了拆的荒唐轮回。江苏省淮安市为打造“总理童年仿古街区”而拆毁“周恩来总理童年读书处”周边的三元巷民居、千霞旧书屋、西长西街清代民居、周氏祠堂、泗阳公馆、程家巷民居、义顺巷民居、人民剧场等八处历史建筑。淮安城市文理依大运河而生，建于明永乐13年的清江浦大闸口老街形成城市空间的“风水龙脉”，花街、牛行街、都天庙前街、荷花池古街区、明清商业一条街洪门街、七道湾古街区，十里东长街、越河街、同庆街共同构成了围绕着大运河的清江浦城市空间。从1998年开始，随着明武宗落水处的“跃龙池”被填埋，清江浦东门安澜门仅存的城墙根基被拆除，谢铁骊、谢冰岩故居、李一氓住宅、陈白尘故居、陈潘二公祠、王叔相故居、普应寺、苏皖边区政府华中银行旧址、林默予故居、王瑶卿故居、左宝贵夫人楼、观音庵、苏皖边区六地委办公楼、中央华中分局旧址宿舍楼、越河街、同庆街、三范故居、福隆庙、越河街、同庆街、青龙庵、程莘农故居被拆除或者易地重建，建成了崭新的明清商业一条街和“新”名人故居。淮安市淮安区的河下镇同样是京杭大运河畔的古镇，作为漕运时代的重镇完整地保留了明清时期盐商的生活形态。当地政府拆毁了这些有碍观瞻的“破破烂烂”，斥巨资打造了崭新的沈坤状元府、吴承恩故居、河下新“古镇”。钢筋水泥的新“古镇”与拆毁后堆积如山的古建筑材料形成了触目惊心的对比。福建省福州市著名的

“城市里坊制度的活化石”三坊七巷被改造，陈家祠堂被拆毁。河南省安阳市的老城区穿插着城市新道路，古色古香的文峰塔虽然被保留下来，然而破坏了文脉的完整性和真实性，与周围改造后的现代环境格格不入，却正隐喻了传统文化在现代的处境。这些无知的荒诞闹剧层出不穷，在拆毁古代城市遗产后，又拆毁近现代城市建筑遗产，修建“新古城”。城市在现代性逻辑支配下永远走在日新月异的路上。

愈演愈烈的“拆旧建新”最终形成了“千城一面，万屋一貌”的奇特“景观”，没有任何内涵的、模仿复制的单一性、统一性代替了丰富多彩的多样性，“独在异乡为异客”的美好忧伤的乡愁被“似曾相识燕归来”的重复记忆干扰。在对现代性的强烈追求和速度焦虑的笼罩下，技术理性主导的规划标准与发展冲动合力推动着，形成了强大的城市建设话语。正如梁鸿所感慨的，所谓的城镇化，就是有城有镇有乡有村的多重生活空间。只有在多重生活空间里才可能有多重人生滋味，才有多重生活方式，多重文化方式，最终才可能有多重的自我存在方式。这就逼近了本我即存在。而同样的世界只能造成单向度的生活，最终毁灭了自我。这构成当代城市人乡愁的源头，也是当代城市化的困境。只有恢复多样性的生活，才能保持城市文化的创造力，才能把“人”还原到本源。简·雅各布斯深刻反思了美国城市的这种“迪士尼化”，过于注重整齐的规划、有序的安排、统一的标准，抹杀了地方文化的多样性，抹杀了城市的原生态。

从存在论层面看，城市作为人类有目的的、能动的产物，只能是、也必须是“人”的城市，所以一部城市史一定交织着地方文化史。任何时候我们都必须首先从人类学角度，然后再从技术角度审视城市，城市的历史和人文才能真正得到尊重和认同、传承。城市建筑作为城市有机体的组织、结构创造了城市肌理和记忆，地名记录了城市演变的历史，一起构成了城市的历史真实。在经济理性主导下，极端地从功能、物质价值层面看待城市，导致城市的本来意义完全消失。这种从 1980 年代开始的城市化把传统和现代性看成对立的矛盾，终于使得“人”从自己创造的城市中消失了。1950 年代，林徽因就悲观地预言将来会发生复建“文物”的情况，冯骥才先生在《中国城市的再造》中批判了这种现象。他们的预言不幸变成了现实。城市仅仅是“物”的堆积，“文”的历史、“人化”的存在消失了。从功能性出发的“新造城”运动把经济效益发挥到了最大化，分裂、消灭了有机的生活，城市变得单调机械，离文化越来越远。有学者呼吁以“人文经济学”来纠正当代这场经济和文化的历史性断裂，让城市和城市中的人回到本源。旅游资源强调的是展示价值，这种剥离出来的表象割裂了本体，失去了本真和光晕，是以民俗主义眼光看待传统城市文化。当城市消失了历史脉络、地域审美特征、年代街区和城市记忆后，可笑的“仿像”成了赝品，是对我们理解的现代性的最大讽刺。这种发展理念导致一次次浪费了资源、民力、财富，却失去了自我，更失去了发展机遇。由于没有对历史和生活方式的尊重敬畏，这种改造形成的只能是恶托邦空间，成为市民生活的可笑背景，是城市建筑异化的表现。城市的核心是“人”而不是什么旅游资源或景观，如何对待城市历史决定了我们的城市向什么方向发展，将成为什么样的城市。

我们所理解的现代性经常以我们所向往的西方“科学”的面目出现，以现代性话语进行意识形态改造的推手就是所谓科学的“规划”。关于城市规划的第一部法律是诞生于十九世纪英国的《公共卫生法》，目的是通过改进城市公共卫生设施使不同阶层的市民享有公平。可见规划从一开始就不仅仅是技术问题，本质上具有政治性，起到促进社会改良、平等、正义、消除阶层对立的功能。中国飞速的城市化进程伴随着财富的大量积聚和社会阶层的分化，更需要通过公共空间和设施平衡社会关系，保护弱势群体的利益和尊严。简·雅各布斯在《美国大城市的死与生》中从空间意识形态的高度，提出任何空间都是政治的产物，规划是建立在对城市的理解基础上的系统调控，是城市中复杂的社会关系和不同阶层利益的协调过程。规划既具有科学性，更具有政治性。这种对城市本源的理解还原了城市的社会意义，使城市从物理空间进入到人性场所，城市才能成为最适合人类的栖息地。雅各布斯的观点对中国的城市化有深刻的启迪。住建部提出规划的八大亟待突破的问题，事实上否定了造成"千城一面"的反人性的旧规划体制。在这种伪科学规划下城市的历史与人文记忆毫无价值，遍地千篇一律的"商业街＋饮食城＋仿古明清一条街＋美国小镇＋西班牙庄园＋英国郡"。比如万达，强悍地进入任何城市，以同样的面目，号称万达广场就是城市中心。这个中心与城市文理没有任何关系，只是财富的象征，"发展"的象征。这些"时空关系的革命，不仅常常破坏先前时空体系建立起来的生活方式和社会实践，而且，创造性地破坏嵌入在景观中的广泛的物质财富"，完全扭曲了城市以人为中心的本源。

俞孔坚先生深刻地批判了这种计划经济体制下形成的"规模——性质——空间布局"模式的规划思维，完全是把城市空间发展建立在不确定基础上的空中楼阁。失去了大地支撑的城市只能是恶托邦，他以建筑学家的身份诗意地呼吁"回到土地"，以激进的"反规划"话语以毒攻毒，回到海德格尔的"栖居"。在《回到土地》里，他以"反规划"作为城市物质空间规划的理想途径，"强调通过优先进行不建设区域的控制，来进行土地和城市空间规划的方法论"，为城市扩展建立一个真正理性的框架，为混沌而欲望日益膨胀的城市提供一个渐进的、富有弹性的"答案空间"。城市应当减少人为、人工的痕迹，先做保护规划，把山水自然风光融入城市，修复河流与湿地系统，再做建设规划，满足不同人群的多样需求。台州和秦皇岛就是这种理念指导下的生态城市。人既与自然环境和谐，更与自己的历史和发展和谐，实现了高层次的生态和谐。

现代社会完全不同于古典时代，城市在继承了旧有空间的基础上必须与合理发展的必然性之间良好地衔接起来，城市才能像一个老的有机体那样在新环境里延续生命。城市究竟如何发展更新？城市文脉如何保留？城市理论认为城市更新是一个多层次复合性概念，涵盖了多学科理论和现实实践的多方面，决不仅仅是一个技术问题。如拆旧建新的更新(Urban renewal)、再开发(Urban redevelopment)、再生(Urban regeneration)、再活力化(Urban revitalization)、复兴(Urban renaissance)、中产阶级化(gentrification)等，是政治意志主导的行为。正如爱德华·索菲亚所言：城市建设具有社会权利的工具性和在场的有效性。城市是控制中心，其保护控制的途径是通过居住地的小手法，通过范围、界限、监督、分割、社会戒律和空间区分的一种精巧的地理学来达成的。[①] 现代性作为强大的意识形态通过对城市空间进行改造产生相应的场所，进一步产生空间意义。现代性意义上的发展绝不仅仅是经济问题，而是社会发展的综合问题。只有尊重地方文化，综合考虑人口、地理、资源、气候、交通等禀赋，形成区别化和多元化发展，才是多样性的城市化。

城市化创造了大量中产阶级，觉醒的中产阶级开始保护他们的城市。2011年3月，为建设地铁3号线和10号线，南京市政府计划将主城区的民国年代种植的法国梧桐等树木进行移栽，引发了城市主人——市民的强烈反应。结果是，南京市政府制定了《关

① [美]爱德华·W.苏贾：《后现代地理学：重审批判社会理论中的空间》，王文斌译，北京：商务印书馆，2004年，第121页。

于进一步加强城市古树名木及行道大树保护的意见》，强调任何单位和个人不得擅自砍伐、移植古树名木、行道大树；所有市政工程的规划、建设都要以保护古树名木为前提，原则上工程让树，不得砍树。2015 年 5 月，《上海市城市更新实施办法》正式实施，特别强调要注重城市内涵式增长。内涵即历史、文化、记忆，就是除了经济价值以外的人文价值。这些都标志着新的城市化意识的觉醒，印证了雅各布斯多次强调的城市规划必须以理解城市为基础，必须从城市居民的生活体验出发，才能发现城市社会经济的活力。也与陈映芳的“只有当市民成为城市的真正主体，好的城市、好的生活才是可能的”观点不谋而合。这两个城市更新的良性范例似乎让我们看到了人文城市的希望。

当城市化发展到需要整个被否定的阶段后，新一套叙述话语展开了，那就是新型城镇化建设和城市理想审美实践。

第三节　新型城市化与城市理想审美实践

从我们以上的分析看，城市化虽然改造了空间，改进了人居条件和环境，然而这种发展经济推动的城市化模式所引发的社会问题、文化发展保护问题等“刺点”同样相当严重，某种程度上甚至可以说危及到了传统文化的生死存亡问题，完全背离了“城市让生活更美好”的初衷，必然引发政治反思和政策调整。2013 年 12 月 12 日举行的中央城镇化工作会议上，习近平总书记提出：“有的城市规划专家说，要本着同土地谈恋爱的立场来做好规划。这都体现了尊重自然、顺应自然、天人合一的理念。要让城市融入大自然，不要花大气力去劈山填海，很多山城、水城很有特色，完全可以依托现有山水脉络等独特风光，让居民望得见山、看得见水、记得住乡愁。”这是在国家政治的高度上第一次以“乡愁”这样感性诗意的话语点中了城市化问题的痼疾。李克强总理指出，城镇化的本质不是简单的城市人口比例增加和面积扩张，而是要在产业支撑、人居环境、社会保障、生活方式等方面实现由“乡”到“城”的转变。从“城市化”到“城镇化”，新型城镇化模式呼之欲出。

城市化结果已经证明了政治型城市化和经济型城市化的相当的历史合理性和造成的历史负面性。新型城镇化思维必须从根本上转变城市发展方式，把文化发展放在首要位置，“文化型城市化”追求在经济合理发展的基础上实现政治型城市化、经济型城市化和文化型城市化的有机统一。这是在现代性语境里对传统生存智慧的合理继承和发展，把中国社会的“美政”理想与现代性话语完美融合起来，以达到和谐社会、生态社会的境界。只有这样才能跳出以往那种片面靠权力意志，即现代性或者实践理性推动的城镇化思路，实现城市化可持续性发展。当文化资源成为社会生产资料时，文化的重要性被提到了空前的地位。文化城市的发展趋势符合中国城市化进程的内在逻辑，具有历史的合理性、正义性、必然性。

工业化之后的城市化时代，在物质生产已经充分发展甚至过剩的语境里，城市必须由“功能城市”向“文化城市”转化，由此精神价值领域的文化生产成为推动社会发展的资源和引擎。在现代性进程中，“文化”经历了一个由宗教神圣文化而逐渐世俗化、功利化的过程，这个过程当下已经进入到了文化产业化阶段。历史地看，不同国家、不同时期、不同阶级创造了不同的文化，但是在文化交流中，各种文化的边界逐渐交融，在经济理性推动下形成了新型的“复数的文化”。如各种民俗文化进入旅游文化产品领域，神话、民间文化进入电影电视生产领域，各个民族、国家的文化符号进入其他民族和国家，生产出新的文化符号等。这种现象是历史上绝无仅有的。面对空前的文化大流动，对文化身份的认定就显得格外紧迫，“中国故事”就是对中国文化话语体系的形象阐释。英国人类学家爱德华·泰勒对二十一世纪的文化做了这样的界定：“文化，就其在民族志中的广义而言，是一个复合的整体，它包含知识、信仰、艺术、道德、法律、习俗和个人作为社会成员所必需的其他能力及习惯。”泰勒从民族主体确立的高度把文化看成一个包含了本民族各种价值观的集合体，民族的价值就在于创造出一套结构功能统一的规范。我们认为，把这个观念移用到城市身份认定中也同样能够成立。从这个意义上看文化就是城市的身份、标签、本质，城市文化形象就是城市内涵的外化。城市文化终于被提升到城市灵魂的地位，成为城市软实力的标志。在现代发展竞争的语境里，城市竞争表现为文化竞争，城市文化成了城市发展推动力。如果说 GDP 代表硬实力指标，HDR 就是软实力指标，这个人文发展指数同时把生态质量、文化质量和生活质量都作为发展的重要参数，体现了城市空间的多元价值。

因为城市发展的过程同时也是一个地区的经济社会资源、精神文化资本向城市积聚的过程，所以城市文化也是一个空间范畴，城市空间再生产了城市人的社会经验和审美经验。与传统审美文化形式相比，新兴的城市文化如影像、景观、广告、游戏等在精神导向上倾向于娱乐消费，文化生产和消费方式发生了重要变迁，城市人的审美意识、艺术经验、自由体验发生了巨大变化。在社会多元化的今天，文化也分裂出了不同层次，文化的“有用性”即功利性经济性价值格外突出。“文化价值”（cultural values）规定了文化之所以是文化的基本属性和内涵，蕴含于各种文化产品、活动、服务中，使文化产生意义和效益。文化分化弥散在经济、政治、社会、生态等各个领域，产生相应的效益。消费时代，文化也是消费品，文化的经济效益格外突出导致文化向产业化发展。旅游城市、电影城市、“慢”城都体现了文化消费的特质。

刘士林认为，从本质和最高目的上看，城市文化是人类以不同于乡村的城市空间为物质基础和现实条件创造的空间文化形态及精神价值体系，以此来实现主体的愉快与自由。所以当代城市的最高境界是城市美学，包括人与人、人与环境的和谐，生态和谐，社会关系和谐。而当下中国的城市文化显然与这个目标还有相当距离，城市美学是审美文化研究面临的全新时代问题。城市人作为城市文化的主体应当强调文化资本、文化场域的自主性，文化的社会凝聚力和文化共同体意识，批判社会堕性，最大程度地实现文化的社会效益。

城市作为当代引领先进文化的空间，形塑了城市人的生活，再生产了城市人的审美经验。中国新兴的城市中产阶级逐渐形成了新的生活方式：休闲、度假，欣赏音乐会、观看文艺电影和戏剧，体验园林，自觉进行健身、跑步、户外运动等塑造自我的体育锻炼活动，学习各种琴艺、陶艺、茶艺、厨艺、焚香、盆景手工艺，研习中国古典服装、家具、文玩古董等“无用”的知识，陶冶性情，形成了各种品类圈，追求精致高雅的生活情趣。把“个体的生命历程与道德性及生命有限这样广泛的论题联结起来”[①]，生成相应的社会、伦理意义。雅文化是文化分层后形成的高层次文化，具有原发性、非功利性，离现实比较远。在中国中产阶级刚刚形成的当下，学习雅文化可能有“刻奇”、刻意模仿的一面，但是他们毕竟开始学习模仿高雅趣味了，虽然内化成主体自觉的文化追求可能还有待时日。其实从文化传播层面看，对高级文化的学习追求都是从模仿开始的。林语堂先生在《生活的艺术》中分析了中国士人历来有把生活艺术

① [英]吉登斯：《现代性与自我认同——现代晚期的自我与社会》，赵旭东译，北京：生活·读书·新知三联书店，1998 年，第 9、10 页。

化、追求精神生活超过物质生活的传统。中国历史上，宋朝是古典社会经济和艺术的高峰，园林、古玩就是那个时代兴起的，以异于功利世俗的高雅超越当下，在空间、时间、心理上刻意与现实拉开距离，表现了高远的士人心灵。城市中产阶级物质生活丰裕后形成的这些新时尚体现了对物质追求和“有用”知识追求的反正，意味着实现主体的愉快与自由的大审美时代的到来。城市的这些新“生活样式”解放了“经济人”，使生活终于回归了生活的本性，也回归了中国传统文化。中国传统的“过日子的方法”强调自律内敛，完全不同于消费挥霍、不计后果的现代生活。日常生活的改变也意味着回到“中国文化有形的根”，具有重要的审美实践意义。任何物质、精神追求的最高阶段都是审美，城市人追求审美意味着进入到了人的城市化阶段，可能是一个相对静默地展开的长时段的心态转变过程。

城市化意味着重构城市空间，空间的哲学意义体现了人与空间的本源关系，从这个意义上看城市化也再生产了“人”的价值。人对空间的理解源于人和空间的互动。城市作为人性空间，不仅仅包括空间、建筑、景观，更包括历史人文、事件的记忆，构成了整体性存在。城市特色是地方历史与“人”的生活世界的产物，是经历了漫长积淀的文化累积物，是在相应的气候、时空里的人的积极活动的产物，具有鲜明的地域性、唯一性、不可替代性。正是在城市空间价值的意义上，阮仪三把乡愁解读为“人们对故乡里人与人之间相处的物质空间环境的记忆，以及对它存在与否的耽愁与怀念。”[①]段义孚先生认为，“恋地情结”是一种基于地理环境的认知、态度、价值及其依恋，即在空间维度上维系与过去的联系。这是乡

---

① 阮仪三：《“乡愁”的解读——关于〈留住乡愁——阮仪三护城之路口述实录〉》，《光明日报》2015年7月28日。

愁的空间感性基础。

城市化重构的空间成为离开乡村进入城市的“新”市民和经历了拆迁的城市人的实体空间和精神原乡，是他们的乡愁所在。只有有利于建构新型伦理关系和保留传统痕迹的空间，才能慰藉城市人的乡愁。在这种意义上，德国美学家韦尔施认为，建筑是具有社会学和哲学意义的公众艺术，既反映公众的集体无意识，又反过来对公众产生着重要影响。建筑一旦建成，便“不依赖于任何个人意志而把人的观察力和目标强加给生活在它里面的人身上”。建筑作为城市公共艺术，永远承载着重要的社会功能和审美功能，承载着人们对空间的反思，所以空间被赋予了理想家园的精神意义，是人类文化的重要载体。每个城市的空间在漫长的成长岁月里，都形成了自己特有的肌理和容颜。城市空间是城市文化的外化，与生活在城市里的人心灵相契合。个人记忆、城市记忆、身份认定、回归自我，就这样凝结成了浓浓的文化乡愁。

中国古代城市民居很多都以合院式的尊卑有别、主次有序、阖家团聚的格局，与城市里的胡同、街巷、里弄一起，共同构成了有形的传统伦理道德空间，从而“自然”地形成了守望相助、和睦相亲的人伦关系。自从新中国开始了工业化带动的城市化运动以来，为实现工业化目标而实行了一套以效益为目的的国家行政化体制化制度，从事物质或精神生产的“单位”就构成了城市最重要的空间。随着单位制的建立，大量各地“移民”长期工作、居住、生活在同一个大院空间，形成了新型街坊邻里关系。这种工作与家庭生活合一的方式，使得单位大院形成了事实上的单位社区，体现了社会主义的政治文化和社会文化的一体化。这种大院不再是基于传统社区的血缘关系而是基于业缘，构成一个个集工作、生活于一体的单位社区空间。经过漫长时间的共同工作和生活经历，形成了以业缘为核心的新型大院文化。这种生活大院既包括工作关系，也涵容培养着生活情感，形成了新型的平等、和谐的邻里人际关系。在大院社会空间场域内，个体的社会交往和认同、结构和行动呈现出高度的同质性，便于来自不同地方的新城市“移民”相互融合，与传统农业社会的血缘社区具有一定的相似性，仍然是熟人社会，形成了单位、大院小社会良性共同体。或许我们可以认为城市大院就是乡村社区在城市的移植，城市社区是长期居住生活在同一个空间形成的街坊邻里关系。大院文化具有社区性、职业性、空间区隔性，大院内部人与人之间形成了伽达默尔意义上的体验、和谐的关系。正因为大院和城市街区的空间延续了传统的邻里关系，也就保留了传统城市的文化内涵。

与单位社区形成的单位大院同时存在的，还有居民大院。指对单位“公家人”身份以外的家属、青少年进行管理的街道社区，是由政府组织的居民自治管理的重要形式。虽然居民大院彼此之间有一定的空间区隔性，但是由于开放性强，人员固定，社会交流互动频繁，熟悉彼此的社会关系，仍然能够形成事实上的共同体。这两种主要的城市社区，在价值观念一元化的时代，从情感和身份上为社区民众提供了认同感和归属感。1970 年代，曾经有一部产生了广泛社会影响的电影《向阳院的故事》，在全国范围内引发了组织城市向阳院的热潮。“向阳院”是思想统一、社会公共服务不充分的时代对理想社会人际关系的乌托邦想象，但是在政府的强力统一组织下，“向阳院”从想象变成了现实，成为单位的延伸，集体空间和集体主义观念的延伸，给几代人留下了美好的记忆。“向阳院”是在新语境下对古代社会传统的保甲制、里委制的合理继承和发展，既为市民提供了政府管理和社会公共服务，也巩固了社区情感关系。

1990 年代开展的大规模城市化运动以来，随着单位制的解体和大量农民涌入城市务工，城市空间发生了巨变。为了解决快速增长的城市人口的居住需求和提供现代生活便利，大量新建的房屋在内部空间布局和结构上，都采用了从西方引进的功能式结构，一般由起居室、卧室、厨房、卫生间、餐厅构成，虽然满足了共同生活和个体私密空间的要求，却失去了中国家居最重要的天地相应、合家团聚的传统，以纯粹的功能空间取代了伦理空间。中国幅员辽阔，各个地方生活的多样性，形成了四合院、石库门、窑洞、江南民居、永定土楼等多种多样的家居空间。无论这些空间存在多大的差异，唯独有一点是共同的，即它们都是突出天地相应、合家团聚意义的伦理空间。随着住房私有化改革，生活大院逐渐解体，城市空间日益碎片化，在经济结构、职业结构多元化的基础上，城市空间形成了明显的差异和分层格局，城市空间异化，发生功能性失调，又进一步加剧了社会空间的分异。从传统住宅到整个城市空间，都以功能为核心，围绕经济价值和使用价值而建构。为了最大程度地实现这些价值，按照"功能纯化"的理念建构城市空间，生动的城市有机体被分割成一个个孤岛状的封闭单元。和卡夫卡的"地洞"式隔离空间一样，这种现代城市的生活空间和方式，隐喻着现代人的身份分裂困境。孤岛化、碎片化的城市，丧失了最重要的功能——社会交往，无法形成社区文化认同，最终每个个体只能处于原子化状态而不能形成共同体。价值观多元化的时代，城市人成为只有业缘关系、没有情感关系的原子人，居委会主导的社区只有社会事务管理功能，不再能够形成情感共同体。美国社会学家卡斯特认为由于现代性观念主导的城市化与工业化被视为世界进步的一部分，就抹除了以地方为根基的传统与文化。个体化的意义则围绕着个人的计划、利益以及代表性展开，社区共同化的意义围绕着共享认同(a shared identity)展开，奠基在价值与信仰的系统上。这样就造成了当代社会个体化(individuation)与社区共同化(communalism)的对立发展。可见城市空间的重构，也是一个把完整的“人”进行从家到国的身心重构过程，传统的家国一体的伦理体系与新的空间生产发生了冲突。由于缺失了价值归属感和安全感，城市化运动虽然造成了大量新城市人，他们身处城市有自己的工作和居住地，却感觉处于异乡，乡愁格外强烈。因为城市人被“抽离”了传统社区的身份，只能在孤独的原子化状态中寻求“自我认同”。这是一个永远自我循环的、打不开的死结。今天城市里出现了很多“知青食堂”“朝阳新村”等类似于集体时代的城市商业空间，正迎合了冰冷的城市对情感共同体的热烈呼唤。只是这种商业空间只能是对过去的集体记忆的戏仿，能指完全抽空，苍白空洞，不能在新的城市空间落地和活化，只能成为寄托情感的消费符号。

列斐伏尔针对空间的意义再生产深刻地指出，空间不仅仅只具有“空间性”，更具有“生产性”，生产意义和价值。空间作为复合型对象，包含着“物质空间”“精神空间”和“社会空间”。封闭式管理的区隔空间，损毁的城市记忆，造成了融不进的城市和回不去的乡村，严重阻碍了社区共同化发展。物质空间再生产出精神关系和社会关系。如何修复碎片化、隔离化的城市空间，重建和谐的人际关系，是中国城市化面临的困境。只有“创建一个对所有人都开放的公共空间”，才是理想的现代城市，才能安顿城市游子的身心。

第四节　城市化中人与自然、传统融合的路径

大规模城市化运动兴起之前，因为低城市化率和交通体系的短缺，缺少流通，城市和乡村本土文化体系还各自相对完整地保留着。大多数城市人都居住在地方特色鲜明的乡镇或乡村型城市，这些可以说是本源意义上的特色小镇，有着完整的“原生态”文化，

一直以来都是独立的民俗社区。在经历了城市化歧途和严重的城市病后，现在提出的特色小镇理念是对田园梦想的呼唤，对传统社会里那种“十里不同风，百里不同俗”生活情趣的现代层次上的回归。希望通过对现代社会化大生产体制下的社会生活进行重构，找回真实的自我。这是费孝通先生从一开始就倡导的分层次的城市化、就地城镇化的正确方向，以现代城市里人们梦寐以求的安居乐业对抗住房困难、交通拥挤、污染严重等大城市病。中国的城市化道路走的是“用大工业化带动大城市化”的路径，人口、资源、市场要素向大城市高度集聚。这是一把双刃剑，虽然是全世界城市化的一般路径，也是造成城市病的根源所在。回看 1949 年，全国城市总数才 132 个，特大城市仅有 5 个；经历了高速城市化发展阶段后的 2012 年，全国城市总数飞升至 657 个，大城市达到 66 个。这些大城市产生的“虹吸效应”造成了小城镇的发展劣势、乡村贫困、空心化的严重后果。2011 年中国城乡人口流动规模达到 2.11 亿，而城镇间平行流动人口仅有 0.7 亿，可见绝大部分人口向上流动，进入了大城市，形成“大城市喘不过气，小城镇嗷嗷待哺”的严重失衡状态。中国的小城镇一共近 4 万个，如果能够提供现代社会生活的物质基础，形成就近工作、生活的社区，人们在自己熟悉的家园里生产生活，何来乡愁？

面对这种困境，有两种解决思路。一是安居乐业留住乡愁的原生态发展型特色小镇，二是郊野公园，是短期的放松回归，具有社会审美实践意义。

1980 年代，中国刚刚走上城市化快速发展道路之际，费孝通先生以对中国社会的长期深入观察研究，深谋远虑，未雨绸缪地提出中国的城市化道路应当是城镇化，应该在大城市、中等城市和小城镇合理的阶梯分布上实现整个社会的共同发展繁荣。过去的城市化在发展中走向极端，制造了更大的城乡差距，导致了世界上最大规模的人口单向迁移，不是未来城市化可持续发展的方向。只有合理、适宜的城市化才能在城市物质形态、空间规模扩张的同时实现城市从社会结构到市民生活的城市化，城市才能形塑现代公民社会，整个社会才能协调发展。只有这种以人为本的城镇化才能各美其美，打破等级化的城乡发展体制，保护小城市的文化基因和自信，而不是在大城市后面亦步亦趋。城市与农村不再二元对立，才能美人之美、美美与共地安放我们的乡愁。这是对以往片面城市化思维的重大反思和调整，是对田园梦想的高层次的回归。中国寻求一条新的城镇化发展道路刻不容缓，培育新生中小城市成为新型城镇化的新思路，也可以看做一种逆城市化。

"安居乐业"，居和业从来不可分离，以往的城市化恰恰分离了这两者。所以产业是特色小镇的灵魂，无论是具有特色的建制镇，还是聚焦特色产业和新兴产业的创业平台，都有自己的独一无二的秘籍。如浙江的江南药镇、云栖小镇、黄酒小镇、远洋渔业小镇、梦想小镇、艺尚小镇、青瓷小镇等，既保护了地方文化资源，又在社会化大生产背景下发展延伸，居民就地工作、生活于一体，从小生产方式向现代文化产业悄然转型而不觉，这种没有抛家离乡、没有撕心裂肺的生活经验和身份记忆的断裂而转变成城里人的幸福感、满足感、认同感才是城市化的本真。乡野、乡音、乡趣、民俗在新环境里仍然是一个生活共同体，形成自己独特的社区文化空间而不是对大城市文化邯郸学步，传统社会的文化基因都保留在这里。特色小镇最根本的特征是从空间形态上看还是乡镇，而在现代社会中进行的经济活动趋近于城市。城市学家、经济学家李铁先生认为，未来的小城镇将是中国经济发展的重点，特色小镇方向是对我国三十年城市化道路的总结，意义非常重大。当小城镇生活乡村化、经济活动现代化时，人们就不会再向往大城市了。

出于对现代性的强烈追求，我们曾经抛弃了乡村，抛弃了传统。现在，是时候将乡村重新引入城市了，罗隽先生提出了城镇化的三个图景，即回归田园的景观和空间图景，回归乡愁的人文图景，回归生活的诗意栖居图景。当我们的生活节奏、生活方式、价值观念、空间意识、市场规模、交通半径、人与自然的关系、人与人的关系、人与物的关系……在城市空间里仍然回归到传统时，小城镇就成了我们的家园。

郊野公园起源于英国。英国为了保护乡村免于陷入彻底人工化，1970 年代建立了 267 个郊野公园。这种公园虽然设计了一定的人造设施，但是更多地保留了农田、果园、鱼塘、村落等农业景观和林地、水系、湿地、野生动物栖息地等自然景观，通过提供便利的公共交通形成人们休闲游憩的生态空间，以实现人与自然的和谐相处。郊野公园是一个完全不同于城市人造空间的生态空间，让现代人从紧张的社会节奏里得到缓冲，短暂地回归自然以安顿身心。在“久在樊笼里，复得返自然”的桃花源梦想过于遥远的今天，具有提醒“人”的本源意义、返回道心初心的重要审美实践意义。郊野公园的自然景观、农业村落、历史人文景观为忙碌的都市人提供了休闲游憩空间，事实上是一个艺术空间，通过休闲使人回到人本身，做一次古典时代隐士的梦。如果说古人通过隐居离开社会、与现实拉开距离以治疗身心，现代人则可以通过休闲让忙碌于功利的生活停顿一下，如古典艺术中的“山居”“待渡”“空亭”，产生“问君何能尔，心远地自偏”的生命停顿，从而返回自我。所以这种梦幻空间在现代社会起着重要的疗救功能，乃至于有学者认为一座郊野公园所起的作用不亚于十所医院。十九世纪，纽约在城市空间快速扩张的同时，开始规划中央公园，遵循的理念是：一个城市要想在世界都市里占有一席之地，就必须更加注重人类劳动的更高成果，而不是仅仅注重那些赚钱的行业。城市里应该有大量的图书馆、教堂、俱乐部和酒店，不能只为一般的商业服务，也要为人文、宗教、艺术和学术服务。在这种理念主导下，中央公园以丰富多样的功能分区、完善的道路系统和天然的山水布局，深刻地影响了人与人的关系。

郊野公园之所以不同于隐居地，在于良好的生态环境彰显的自然特色，更关键的是它形成了一套绿色产业链，整合了农田、湿地、林地、水网等自然要素和地方文脉，完整保留了自然生态系统和人文环境的原真性，给市民以多层次的休闲、健身、科普等多样化户外活动体验，形成“新上山下乡”、以生态理念带动乡村发展的体制。这种“人与自然和谐共生的现代化”安放了城市人的乡愁。

未来上海将拥有 30 座郊野公园，或成为这座高速运转的世界魔都的减压阀。我所在的城市是有着独特的“四水浮一城”特色的水乡园林城市，利用丰富的天然河道湖泊水面资源，配合绿化和园林设计，已经建成 9 处郊野公园。广阔的绿地、静谧的湖面与高楼大厦相守望，安抚了我们紧张疲惫的身心。

经历了大城市病的欧美国家经过深刻反思，提出了低影响开发(LID)理念，海绵城市就是成功的典范。通过降低城市开发强度，减少对城市原有水生态环境的破坏，利用下凹式绿地、植草沟、人工湿地、可渗透路面、砂石地面、透水性停车场和广场等设施，增强雨水调蓄功能，形成柔软的海绵城市。如果说钢筋水泥筑就的“硬底城市”隐喻着人对自然的粗暴改造和进入，“海绵城市”则隐喻尊重自然，最大程度地保护利用自然条件，抑制人类的欲望和技术理性，与自然友好共处，人在自然环境里终于实现了软着陆。南宁等 16 个建设中的海绵城市是对冰冷的人造钢筋水泥城市的反思，江南水乡是传统的与水共生的生态城镇典范，江南小院里的天落水，徽派建筑的便于排水，濒水而居、踏级入水的小桥流水聚落，水巷穿宅而过的交通系统，水利灌溉、取水用水、水的利用循环系统等，形成一整套天人相合、自我调节的生态水环境，是我们今天建设有中国特色现代城市的宝贵历史财富。个体的社会化在居住体验中水滴石穿地形成，伦理社会的关系网络由家庭延伸到街市，最终形成友好互助的邻里社区共同体。这样的城市化才是人与自然和谐的家园，乡愁才具有审美的建设意义。

在翻天覆地的城市化大建设的时代，中国可贵地出现了一批有思想的建筑学家，王澍是其中突出的一位。他一直以建筑思考质疑着时代，他在“2012 年普利兹克建筑奖”颁奖典礼上的致辞深刻反映了他对建筑空间本质的认识：“建筑师不仅是一个技术执业者，而且要有更加宽广的视野，更深思熟虑的思考，更清楚的价值观和信念。我不仅设计建筑，也在设计一个保有多样性和差异性的世界，走向一条重返自然的道路。”在《中国城市传统文化已经崩溃，乡村文化还能抢救》一文里，他回溯了古典时代的中国城市观念，“建筑只占一半，还有一半应该是风景，两个加在一起才是一个城市的概念”，与今天的城市化模式相比较，就发现我们走入了误区，“我们一直讲城市化，我们想象的全世界都是一样的，结果回来发现，只有中国是这样的”。他认为只有保留并激活中国的城市传统才是真正的城市化。“我想走的一条道路，我称之为充满差异性的更亲近自然的道路。”①他以被大量拆毁“废弃”的“旧”建筑材料建成了中国美术学院新校区，以“新”建筑形式留住了“活”的传统，留住了材料上的时间所保留的生命痕迹。我不由得想起法国哲学家巴什拉用“我们把家神带走”的“家神”隐喻关于家乡的空间记忆，只有“家神”才能建造“在世”(being-in-the-world)，我们存在意义的家园，使家园在空间迁移中得以留驻和活化。王澍以自己的建筑实践在中国本土建筑中实现着“建造‘乌托邦’的思想”。在宁

① 王澍：《中国城市传统文化已经崩溃，乡村文化还能抢救》，搜狐网，2018 年 09 月 07 日。https://www.sohu.com/a/252591956_223648。

波，他把废弃的航运大楼改建成可以停靠船舶的美术馆；用五种不同建筑类型和工艺建成了象征阴阳五行的“五散房”；在水泥森林的城市住宅里，他把传统的前院后院引入楼群，以公共区域引导人们走出来交往，实现构建公共空间的社会逻辑、交往意义和集体记忆。更进一步地，他的思考由城市空间深入到了城市化本质：城市化绝不是单向地把农民推到城里去，真正的城市化应该是双向的：中国的城市化进程，应该在重新认识乡村的基础上推进——到乡村去把我们的传统文化找回来，把我们那种对自然的感受找回来，把我们的手工艺找回来，把我们生活里那种中国的味道找回来。未来的乡村，其实也是一种“隐形城市化”的状态，有山青水绿的生态环境，有文化传统的滋养，有现代化的生活。乡村建设好，城市才更美好，中国才更有希望。王澍呼唤“通过乡村建设、乡村改造，探索立足于本土的、充满差异的、亲近自然的道路。”[①]这个思路与经济学家朱小黄的观点不谋而合：“城镇化是经济发展的结果，而不是经济增长的手段”；只有“让城市更像城市，让农村更像农村，这才是经济发展的真谛”；“泛城镇化是浮躁的产物，是贫困社会的特征，是对现代化的误解”；“伴随泛城镇化的兴起，农村被抛弃，城市被泡沫”。[②] 这里的贫困既是精神的贫困，更是海德格尔意义上的人文的贫困。从这些不同领域发出的声音看，可以说中国知识界关于城市化已经达成了共识：回到中国传统，回到乡村，回到人文，形成中国人自己的空间哲学。从哲学层面看，人类重新关注自然和保护传统，正是对工业化、城市化发展到一定阶段的深刻反思。流水化、同一化的工业生产和同质性的城市空间，阻断了人与自然的接触，也遮蔽了自我。

---

① 王澍：《建筑设计带动乡村变革》，《人民日报》2018 年 5 月 13 日。

② 朱小黄：《泛城镇化的恶果》，蒙格斯报告公众号，ID：Mongoose Report。

传统文化在城市空间中的一种重要的保留方式是围合式。然而,如何围合,如何保留传统文化的内涵是考量城市管理者的价值观的重要环节。比如,逛庙会历来是北京重要的过年风俗,尤其是厂甸庙会。琉璃厂的旧书店、冰糖葫芦、大风车六百多年来在许多文化人笔下摇曳生姿绘声绘色,构成了北京人永远的春节记忆。2010年春节期间,政府出于安全、商业利益、交通等管理方面的考虑,竟然一声令下,把庙会的举办地点挪到陶然亭,实际上与陶然亭公园里原来的庙会合并到了一起。庙会主体变成了文化公司,庙会的运作与民俗没有任何关系,与作为民俗主体的"民众"没有任何关系。这种出于行政管理的举措事实上取消了厂甸庙会,严重违背民俗文化规律,背弃了民俗文化内涵,毁灭了城市民俗文化空间。

山西省的雁北地区,自古以来都有正月十五点旺火的习俗。旺火,民间也称做"火龙""燎岁""庭燎",早在《诗经》里就有《庭燎》:"夜如何其?夜未央,庭燎之光","夜如何其?夜未央,庭燎晰晰","夜如何其?夜未央,庭燎有辉"。大烛点燃在庭院里,周宣王勤于政事的形象与带来希望光明前程的"庭燎"联在一起。从清雍正年间开始,地方志里关于旺火的记载屡见不鲜。大同市怀仁县的旺火以规模宏大、雄伟壮观,上了中央电视台、山西电视台而著名,是当地最重要的传统文化记忆和旅游文化资源。雁北是煤炭产区,熊熊燃烧的旺火从一开始的祈祥仪式随着时代的变迁而附和了多重民俗意义,象征红红火火兴旺发达、祛邪消灾、来年安宁。当地民众在旺火点燃后围绕它"顺转三圈祈万事如意,逆转三圈求来年兴旺",在同一个神圣时刻参与仪式,巩固分享社区知识,强化共同体认同意识,形成了一种深刻的地方文化记忆。旺火本来处于各家各户自搭自点的分散自然状态,近年来,怀仁县政府每年在县政府中心广场点燃全市最大的旺火,已经成为地方文化符号代表。县政府为了突出大旺火，规定单位和个人不得在街道店铺前垒旺火，但在管理上又人性化地执行得很松散，到处都有小旺火。看得出政府对民众心理的理解，仅仅出于限制规模以突出政府重点罢了。小旺火与大旺火不但不矛盾，甚至可以说交相辉映，更突出了大旺火。县政府巧妙地利用了民俗文化资源，采用行政手段动员全县单位和民众全部参与，把点燃旺火仪式从原来的祈祥祛邪消灾、来年安宁转换成了规模巨大的具有民俗文化表演性、体现国家在场、展示地方经济实力和旅游资源的仪式。民众不但不排斥，同样通过参加活动产生地方文化自豪感。从民俗学上看，仪式的地点决定了仪式的意义。旺火仪式虽然还保留着民俗的意义，但是由于点燃旺火和转旺火行为空间的转移，意义发生了改变，"替换"进了现代性内容。如果说广场上的大旺火象征着怀仁县的现代"总体性"，民众以沿袭不变的转大旺火行为表示对这种改变的认同，同时转大旺火也仍然部分地保留了从前的内涵。政府利用民俗的外表对传统资源进行了再利用，也改变了民俗的性质，从民间习俗变成了城市新民俗，似乎转了一圈又回到了"庭燎"的本义。政府借用地方文化资源实现了地方认同凝聚力，民间利用政府的新民俗形式保留了"旧"民俗。在复杂的现代性场域里双方彼此心照不宣，普天同乐、娱己娱人。转小旺火是与信仰产生认同，转大旺火是与政府操作的现代性产生认同，以地方性的"大我"替换了民俗主体的"小我"，虽然仍然能够形成地方记忆和认同，但是毫无疑问，社火的家祭民俗性质发生了局部变化。

从南宋偏安江南一隅开始，温州的商品经济和市民社会得到了一个充分发展的历史时机，形成了具有东南沿海商品经济特色的市井商贸民俗文化。从清代同治年间开始，每年春节后的农历二月初一到农历三月十五，温州主要街道都要举行"拦街福"，街头巷尾家家户户摆放供桌，商品琳琅满目，社区民众共同分享食物通宵欢庆，参加者越多信仰力量越大，集民间信仰、娱乐游戏、城市商业活动于一体。作为一种民俗仪式，隆重的祭祀禳祈体现了对永恒的“天”的信仰。在固定的时间、繁华的街区里进行的拦街福活动，一方面体现出只有以虔诚之心拦住来自上天的“福”，才能抵御不确定因素比较多的海洋生产和商业社会中不可知的风险，所谓“春意渥，天降福。福在街头暗摸索，谁家拦去春常足”。另一方面世俗娱乐和商业文化的色彩也很浓厚，反映了民俗活动里日渐增长的市民文化因素，所以拦街福又具有商业民俗和城市民俗娱乐、狂欢的一面。街区里“张灯结彩，红缦遮天”，“夕阳西，欢声作，红男绿女相征逐。家置一灯设一桌，十家五家联陆续，最后一家崇台筑，上供福星神肃穆。”与农历二月的赛神庙会一样，接续了元宵节的狂欢。农业社会对“天”的信仰是拦街福的核心。由于相对封闭的地理位置，温州保留了很多拦街福的民俗，今天“恢复”的拦街福应该是这些民俗活动在现代社会里合理的延续和发展。但是，拦街福从街区被转移到了城市中心广场，主体变成了政府，迎春活动貌似保留了原形，如在街头搭台演出的戏曲“斗台”，在街区展示表演温州著名的非遗项目珠灯、温州米塑、绸塑、灯彩、“药发木偶”焰火、木雕、各种民间技艺、民间传统名小吃，但是作为信仰核心的“路祭”因为“不科学”而被取消，代之以现代“开路神”。因为“路祭”仪式的取消，街坊邻里的共享祭祀食品也被取消，城市中心广场主要进行展示和商贸活动，至于“士妇夜游，笙簧夹道”的狂欢更是完全消失了。“拦街福”从单一性的民俗文化混合了广场商业文化，内涵发生了部分改变，民俗文化的信仰、认同功能减弱，与城市娱乐文化、主流价值文化混杂为一体，构成了新的城市记忆。

许多城市在城市化过程中为了建成先进的、事实上严重同质化的城市，对落后的“城中村”必须扫除干净而后快，一线城市的广州也不例外。但是广州的很多城中村空间虽然消失了，城中村文化并没有完全消失，原来的社区民俗以新的形式延续保留下来，嵌入到新空间新社区，形成了多样化的城市文化。马涌扒龙舟民俗活动就是一个例子。

马涌扒龙舟民俗所在地桥头街社区，它的前身是“新滘人民公社联星大队”，城市化之后没有被圈留成城中村，建成新小区后变成了联星街道。村民们分散到城市各个地方，新建的商品住宅小区里，大量居民来自各地，并不了解当地民俗。随着联星大队被改造成联星社区，原来宗族祭祀的关帝庙也被拆除，只能异地重建。由一个叫做“联星小港片龙船会”的民间组织负责关帝庙的重建和龙舟民俗节庆活动的组织。传统的马涌扒龙舟民俗程序是：会首组织活动之前公布章程、活动所需款项，各家各户按照自家在宗族中的身份地位认捐，张榜公布。扒龙舟日献祭，龙舟巡游至关帝庙，宗族聚餐分食祭品。自始至终体现的是宗族信仰和身份认同。新的马涌扒龙舟变成了举行祭祀仪式后龙舟巡游至关帝庙，龙舟水手上岸吃饭，任何人都可以付10元钱共享龙舟饭。参加聚餐的人很多，主要人群有河涌岸边看游龙的白领、附近的中山大学学生、定居社区的外来移民。随着广州城市化的发展，这几年参加聚餐的人数有上升的趋势。可以看出这种参加聚餐虽然主要出于热闹、好玩的心理，但是参加者也了解了一些民俗知识，以外来者的身份参与了民俗活动。庙会的一项重要功能就是娱乐狂欢，这种加入就是一种娱乐，对民俗愿意理解和一定程度的知识意义的认同。扒龙舟活动越热闹，原来的社区民众自豪感就越强烈，民俗影响就越大。民俗活动本身是建立社区共同体、确立社区身份的重要形式，扒龙舟活动的新形式显然表明民俗参与者的身份发生了变化。当村社、家族关系消失在城市空间里，聚族而居的空间消失了，扒龙舟活动原有的那种族群文化的意义也没有原来强烈，但是民俗文化并没有消失。文化因子在城市空间里再生,扩大了民俗影响,参与者以接受民俗文化知识、体验民俗活动的心理参与,民俗已经不尽然是社区祭祀活动,而是带有城市空间里娱乐性、景观性的表演、展览性质。如果说“老”扒龙舟民俗体现的是身份认同,“新”扒龙舟会不会慢慢变成城市社区文化符号甚至文化认同、新移民会不会以此确认社区身份、形成一种圈子文化呢?这些都有待长时间的观察研究。显而易见的是,民俗移置到城市空间后,性质发生了多元化,趋向于神性与景观性相混融。民俗文化空间与都市空间构成了现代社会特有的“异时位”空间并置的体验。高小康认为“与个体化对立的社区共同化是一个重构集体认同的现象。传统民俗作为地方性场景的内容植入到了现代生活空间,都市市民在经历了抽离传统的个体化过程之后又进入了一个回归社区共同化的循环。对于那些从旁观者逐渐成为参与者的都市市民来说,这是一个重新在地化的寻根经验。”①可以认为城市中的人不尽然都处于原子状态,仍然可以通过各种乡土记忆与传统社会保持联系。

北京把厂甸庙会连根拔起“植入”陶然亭,完全把民俗看成一个可以随便挪移的盆景,民俗空间抽空化,成为可笑的“恶托邦”。这种把空间化约为同质的、碎片的、经济理性的空间,使得“经济空间与政治空间倾向于汇合一起,而消灭所有的差异”。② 都是出于现代性的对城市统一化、有序化改造的空间生产理念,完全没有“从社会需要的角度对生产的社会管理”。③ 反观怀仁旺火、温州拦街福、广州马涌扒龙舟,这些民俗的混杂和复活,在日益同质化

① 高小康:《空间重构与集体记忆的再生:都市中的乡土记忆》,《学习与实践》2015 年第 12 期。

② 包亚明:《现代性与空间生产》,上海:上海教育出版社,2002 年,第 55 页。

③ 包亚明:《现代性与空间生产》,上海:上海教育出版社,2002 年,第 67 页。

的城市空间，嵌入了温暖的传统身影，形成了前现代和现代空间并置的“异托邦”（heterotopias）。说明在业已碎片化的城市，“创建一个对所有人都开放的公共空间”的现代城市理想仍然是可能的，既围合又开放的城市空间完全可以通过努力而形成，传统民俗仍然具有社区共同体凝聚力。

英国马克思主义学者托尼·班尼特在《文化　历史　习性》中认为“习俗”有强大的社会治理功能，对西方近代市民社会的形成有重要作用。民俗作为传统文化的重要组成部分，应该是一个大力发展、强化的空间。西方由相沿成习的结构性与机械性的规则“惯习”走向自治，仍然是制度的、理性的社会。民俗如水的“柔性”能够缓解制度的理性，利于民众接受。民俗在城市中的保留起着相当重要的作用。我们向往的城市化正是重建人与人之间的和谐关系的城市化。具有东方儒家文化背景的弗兰西斯·福山在《历史的终结及最后之人》和《信任》中提出了一种“现代”与“前现代”或曰“传统”互相协调平衡的状态，认为“法律”“契约”“经济理性”等现代理性规范与“互惠”“道德义务”“社会责任与信任”等东方传统伦理道德规范并不冲突，完全可能互相交融，从而在东方文明中实现“现代与传统的共存共荣”。“现代化也意味着社会越来越世俗化以及科学和理性的主导地位”，“现代化的传统想象是以欧洲为中心的，反映了欧洲自己的发展模式。它确实包含了试图用狭隘方式定义现代化的因素。……世俗化不是现代化的前提条件。”①人类学家萨林斯同样认为：“在一般意义上讲，‘晚期资本主义’最令人惊叹之处之一就是，‘传统’文化并非必然与资本主义不相容，也并非必然是软弱无力易被改造的。”②我们需要想象和重

① 弗兰西斯·福山：《现代化不一定非要先世俗化》，《社会科学报》2019 年 8 月 16 日。

② [美]马歇尔·萨林斯：《甜蜜的悲哀》，王铭铭、胡宗泽译，北京：生活·读书·新知三联书店，1997 年，第 134 页。

构一种新的健康合理的城市空间，重构城市社会的主体性，才能真正建设有中国特色的城市化。

无论吉登斯把全球化语境里的地方性描述为时空分延(time-space distanciation)还是脱域，都点中了在场和不在场、全球性和地方性纠缠在一起的现代性时空特质。福柯把全球化里的地方性描述为共时(simultaneity)、并置(juxtaposition)的时代，接近与远离、紧靠与分散的时代。在这种混杂的场域里，统治生命的时间变成了外在于我们的工具，造成主体分裂，不再内在于“人”的体验、情绪和意识中。海德格尔认为，人的时间观念首先是生命体验的结果，每个人都有独特的体验，这一独特的经验构成了时间观念的基础。尤其是体验性、价值性的东方时间观念，构成了生命美学的基石。柏格森把体现生命本质的、不可重复的、相互渗透的体验时间叫做“绵延”。只有重建城市空间，消除现代性和传统文化的对抗，恢复城市记忆，才能在现代化都市中为乡土文化的共生并存保留一席之地。

现代性主导下的城市化不但把空间同质化、理性化，时间更成为现代性的工具，实现经济价值的手段。作为时间系统中重要节点的节日，与空间一起规训着人的社会性。城市中的节日处于脱域、共时、并置的场域中，会表现出怎样的状态呢？起源于农耕文明的中国传统节日基本上都属于神圣时间，具有天人合一的哲学意义和重要的伦理意义。节日仪式产生的节日空间与节日时间一起打破了日常生活的同质性，起着提醒存在的重要意义。城市化语境里的节日，传统观念与现代性相互冲突，导致了大量的行为错位，节日的神圣意义在流失。

春节是传统节日时间体系里最重要的符号。脱离了土地的农民，以脱离家族共同体和乡村社区的个体身份进入城市，以固定的工业作息时间取代了农耕节律，生理心理都发生了改变。但是春节祭祀和家族团聚的强大文化传统，使中国形成了“春运”这个全球最大的人口流动现象。“春运”最早出现在 1980 年的《人民日报》，城市化刚刚起步阶段。“春运”是现代中国和传统中国的叠影，“春运”四十年的演变清晰地画出了“人”在城市化历程中的空间移动痕迹。在城市人口已经超过乡村人口的今天，社会结构和城乡空间形态发生了巨大变化，城市强大的话语权使得传统春节发生了向现代春节转化的趋势。现代时间系统重新安置了人在空间的位置，导致生产和生活方式发生了变迁。传统与现代的时间区隔，意味着乡村与城市的空间区隔。春节虽然还是农业节律，但是内涵发生了改变，随着科学理性观念的传播，对天地和祖先的神圣敬畏逐渐淡化，根源于农业文明的年俗内涵慢慢消失，春节可能从神圣时间逐渐向休闲时间转变。返乡的城市打工人与乡村人没有了共同生活经历，更由于前者的经济优势取代了传统的长者伦理优势和乡村社会话语权，除夕的祖屋聚餐可能仅仅只剩下一个表面上的形式，失去了凝聚人心的功能。随着农民进城务工，乡村宗族群体四散不再聚居，以经济关系取代了宗族人情交往和公共事务。经济实力的增长可能使得祭祀仪式越来越豪华隆重，但是也失去了敬畏凝聚功能，更多的表现为经济实力的展示和仪式。传统农业社会依赖土地，靠天吃饭的农业，收获的不确定性使民众对天地全身心地信赖和敬畏。现代性起源于工具理性，现代制度本身就是一套人为的制度，互相充满了对立和矛盾。所以现代陌生人社会完全是一个风险社会，依赖陌生的专家和抽象的制度提供保障，然而带来的是更多的不确定性，个体由对不可怀疑的“天”的信赖变成对制度的有限信任。传统的个体向共同体寻求安全感变成向自我寻求安全感。

城市文明起源于人与土地的分离，人与土地分离意味着传统文化失去了源头。工业生产服从科学，商品流通服从经济规律，所以城市文明是理性文明。传统节日和国家制度节日对民众而言，很大程度上都变成了休闲时间。然而春节作为最重要的时间节点，最强大的文化传统和文化记忆，最重要的民俗符号，永远是生活意义的彰显和提醒。中国人仍然需要慎终追远，仍然需要熟人社会给予的安全感和社区的认同，传统的敬畏和禁忌仍然规训着我们。有学者认为乡土中国并没有转型为城市中国，而是叠合为城乡中国。民俗体系构成的乡土社会是一个本源的时空，现代性构成了城市时空。从传统社会进入城市社会，意味着进入了另一个时空。无数学者从不同学科进行的研究都证明，两种文化传统并不是互相冲突不相容的，而是形成了具有“多层次文化的渗透、吸附与再生能力”的“文化生态壁龛”(高小康语)这样的混合空间。很多城市在扩张过程中保留了原来的乡村，形成都市里的民俗空间。随着移入民的聚居，形成了另一种城中村，在陌生的现代城市空间里重建了熟人社会，类似于国外的唐人街社区，广州市的外国人集中居住社区。上海开埠以来一直与城市共同生长的闸北苏北人聚居区，与上海都市文化长期相融合，形成了注重心理真实和情节严谨的海派淮剧。武汉市、西安市的河南人聚居区，在保留了大量家乡民俗的基础上也吸收了当地民俗文化成分，形成了具有新质的在地化民俗。

春节民俗在城市中的重构，意味着传统春节发生了向现代春节的转化。虽然城市家居空间格局改变了，仍然可以举行家祭和聚会，小区公共空间仍然可以举行宗族活动。虽然敬奉祖先的礼仪可能有所简化，但是仪式的背后仍然是家族的身影和家的温暖、安全感。现代知识体系规训的人经历了社会的风险，仍然信仰“天”的神圣。当新媒体进入春节活动，直接替代了面对面的拜年，以电子互动替代了交往，给传统的熟人感情交流活动添加了娱乐游戏色彩。与传统不同的还有“逆向春运”，老人长辈离开故土到年轻人所在的城市过年。“家”的所在意味着“根”,这种新现象颠覆了传统的家庭团圆观念。所有这些形式的改变可能使得传统的“年味”变淡,但是春节本源意义上的核心元素仍然保留着,它仍然是中华民族的精神皈依,是我们强大的情感和心理依托。

2002年,漂流在北京的、来自全国四面八方的打工者们自发创办了“北京工友之家”,探索着建设一条自我创造文化之路。他们在国家性、政治性节假日里举行群体联欢,释放自我,找到了久违的共同体的温暖和安慰、信任。这种出自内心自发需要的聚会完全不同于旅游消费文化背景下,城市民众原子化家庭的消费式旅游,而是类似于传统节日的家庭团聚和现代狂欢节的融合。在巨大冰冷的城市,在阶层区隔越来越明显的当下,这些无根的漂泊者需要在乌托邦空间里得到同质化群体的认同,安顿自我的身心。城市空间里的制度性节日的政治意义被稀释,染上了传统节日的团圆、娱乐色彩,脱域的乡村情感就这样与国家制度共时、并置,建构了温暖的工友情感之家。2016年春节期间,中央电视台在浙江省缙云县官店乡土戏曲春晚现场直播“春节:我们的节日”,更是一个意味深长的符号。这场晚会不同于春节晚会的国家宏大叙事,而是以民间话语叙述了乡土故事。在神圣的春节时间与国家话语并存,彰显了乡土的价值。

从以上分析来看,我们认为,通过创建既围合又开放的城市空间,保护城市文化记忆,建构新型温暖而互相信任的人与人之间的关系,是具有中国特色的城市化的发展方向。中国文化的多样性决定了中国城市空间和生活的多样性。无论哪一种城市发展模式的根本目的,都是引导作为现代化标志的城市向自然高层次回归,以实现游子的家园依恋,诗意地栖居。周伟林把这个历史过程归纳为“中国的城市化可以理解成原住民对生存和流动空间的经验培养过程,传统上乡绅、乡贤行善积德以及普通百姓人际交往所积累的社会资本对于在村镇生活的人们而言具有难以估量的价值，因为牺牲社会资本代价很大而又无法补偿”。①

现代性空间引发的浓郁乡愁虽然沉重，但是也有积极的正面价值。它启发了人的精神自觉，引发了对自我和空间的反思，进而反思“人”的自我存在。城市空间中的乡愁具体体现为城乡一体化的实践困难，如城市文化传统的中断，重建伦理空间以安顿人心，纠正经济理性化偏差，实现传统文化在新语境里的传承和新生，等等。而事实上文化传承经常被经济化为文化创意产业化，空间再生产很难实现空间正义，形成了多重复杂纠结的话语场。布尔迪厄指出，“社会空间是由人的行动场域所组成的，我们在观察社会空间的时候，首先必须看到建构这些社会空间的区分化原则，把这些原则当成观察社会空间的基础”。② 整个城市化过程经历了巨大的空间再生产，破除了原有的图像，再生产出新图像，形成一套新城市话语。列斐伏尔认为，空间作为形塑人的话语符号体现了复杂的象征意义，空间的权力正义正是这样实现的。这就是空间的意义即再现空间(representational spaces)。微观的自我只有在时空中安顿了自己的身心，才能接通与宏观世界的关系，才能“仰观宇宙之大，俯察品类之盛，所以游目骋怀，足以极视听之娱，信可乐也”，发现“天高地迥，觉宇宙之无穷。兴尽悲来，识盈虚之有数”。在无“碍”的空间里，个人的记忆就这样因共同家园的连接而产生了深刻共鸣，进而外化成浓郁的家园、地方、民族和国家的共同情感。城市化只有努力创造再现性意义空间，通过这些温暖的人化空间，指向我们心里最温暖隐秘的乡愁。只有这样的城市化才是有温度的城市化，才是向着形成共同体方向发展的城市化。

---

① 周伟林：《中国村镇的生与死》，《文化纵横》2018 年第 3 期。

② 高宣扬：《布迪厄的社会理论》，上海：同济大学出版社，2006 年，第 136—137 页。

陆邵明呼唤的“构建公共空间的社会逻辑、交往意义与其集体记忆”的城市化，“自然而然本土化的城市化模式，才是好的城市化模式！”①

① 陆邵明：《乡愁的时空阐释与新型城镇化建设》，《文汇报》，2015年12月30日。

第五章 乡村社会的乡愁与重构

权力必须被分析为一些循环的东西，或者宁可说，被分析为一些只有以链锁的形式运作的东西。它决不会停留在这儿或那儿，决不在任何人的手中，决不适合作为日用品或财富。权力通过一个像网一样的组织而得以使用和行使。

——福柯

消费是一种[建立]关系的主动模式（而且这不只是[人]和物品间的关系，也是[人]和集体与和世界间的关系），它是一种系统性活动的模式，也是一种全面性的回应。

——鲍德里亚

再现空间，体现出复杂的象征意义，有符码化的也有没符码化的，它们与社会生活的隐密面或底层相连，也与艺术相连（后者可能最终会被认为是再现空间符码而非空间符码）。

——列斐伏尔

第一节　传统乡土社会遭遇现代性

中国传统的社会结构建立在农耕文明的基础上，与延续了几千年的生产力水平相适应，形成了自给自足的小农经济结构和义理互助的乡村伦理治理体系。中国的农耕稼穑文明在世界上延续了最漫长的时期，创造了辉煌灿烂的古代文化。一直到近代，猝不及防下被动地与现代性相遇，这一套文化体系才经历了被彻底否定、上下沉浮、反思、否定之否定、再重建的复杂历程。目前方兴未艾的各种“新农村建设”“美丽乡村”“乡村振兴”“乡村主义”“特色田园”“古村之友”等潮流，就是以传统农业社会的正面价值观念对统治一切的庞大现代总体性进行修正的实践。无论是务实的“乡村建设派”，务虚的“乡愁派”，还是希望恢复患难相恤、乡村自治的“乡贤派”，都身体力行地以自己的知识和行动进入了乡村文化重建的现场，形成了多重话语合奏的乡村文化再生产场域。

传统农业社会里的村落一直以来是中国人最重要的生产、生活空间。《汉书》载：“或久无害，稍筑室宅，遂成聚落”，记录了村落的起源。“聚落是按照一定关系组成的、共同体居住生活得以实现的空间，是人类居住生活方式的物质实体。”一般认为村落是“固定在特定地域、较大范围的社会构成单位”，“以地缘关系把一个家族或不同家族、亲族集团组合起来的生活共同体”。[①] 生产力水平低级的时代，家庭构成了独立的居住、生产、消费单位，当家族、亲族、姻亲关系发展到一定阶段，就形成了一定数量的家庭共同定居在

① 王秀文、徐晓光：《日本村落社会组织及其传统特征——兼谈村落文化传统对现代日本社会的影响》，《日本学刊》1991 年第 3 期。

同一地缘,形成了自然村落。村落天然内在地连接着地缘关系和血缘关系,以种姓、血缘为基础构成乡村社会最基本的社区单位,基于不同的自然地理环境形成了不同的地方文化小传统。无数的小传统汇聚起来,共同形成了传统社会的生产基础和文化体系,是农耕文明的生成之根、发源地、涵养地。所以村落不仅仅是“自足的生活空间”,“在与外界市场、国家政权发生联系以及受婚姻圈、灌溉系统等影响的同时,自身内部基本上形成经济上和社会文化上的自我满足的生活格局”。[①] 从村落内部的人际互动方面看,“各种精神文化生活无一例外,从一般形式上看,都是个体与群体之间加强交往和加深互相了解的表现”。在村落空间里形成了一套自洽自足、自我循环、漫长的超稳定性或者从负面看具有惰性的文化体系,很少受外部因素影响而改变,具有内生性。

中国传统的由祖父母及子孙构成的大家庭,内部派生出很多小家庭,家庭结构逐渐复杂化。随着世代的延续,支系繁衍,共同祖宗在世就形成了大家族。祖宗代表世系、源头,与当下是连续的,具有神圣性。世代继续延长,以宗祠为符号继而形成氏族共同体,象征着从血缘向地缘转化。一旦达到这种规模,家族就不仅仅局限于家族,而是构成了社会,费孝通先生在《乡土中国》中归纳为“熟人社会”。他把中国传统社会结构与西方社会结构进行了比较,认为这种以聚居的集团即村落为单位,人和空间联系在一起,处于安土重迁不流动的状态,社会形成了以宗法群体为本位,以亲疏关系为主轴的网络关系。人与人之间的关系形成差序格局,社会关系呈松散的涟漪图式。人与人之间的边界依据是“熟悉程度”,一个个小社区形成了熟人社会,以礼治理社会,礼治秩序成为主导,社会在伦理规范中有序发展。费孝通先生把传统社会形态

① 刘铁梁:《村落——民俗传承的生活空间》,《北京师范大学学报》1996 年第 6 期。

命名为乡土中国，与马克思论述的亚细亚社会方式一样，都是与西方社会形态相比较得出的认识。村落共同体是基于“乡、土、人”三者关系而结成的利益共同体，其中的礼俗和民间信仰形成了社会最基本的生活伦理，具有道德教育、“成人”的功能。所以，“从基层看去，中国社会是乡土性的”，“乡土社会的生活是富于地方性的”。“乡”是指在“土”这个世代共同生活的村落空间里所形成的“乡里乡亲”的社会关系，所以“乡”与“土”是一个密不可分的情感、伦理、地方文化共同体。“历世不移的结果，人不但在熟人中长大，而且还在熟悉的地方上长大，熟悉的地方可以包括极长时间的人和土的混合。祖先们在这地方混熟了，他们的经验也必然就是子孙们所会得到的经验。……他们个别的经验，就等于世代的经验。经验无需不断累积，只需老是保存。”村落不仅是生活空间，更是共同体成员的心理空间、民俗空间。这个生活共同体里世代积淀的生活知识、宗教信仰、民俗历史传说、道德伦理观念等，通过日常生活、民俗、仪式等重复性实践，内化为共同体成员的集体无意识，形成惯习并代际延传，形成了具有地方特色的乡土文化。村落既是乡土文化之根，又是其生成、发展、传承的重要载体，乡村生活孕育着社会最基本的道德伦理和生活秩序。正是在这个意义上，《管子》的“万民乡风，旦暮利之”，《老子》的“修之与乡，其德乃长”，《孟子》的“乡里同井，出入相友，守望相助，疾病相扶持”，都勾画了乡土社会的结构和运行逻辑。社会治理核心是“善治”，伦理性的合目的性的“善”，偏向于引导纾解而不是制度性的规范治理。村落的社会结构孕育了“修身、齐家、治国、平天下”的人格结构，进而治理社会，体现了村落的教育功能和服务社会功能，形成社会主导文化的源头，人格培育与社会生活形成良性循环，构成了社会学意义上的地域社会。这是一种基于新型地缘关系而建立起来的地域团体的社会结构及关系性总体，学术界称之为“地域共同体”。地域共同体具有这些基本特征：(1)地域社会的动态性。所谓地域社会的动态性是指，地域社会学所关注的地域社会是一种不同于自然地理学科中的静态物理空间，也是一种有别于传统乡土社会，而是一种新型地域社会空间结构——流动的、重叠的、复杂的、变迁的，甚至是充满社会互动、利益博弈以及价值冲突的动态地域社会空间。(2)地域社会的统合性。所谓地域社会的统合性是指，实践中地域社会空间的动态性、复杂性、变迁性等特征是由城乡统合化变迁而引起的，且这种统合化变迁是建立在都市过密化和乡村过疏化的特定基础上的，其统合动力则来源于城乡地域社会经济结构转型。(3)地域社会的关联性。地域社会的关联性是由其动态性和统合性决定的，即地域社会是一个将都市和村落统合起来的连续统一体，是相互联结、深度融合的有机整体。①

由于村落社区的宗族、人伦社会关系网络的“天然”合理性，乡村处理事务时人们基本上根据习俗惯例等非正式制度揆理度势，这些“人们在长期的社会生活中或无数次的博弈中逐步形成的日常惯例、习惯习俗、伦理道德、文化传统、价值观念、共有信念、精神状态、意识形态、社会潜网等对人们行为产生非正式约束的规则或非正式网络，它约束了人们行为选择的大部分行为空间，对人们行为产生更为普遍的影响，既是正式制度形成的基础，也是正式制度有效发挥作用的必要条件”。② 家庭与生产联系在一起，农业劳动是社会生产方式，家是社会关系的基本单元，构成了农耕文化的小农经济生产关系。生产关系与伦理关系联系在一起，塑造出了一种特定的社会价值，这种社会价值基于家庭纽带以及老幼远近的

① 田毅鹏：《地域社会学：何以可能？何以可为？——以战后日本城乡“过疏-过密”问题研究为中心》，《社会学研究》2012 年第 5 期，第 184—203 页。

② 饶旭鹏：《农户经济行为与农村社会治理研究》，北京：光明日报出版社，2016 年，第 130 页。

秩序，衍生出一个由近及远的亲缘关系网，形成了一套基于乡村伦理的社会规范和秩序结构。宗庙作为村落神庙，构成了社区的物理空间和信仰空间。村民的生命不仅仅是自然生命，生命结束后进入宗庙，成为与诸神同在的“永恒”生命。这种不断地向源头回返的祖先崇拜，具有纯粹性，起到了净化提升生命意义的功能。拉德克利夫—布朗认为，仪式是社会秩序的体现和外化，个体通过仪式认同信仰文化和个体社会身份，进而构筑社会结构。在以“礼”治天下的传统中国，这一点尤其突出。胡彬彬从起源和功能上把中国传统村落解读为“中华民族先民由采集与渔猎的游弋生存生活方式，进化到农耕文明定居生存生活方式的重要标志，是各民族在历史演变中，由‘聚族而居’这一基本族群聚居模式发展起来的最为稳定的社会单元。作为社会单元内在结构最为紧密的小群体，中国传统村落的空间形态多样、文化成分多元，蕴涵着丰富深邃的历史文化信息。它们通过相互关联、内在互动，不但传承内部文化，发挥社会功能，成为社会有机体的重要组成部分，还是中国传统文化最根本的基础，是‘修身、齐家、治国、平天下’的人文理想最具基础性和根本性的文化依托，是我国传统社会乃至现代社会的社会品质、正统文化以及政治精神的基本载体和驱动力”。“传统村落是不可再生的文化资源，体现着一个地方的建筑格局和活态传承，反映着人与自然的和谐关系。”[①]刘晓春认为，民俗学界把村落定为基本研究单位，它的学术意义在于强调研究对象的时空限定性，以便于进行在一定时空范围内的整体研究。所以村落空间既是物理的，也是虚拟的；既是实体的，也是心理的，形塑了共同体成员的心理和习惯。

① 胡彬彬：《传统村落的急剧消失，意味着什么?》，古村之友公众号。ID：Friends of Spirit Community。

自从传统中国遭遇现代性以来，原来唯我独尊的天下王朝变成了世界上众多民族国家中的一员，高贵的礼仪之邦变成了乡土中国。这个概念通过费孝通、萧公权的阐释而走向世界，传统中国被视为现代性的参照系。乡村社会在向现代工业社会转型过程中，生产关系的改变造成了整个社会伦理体系的改变，乡村社会处于被蚕食、侵蚀、趋向于瓦解的状态中。这是传统农业文明转型的疼痛，整个中国社会对乡村社会问题的思考、探索从来都没有停止过。民国时期，接受了西方知识体系、反思农业文明的知识阶层自发地进行了乡村建设改造试验，从晏阳初、梁漱溟的民间试验到官方主持的一系列县镇建设实验，形成了一条对乡村向何处转、如何转型的自觉探索路径。但是，无论是知识精英，更不用说从执政理念上就奠基于现代性基石上的民国政府，都是立足于现代性视域上的乡村改造，目的都是实现工业化，以“先进”的现代文明体系改造落后的乡村。虽然在具体观点、认识、措施方面可能有所不同，但是对乡村进行现代性的“去传统”、建立一套新的价值观念却是一以贯之的。如晏阳初认为“民为邦本，本固邦宁”，通过乡村运动治病救人，改造农民，开化乡村，进而改造中国，实现民族之再造。梁漱溟认为乡村建设即中国社会之建设，乡村是中国社会的主体和根基，乡村一旦实现了自在自为自治，整个社会就顺理成章地实现了治理。无论是强调“民”的重要性还是强调乡村原本的价值，这些改造都是外在于乡村的改造，立足于现代启蒙立场，对农民进行观念上的改造。可以想象，如果农民一旦接受了现代观念，必然对乡村的传统文化进行改造，长此以往传统的乡村也就趋向于瓦解了。所以这些改造实际上加速度地侵蚀破坏了乡村文化的根源。二十世纪三十年代知识界发起的关于中国社会前途问题的大讨论就是在这个背景下发生的。茅盾的《子夜》和“农村三部曲”从艺术社会学视角反映了精英的文化立场，真实地再现了乡村的凋零和本土工业化道路受多方面因素掣肘、举步维艰的进程。在以直线性、进步性统领的现代价值观里，乡村已然失去了存在的合法性，农村、农业、农民三个“落后”要素与工业化相纠结，一直影响着国家的现代性进程。

在现代性成为时代的绝对主导话语，工业化、城市化被视为历史的“必然”趋势时，乡村必然相应地失去了内生动力，逐渐丧失了合法本源性。这个历史进程引发的绝不仅仅是生产关系的变革，从根本上看引发了整个社会形态的演变、农耕文明向城市文明的演变。农民进入城市、脱离土地和乡村社会后，“熟人”关系虽然还存在并且在一段时间内可能仍然维系着，但是由于“乡土”的流动导致家庭结构和亲族关系发生了改变，伦理治理必然失去了土壤。脱离了熟人社会的道德约束，生产、生活方式的改变引发了乡村信仰、伦理体系逐渐消失。传统的乡村宗族关系趋向于解体，乡村结构破碎化，村落的原生性、文化创造性逐渐瓦解，社会主体趋向于流动，农民主体多样化的同时，也去中心化、去主体化了。乡村一直是一个生活的共同体，当乡村出生的“城一代”不再生活在“土”里时，就会对“乡”的一套仪式民俗知识慢慢陌生化，乡村文化发生裂变甚至倒退，动摇了整个社会伦理的基石。人口结构也因为流动性人口取代了街坊邻居的社区人口而导致陌生化，社会关系由熟悉性向陌生性转变，原来的乡土熟人社会向半陌生人社会转变，乡村从“共同体”走向“原子化”，社会结构由紧密性向松散性转变。从 1978 年的 18％城镇化率到 2011 年的 50％城镇化率，剧烈的城乡变迁造成了无数的没有人的乡村。当乡村生活空心化、乡村文化内涵抽空，乡村社会日渐萎缩、凋敝，中国的乡村正在经历着数千年来未有之大变局。由于经济文化发展的不平衡，中国现代社会长期以来城市农村二元分化，传统乡村文化处于弱势，“在城市化的大规模推进中，乡村社会逐渐丧失了文化培育的独立性和自主性，丧失了自己的话语表达和文化自信。”[①]在目前后现代多元文化中心的语境里，中国的城乡结构正在发生深刻变化。社会一旦流动起来，主体与自我无法认同，就瓦解了同一性本真性，封闭的地方性社会生活被打破，由原来的同质性社区生活转向异质性，进而再转向同质性的现代公共生活。社会空间由地域性转向公共性，原来的地方特征可能成为经济资源，嵌入到现代社会里成为“凝视”的对象。如何拯救乡村的衰败是我们必须面对的迫切的时代问题。

然而，辩证地看，如果我们把以乡为基点的伦理关系空间和以土为基础的生存依托认定为乡土社会的两个遗传基因，假如这个格局没有改变，可以认为农业社会生活形态也没有消亡。但是，乡村治理面临着传统共同体逐步瓦解、新的治理秩序尚未形成的困境。在开放的市场经济条件下，村民的自我主体意识觉醒，对村庄的共同体意识削弱，乡村从“共同体”走向“原子化”，乡村传统的经济伦理一体的家庭结构、社会结构逐渐瓦解。家族、血缘、地缘关系被同学、同事、业缘关系取代，传统乡村共同体凝聚力减弱。发展观念主导的进步性、直线性、竞争性，个人主义与传统伦理的群体性、统一性是两种完全不同的价值观念，不可避免地形成了冲突和矛盾。

正是在这种语境里，为了促进城乡社会的发展平衡，2005 年 10 月，中共十六届六中全会提出了社会主义新农村建设方针，标志着在国家认识层面上对乡村的定位发生了巨大转变。2006 年出台了取消农业税的政策，意味着结束了长期以来为了工业化而从乡村“取”的历史阶段，开始以工业化积累的“予”回报、发展乡

① 赵霞：《传统乡村文化的秩序危机与价值重建》，《中国农村观察》2011 年第 3 期，第 80—86 页。

村。针对乡村发展中出现的诸多新问题，2014 年 12 月，中央农村工作会议上提出了“物的新农村”和“人的新农村”概念，以纠正经济理性造成的偏差。2017 年 10 月，十九大报告中提出了乡村振兴计划，首次提出“城乡融合”，相对于以往的城乡统筹，体现了观念上的重大转变，意味着以市场和资本的进入把乡村拉到发展之路上。2018 年，出台了《中共中央国务院关于实施乡村振兴战略的意见》《乡村振兴战略规划（2018—2022 年）》，部署了一系列重大工程、重大计划、重大行动，形成了乡村振兴战略的政策框架。可以解读为在发展理性推动下开发乡村，使乡村和城市一样产生价值和市场需求，把占中国广袤土地上绝对多数的乡村都纳入了现代性轨道。

总起来看，由于长期以来的工业化、城市化造成的政治、经济、文化和社会发展全方位的不均衡，造成了乡村生命力的衰退，传统农耕文化的断裂，有丧失文化本源的危机。十九大报告指出：“文化是一个国家、一个民族的灵魂。文化兴国运兴，文化强民族强”，给这种发展模式敲响了警钟。客观地看，农民进城就业使得乡村发生了生产方式的历史性变迁，农村人口大规模向城市转移造成了乡村萎缩、凋敝，农村人口城镇化是历史发展趋势，乡村必须在现代性语境中转型。如果我们承认发展是现代主题，乡村就必须在发展中生存。这一系列转变意味着转向以乡村为本体，从乡村立场出发建构现代性下完整自主的乡村。李小云教授把这种转换定义为国家主义的新乡村主义，一语中的，准确地把握了乡村振兴的主旨。

如果说国家主义的新乡村主义是国家层面的认识和发展政策，民间也从不同的立场对乡村建设发出了自己的声音。正是因为处于多重话语的复杂语境里，我们才必须冷静地思考，理清乡村所处的逻辑，才能探寻正确的发展路径。

学术界一般认为，从世界范围看，那些已经实现了现代化的国家，它们的农村不但没有发生我们想象中的衰败，甚至由于乡村和城市的共同协调发展，城市人口在逐渐向乡村回流，比如日本、德国。再比如，1926 年，世界上最老牌的工业国家英国发起了乡村保护运动，成立了乡村保护协会，促进政府颁布了一系列环保法律，推动了树篱保护运动、湿地保护、乡村生活质量保护运动。正因为这些观念和努力，才保留住了英国绝大部分的乡村景观和乡村生活。这些“原生态”的美丽乡村，是英国文化生生不息的生命力之源泉。工业革命之前，乡村是生产生活统一体；城市化之后，乡村的价值在于生活，作用于人的内心，有机融入人们的心灵和当下的生活。正如英国谚语云：一个家族离伦敦 50 里，可有 100 年之久；离其 100 里者，可有 200 年之久。点出了乡村文明是英国文化之根。但是这些国家农村的转型模式和治理规律可能也并不适用于中国。中国的农业人口规模居世界第一，乡村现代化、乡村发展规律只能在实践中依靠自己去探索。虽然乡村城市化可能造成了乡村空间的改变或消失，但是如果仅仅是景观意义上的消失，那恰恰证明了乡村改变的合理性、必然性。假如我们认为乡村作为文化传统之根的功能还没有消失，就必须从乡村主体出发，尊重乡村原有的逻辑和规律，挖掘乡村自身的价值，寻找激活乡村生命力的内生动力源泉，发现仍然保留着价值的乡村生产、生活方式、情感结构、文化心理、世界观，使之与现代话语嫁接、融合，才能生长出新的价值，让乡村文化在现代文明体系中重新找到自己的位置。所以对乡村文化如何理解和改造是关键。乡村作为中国农耕文化的传承地和发扬地，振兴乡村文化成为乡村振兴的内生动力源泉和内在治理良方。从城乡统筹到城乡融合的政策调整变化，正表明我们开始重新认识和调整城市与乡村的关系，从发展和文化层面重新确立乡村的地位。

但是，根据历史上和当下正在进行的乡村建设实践，客观地看，无论是政府还是知识阶层推动的乡村主义实践，基本上都是把乡村看作落后需要改造的对象，而忽略了乡村自身的价值。即使是从恢复培育乡村文化出发的，比如国家“十三五”规划纲要里的“培育文明乡风、优良家风、新乡贤文化”和2018年的《中共中央国务院关于实施乡村振兴战略的意见》，再次强调积极发挥新乡贤作用。但是这种行政主导下的道德文化建设的价值内涵是什么？它的真实性、可行性、可能性如何确定？道德实践的自觉性与强迫性，政府的实践理性与自发的道德理性有根本区别。与此同时，民间兴起了蓬蓬勃勃的恢复保护古村落行动，如民间组织古村落联盟、阮仪三城市古建筑保护基金会、安徽碧山计划、山西许村计划等，寻找的正是传统文化的价值。

下面，我们将根据乡村建设的不同路径，分析乡村建设的现状，希望寻找传统文化与现代性之间的平衡。

第二节　现代乡村建设语境下的田园重构

历史地看，人类社会的两种不同生产方式形塑了乡村和城市，构成了社会活动的两大空间载体。农业社会时期，乡村一直是社会生产的主体。现代性主导的工业化城市化阶段，重心转向了城市。基于中国长期以来现代化建设的特殊偏向而形成的城乡发展的不平衡，农村发展的不充分，新农村建设的国家主义的新乡村主义补充了乡村发展极。

从2005年的新农村建设开始，中国乡村经历了美丽乡村、特色小镇、田园综合体等几个阶段。生产力和市场是现代社会发展的核心理念，传统乡村的价值观念显然与这些理念不相容。传统乡村的主体是以耕种为业的农民，只有农民的观念“新”了，才能“新”乡村、“新”农业。所以“人的新农村”是第一步，民国时期乡村建设先驱们也是从对人的改造开始的。通过进行乡村教育转换农民的传统意识，提升新一代农民的自觉学习意识，启发创业意愿，培养适应现代农业发展、新兴产业振兴、美丽乡村建设要求的新型职业农民。只有新农民成为了乡村主体，才有可能在乡村社会发挥主导作用，接受融合发展的新理念，进而实现社会变革。通过对主体的改造，实现主体与世界关系的重建。这也是现代中国审美实践的基本路径。

从新农村建设实施开始，国家虽然已经连续十多年对农村进行了大量投入，但有起色的乡村数量仍然比较有限。

2003 年，浙江省首先开始实施“千村示范、万村整治”行动。2008 年，安吉县在全国首次提出“美丽乡村”观念。2012 年，安徽省做出了全面推进美好乡村建设的决定。就在同一年，广州市出台了《广州市美丽乡村建设试点工作方案》。海南省等在关于社会主义新农村建设的文件中都提到了“美丽乡村”。基于这些实践经验，2012 年十八大提出了“美丽中国”概念，首次作为执政理念出现在十八大报告中。2013 年的“中央一号文件”把“建设美丽乡村”上升到国家战略高度，为“美丽乡村”在全国的推动提供了重要的政策基础。如果说前一阶段的美丽乡村行动偏重于生态环境的综合整治，这一阶段随着 2013 年 2 月农业部出台《农业部办公厅关于开展美丽乡村创建活动的意见》，制定了《农业部美丽乡村创建目标体系》，发布了中国美丽乡村创建十大模式，推出了 1100 个国家级美丽乡村，这个行动称得上是一场乡村建设革命。

从全国各地乡村建设的实践看，分别有几种不同的路径。以国家意志重塑乡村社会机能的新农村建设在早期实践中照搬了城镇化理念，主要致力于改善乡村硬件设施，模仿城市建设公园和广场，整齐划一集中建设农民新村。农民上楼导致他们的生活方式被连根拔起，乡村隔绝了地气也被连根拔起。这种“建设性破坏”的乡村美化行动不但没有改善乡村社会的内在文化的传承和再生生态，反而加剧了乡村环境和文化的破坏，使村落社会环境治理更缺乏内生性机制。曾经的城市化建设是在经济理性主导下抛弃了本真性的城市化，这种乡村建设模式又抛弃了乡村的本真。以建设思维出发，以行政和商业力量推动的乡村建设斩断了传统乡村的人文结构，复制模仿的“千村一面”导致乡村空间和文化生态被严重毁坏。

“中国传统村落保护工程”则采取了文物化、遗产化的静态保护路径。刘沛林在《古村落：亟待研究的乡土文化课题》中系统阐述了古村落（传统村落）的价值，代表了学术界的一般认识。他认为古村落是中国民族民间文化和中国风土建筑的代表，是中国本土文化的基石，体现了中国哲学的人与自然和谐的文化理念，古村落的空间形象和构景形式是现代中国建筑的重要理论资源。到目前为止，有关部门公布了四批“中国传统村落”名录，共 4153 个传统村落，形成了世界上规模最大的农耕文明遗产保护群。在漫长的农业文明时代，中国人按照农作物的生长周期形成了一套时间观、生命观，万物“与时迁徙”“顺其自然”，按照农业生产节律形成了生命节律和循环论的宇宙观。时间是体验性、存在性的，社区通过周期性的仪式行为，象征化为社会秩序的体现，在这种宇宙观上构筑了农业社会结构。从文化起源的意义上看，传统村落是中国最大的文化遗产，中华文化发源之根、多样性、地域性、创造性都在村落里。传统村落“传承着中华民族的历史记忆、生产生活智慧、文化艺术结晶和民族地域特色，维系着中华文明的根，寄托着中华各族儿女的乡愁。”①“作为农业生产、农民栖息和生态环境的综合承载体，村落是一个多元复合空间，任何一个维度的功能失常都会影响其整体功能的正常发挥。”②

然而，中国有2800多个县区，平均每个县被收录的古村落还不足2处。相比于2000年的中国还有360万个自然村，目前只剩下约200万个自然村，而且还在以每天1.6个的速度持续递减。《中国传统村落蓝皮书》列出了传统村落保护面临的五大问题，包括相关法律法规不完善、过度商业开发、“空心村”现象严重等。这些也正是古村落面临的两难选择。如果静态保护，村落则没有现实生存能力，只能变成“空心村”这样“空的空间”(empty space)。③ 如果开发化发展，传统村落的原生态则在城镇化、商业化进程中向现代旅游文化变化融合，文化传统的质感肌理和历史记忆逐渐消解，传统空间和乡村文化最终仍然趋向于解体。传统村落保护修复是在修复传统村落损坏的建筑、院落、肌理的基础上修复失落的文化记忆，恢复村民对传统村落的自信，进而提升村民的生活质量，提供就近就业机会，提升原住民在村落保护发展工作中的参与度和主体性，尊重其利益诉求。这两种路径实际上都是以实践理性推动的乡村变革，以保护为目的的遗产论也仍然是从有无文物遗产价值的立场出发的，所以殊途同归，都是以经济价值评判成败得失。在以经济价值论成败的前提下村落文化保护面临着很多困境。传统村落面临的问题从本质上看仍然是保护与发展之间的平衡问题。

---

① 《住房城乡建设部　文化部　国家文物局　财政部关于切实加强中国传统村落保护的指导意见》，载中华人民共和国住房与城乡建设部官网。http://www.mohurd.gov.cn。

② 祖田修：《农学原论》，张玉林译，北京：中国人民大学出版社，2003年，第52—53页。

③ [美]戴维·哈维：《叛逆的城市：从城市权利到城市革命》，叶齐茂、倪晓晖译，北京：商务印书馆，2014年，第3页。

江苏省的特色田园乡村建设采取了不同于照搬城镇化思路的模式。“特色”指经过漫长历史积淀而生成的乡村肌理，具有社区文化、价值共同体和集体情感记忆意义，在众多乡村已经严重同质化的当下具有稀缺性。苏州市由于历史遗产丰富，文化保护意识觉醒比较早，传统的乡村肌理保留得相对还比较完整。根据“慎砍树、不填湖、少拆房”的原则，在整理挖掘乡村历史文化和资源特色的基础上进行现代改造利用。2014 年，苏州市东山镇西巷村成立了全市首家农房农业合作社，由专业公司策划，把保留下来的传统民居和丰富的野生动植物资源原生态环境以及地方特产碧螺春“连接”起来作为旅游资源，打造成民宿文化创意旅游点。昆山市锦溪镇祝甸村，曾经兴盛过砖瓦烧制业，因为环境破坏而停产。通过转换思维，这些工业“废弃物”变成了文化创意产业资源。那些因为长期从事砖瓦烧制业而造成的圩田破碎地貌、地域工业环境、废弃的砖瓦厂等曾经的工业痕迹，则保留下来变成环境记忆，转换成了具有景观展示价值的“祝甸砖窑文化馆”，还进一步衍生出了以砖窑文化为创意的特色产业。整个乡村通过资源整合，形成了以有机农业为主导，以乡村旅游产业、体育休闲产业为辅助的产业体系。苏州市震泽镇挖掘整理丝绸产品背后的文化，以震泽人祖祖辈辈积累下来的厚重的生产生活方式史为底蕴打造了“中国丝绸小镇”，重建社区文化记忆和自信，更创造了旅游市场亮点。苏州市陆巷村，聘请建筑专家指导村民修缮古民居，把现代服务设施、基础设施通过成熟的技术以适当的方式“藏”在古民居里，这样就把现代生活的便利与传统乡村元素有机地结合起来。再引进古村落旅游公司策划管理经营，实行门票分成，古民居以商业运行的方式活起来。这种“千村千貌”的“陆巷模式”被复制到很多古村落的保护开发里。

“千村千貌”的开发模式出发点是保护乡村的历史文化、社会价值体系和集体情感记忆，乡村历史记忆构成了乡村旅游独特的文化主题，是乡村旅游的核心价值所在。游客们通过参与乡村在地实践分享了地方性知识，但是乡村文化也可能向着迎合游客心理的方向不断地重写。乡村旅游作为村庄记忆文化实践一方面唤醒了乡村地方文化本源，另一方面又不断改写村落记忆，是一种双向性的文化实践。通过与传统文化有着相当特异性的旅游文化实践活动，村民们可能形成了一种展示型的新的生活方式，与游客建立了一种凝视性的新的社会关系。在原有的血缘、地缘关系基础上，地方性敞开，在日常生活中建立了一种新的社会交往关系。这种交往虽然以民俗为中心，但是民俗的神性可能趋向于消失，而是以奇观性吸引游客。

南京市在《南京市“十三五”时期美丽乡村建设行动计划》中提出了“经营乡村”的理念，从经济理性出发把乡村组织成商业经营主体，重新“发现”乡村的自然人文资源，打造核心竞争力。以商业逻辑进行资源优化重组，希望实现高效运营，达到乡村的自我增值和自我发展。截至 2015 年底，南京市基本建成 100 个美丽乡村示范村和 1000 多平方公里示范区，创立了“著名”的高淳国际慢城油菜花景观群、大塘金村薰衣草、湖熟菊花、栖霞桦墅村等乡村文化旅游基地。

相对于传统乡村文化资源丰厚的苏州，建县时间短、乡土历史短暂、缺乏传统乡村文化资源的苏北淮安市金湖县走上了另一条发展之路。这个县在江苏省率先进行土地流转，引进资金，开发打造了吕良镇三圆村三园农庄、金湖东方园林农业休闲体验区、金绿源乡野庄园项目，集四季采摘、休闲娱乐、生态餐饮、科普教育、民宿体验、儿童游乐为一体。以城市品位和市场需求，在绿色环保和优良的生态环境基础上打造现代乡村旅游休闲品牌。在“传说”是尧帝故里的塔集镇，打造了尧文化体验园，利用金湖独特丰富的水面湖塘资源打造了4A级景区百亩荷花荡。在曾经是治理淮河外地民工集中居住地和南京知识青年上山下乡定居点的高桥村黄庄，根据水网地域环境和依水而生的条形庄台人文风貌，以水系为轴，绿色为带，设计成“黄村驿站、庄台客厅”。整理现代乡村红色记忆，主题设计为“忆治淮精神、品知青乡愁”，集中资源打造了农耕文化体验园、知青之家、特色民宿、治淮主题食堂、塔集特色挂面馆、民俗非遗体验馆等文化产业园。黄庄作为“乡村类特色保护村庄”在保留村庄肌理的基础上实现了产业升级和业态提升，打造了乡村振兴的金湖样板。这些都遵循了资本下乡，乡村生产体系进入资本、市场建构的逻辑。

总起来看，江苏省的特色田园乡村建设致力于发展乡村经济以缩小城乡差距，使村民能够平等分享社会发展的成果，乡村可能就不再空心化，以经济效益留住了人。主要模式是把乡村传统文化转换成旅游文化资源，这样就留住了乡村传统空间之“形”，开发现代农业和乡村旅游产业，以产业和环境为基础，与特色小镇相呼应，与现代生产方式对接，打造宜居宜业宜人的产业乡村。与“见村不见人，见遗存不见生活”的遗产化模式相反，这种“一村一品”是传统乡村文化在新经济发展模式和后现代文化语境里的激活，是在经济发展的基础上形成的新乡村空间结构和社会，其实是城市经济体系和空间的延伸。所以这种新型的“乡村美学”本质上已经不同于传统乡村社会的民俗美学，是现代大众文化美学原则在乡村的体现。

相对于江苏省的特色田园乡村建设模式，浙江省更侧重于人文乡村建设。致力于打造现代新乡贤，在新语境里接续并激活乡贤主导乡村治理的传统。

乡贤制度作为一套成熟的民间治理传统由来已久。北宋时期，随着儒家思想的理学化和意识形态的凝固化，主张在百姓生活实践中践行伦理治理以传布教化民众逐渐成为社会主流。“士大夫居乡者为绅”，无论居庙堂之高还是处江湖之远，“士”的人格理想抱负都是一以贯之的。蓝田的吕大忠、吕大钧兄弟等地方乡贤发起制定的《吕氏乡约》，注重以乡贤道德人格的示范而启发村民的道德自觉性，为实现乡贤主导下的乡村治理开创了制度建设的先河。各个地方的“乡规民约”内容有所差异，一般都以礼俗为核心，包括：德业相劝，过失相规，礼俗相交，患难相恤等。其中“患难相恤”是典型的民间自发相互救助，包括：水火、盗贼、疾病、死丧、孤弱、诬枉和贫乏等，乡约中人据事情缓急，由本人、近者及知情者，告主事或同约，给予救助。乡约还超越了宗族界限，地方主体家族为主兼及居住在同一地域的他姓。[1] 乡贤文化从此不绝如缕，与官方文化一起，构成了中国传统文化在乡村传播教化的重要途径。在国学热兴起、乡村文化破碎重构的今天，乡贤文化传统成为抵制经济理性、激活传统文化的重要思想资源。浙江历史上有着辉煌灿烂的南方文化传统，人文荟萃先贤辈出，如白居易、苏轼，明清之际大儒张履祥、黄宗羲，清代国学大师龚自珍、章太炎、王国维，更不用说近现代的秋瑾、蔡元培、马一浮、鲁迅、茅盾等，他们的思想和人格魅力构成了地方文化的重要内容。“乡贤文化、润泽乡风”，以农村文化礼堂空间里讲学、参与、交流的方式接续了古代书院的传统，成为乡土文化和乡村记忆传承和延续的载体。借助更为柔性的文化力量，创造性地重塑了乡村基层社会的公共文化生产空间。德清县在全县 151 个村中发展“乡贤参事会”56 个，成为“依法治村、以德治村、自我治村”的重要力量。现代乡贤从德才兼备的典型人物、致仕经商的成功人士、投资兴业的外来创业者等当代精英人士中产生，类似于古代的举孝廉制度。乡贤本着完全自觉自愿的原则无偿参与公共事务管理，以“村事民议、村事民治”为导向，缓解社会矛盾，协助推动基层治理，协同参与农村社会建设和管理。有学者认为这种形式打通了乡土社会与现代社会的有效衔接，在乡村日益原子化的今天推动了政府治理与村民自治的良性互动，构建了“社区协商、共建共享”的良好格局。其实这种形式正是中国民俗文化的重要功能，弥补了正式政治制度的不足。

民间艺术、民风民俗作为传统文化的重要组成部分，同样起着“经人伦，成教化”的重要功能。在民间文化日益失落的今天，杭州市萧山区组织乡村老文化人挖掘本土地方文化资源，整理拼贴文化记忆碎片，恢复了临浦花灯龙舟、浦阳马灯河灯等民俗文化。温州各地的文化礼堂建立了传统文化传承基地，传播瓯剧、温州鼓词、温州莲花、永嘉乱弹、瑞安高腔、平阳和剧等民间艺术。“寻文脉、拾碎片”是新语境下的乡土文化修复重构行动，有可能在现代乡村重建的背景下把传统民间艺术的碎片挪移拼贴，向现代展览型艺术转换。由于新文化生产形式形塑了新社会结构，有学者认为这种农村文化礼堂是新农村建设工程的创新，说明农村公共空间建设和基层社会构建有可能同步发展。

美丽乡村和特色田园建设虽然为乡村提供了一种新生活方式，但是我们发现乡村社会的话语权也悄然地发生了改变，不再以生产生活知识丰富、德高望重、家族长之类的依靠时间、代际传承积累的伦理地位为资本，而是变成了有知识、有财富的新一代，乡贤的评判标准从社会资本变成了财富资本。这也意味着乡村知识再生产的路径发生了改变。古代乡贤依靠社会治理惯习获得承认，今天的乡贤不需要经过时间积累，而是以新的社会评价标准“突然”进入乡村现场，所以有一个如何被村民接受、怎样发挥社会作用的问题。这几类“新农民”融入乡村，成为新乡贤，需要有一个整体性、系统性的良好环境。古代乡贤之所以能够打通不同的文化分层，是因为古代不同的文化层在价值观念上基本是一致的，文化流动渠道是通畅的,“好为德于乡”的乡贤文化示范功能才能实现。今天,接受了现代观念的知识阶层有可能反思现代性,重新发现传统文化的价值。新乡贤的建构作用主要在于还原情感、伦理,平衡义利关系,实现乡村伦理重建。这些精英人士能否真正代表底层话语?在社会经济距离越来越大的当下,城市和乡村已然构成了两个完全不同的经济空间,这种挪移到乡村的资本空间是不是有可能在乡村又一次形成资本权力话语?如原华为公司高管杜春平从深圳回到黄山西溪南村,投资3000万元建设清溪涵月精品酒店,主打现代生态环保理念,倡导回归自然的生活方式。他也被称为“新乡贤”。杜春平每天在朋友圈里晒自己回归田园的生活,这种田园只不过是乡村精品酒店的另一种称呼,乡村变成了资本再生产的市场。这种乡贤能不能起到引领示范作用?能否“修之与乡,其德乃长”?这些都是需要我们认真思考的问题。

如果说这类以成功精英人士为代表的“资本”乡贤为乡村引入了新的生产方式,另一类文化乡贤可能更接近于传统乡贤的介入乡村治理。由于传统社会的“皇权止于县”,现代乡村社会,国家管理的“不在场”,制度可能难以有效转化为内生力量,乡贤以官方文化权威和地方文化主导者的身份连接了主流文化和民间社会,把地方性知识加以规训改造,纳入国家知识系统,体现了国家和民间的在场,协调平衡了两种主体的关系。江苏省连云港市赣榆区开展新乡贤文化建设,以华东师范大学退休教授方敬为代表,推荐2000多名村级新乡贤,200名镇级新乡贤,60名区级新乡贤候选人,形成了赣榆现代新乡贤网络。

2014年,王志良在《关于在全国推广乡贤文化研究的建议》提出:“乡贤文化是一个地域的精神文化标记,是连接故土、维系乡情的精神纽带,是探寻文化血脉,张扬固有文化传统的一种精神原动力。他们用自己的人生经历为乡民树立了榜样,成为道德教化的楷模。”[1]从2014年7月份起，《光明日报》推出“新乡贤　新乡村”栏目，向全社会倡导乡贤文化，引导乡村社会见贤思齐、见德思义，提高乡村的治理水平。乡贤文化作为传统文化资源和政治智慧在新语境里激活，成为引导乡村文化变革的重要力量，后来更上升为“培育与社会主义核心价值观相契合、与社会主义新农村建设相适应的优良家风、文明乡风和新乡贤文化”的国策。

强势的现代性摧毁了乡土传统，从经济基础到文化意识形态一切连根拔起，扩大了现代性价值观念的垄断地位，把乡村从价值观念和实体空间进一步虚空化。乡村作为中国传统文化生成空间，给共同体成员提供了遵循天道、慎终追远、崇德向善的生活空间和身份认同。中国现代社会发展到今天，乡村的重要性从来没有这样突出。全社会都意识到只有乡村，才有可能平衡现代性的永不停息的所谓发展和进步，有可能提供另外一种东方式的发展可能。后面我们要分析的艺术乡村建设就是这样一种路径。传统村落的核心价值在于作为传统文化基因库和新文化复兴基地的作用。基因是传统文化的核心，在村落空间通过生活实践予以强化。新乡贤起到引领启蒙作用，带动村落民众重新审视、认识文化传统的价值，与现代文化对接，进行文化遗产“再生产”，才能复活乡村传统。

回溯现代乡村的历史，从民国时期乡村被现代性侵蚀开始，到1949年后随着农村集体生产关系的逐步建立，传统的一家一户组织生产的小农经济模式解体，乡村日益与自己的原初文化传统断裂。从集体化时代开始，村落被编成生产队，集中统一进行物的生产和国家意识形态规训，家族长被行政干部所取代，传统村落最重要的伦理训导规范教育功能基本丧失。礼俗嬗变是社会嬗变的标

---

① 王志良：《关于在全国推广乡贤文化研究的建议》，《光明日报》2014年7月18日。

志，当人生礼仪、民间信仰与乡规民约这些熏陶教化体系退场时，乡村就一步步变成了单一性的、相对于城市空间的、只从事农业生产的“纯粹”农村空间，“乡”的人文性、民俗性在慢慢消解。对农村的治理也不再延续“皇权不下县”的传统，而是引进了苏联的集体农庄治理模式，把农村割裂成单一的功能化单位，只从事农业生产，伦理训导规范教育体系解构。今天“资本下乡”的乡村建设大体上仍然还是延续了这种思维，从事的是乡村资源的商业化生产。在经济理性主导的现代性视域里，传统被视为无用的抛弃物，三农问题就是长期以来这种功能化治理积累的问题。今天的传统修复其实是认祖归宗、回归传统。虽然在新语境里恢复了一些传统民俗活动，修复了宗祠庙宇等神性空间，但是由于半个多世纪以来对乡村的文化体系摧毁得太彻底，乡村文化再生产很难恢复。

国家层面上进行的美丽乡村建设的主要目标是，首先整治历史上遗留下来的乡村环境设施欠缺问题，改善村民生活环境，有学者称之为乡村“美容术”；在这个基础上才能发展乡村经济留住人口，基本上最终都落实在乡村旅游上。据“中国现代乡村旅游 30 年论坛”提供的数据，中国每年国内旅游人次达 36 亿，其中一半在乡村，农民接待 6 亿人次以上。预计未来 5 到 10 年，乡村旅游接待人次将达到 20 亿人次，农民接待达 10 亿人次。2015 年全国休闲农业和乡村旅游接待游客超过 22 亿人次，带动 550 万户农民受益。乡村旅游从初级阶段的农家乐，逐渐发展到古镇、民宿、乐园，经历了一个模仿、升级、同质化、城市化的过程。如果说农家乐提供了一种不同于城市生活的“别处”的生活，主打的慢节奏，原汁原味，柴火大灶，绿色农产品，小河流水，这些似乎停滞于前现代的“过去”，满足了游客对乡村生活的想象。古镇、民宿、乐园则是把城市人熟悉的生活设施、习惯、消费、娱乐延伸到了乡村，把城市的公园和消费模式搬到乡村一尘不染的室内，没有大地没有泥土，像城市里的花园一样精美。以休闲、观光主导的现代农业实现了乡村的景观、生态经济价值，是乡村建设的主要方向，其实是把城市生活和消费娱乐模式延伸到了乡村。

历史地看，传统乡村社会的田园生活具有高度的自在自足性。古代社会因为文化构成的单一性，虽然有不同的文化分层，但是不同层次之间互相流动空间比较大，没有构成互相对立的文化隔阂。“仕”在政治上有上升渠道，经济方面城市乡村之间有流动性，文化上多元化共存。正因为存在这样的空间，人生得意失意时可进可退，乡村成为最后治愈心灵的栖息地，被文人审美化地升华为田园。中国传统文化一直强调集体意识，群体、个体、利、义、权、仁之间比较平衡，也维护了个体身心的滋润。正因为这样，古代农业社会里，田园成为文人的最高理想。与入世的儒家抱负正相反，基本上是道家的融入自然的避世情怀的产物，但是在审美上却达到了中国文化道法自然的理想状态和最高智慧。田园在任何时代从来就不是真实的乡村，而是不同主体想象建构的产物。无论是谢灵运的“野旷河岸净，天高秋月明”式的清明，陶渊明的“久在樊笼里，复得返自然”的逃离体制的回归本源，王维的“斜光照墟落，穷巷牛羊归”的官场失意，都把乡村予以简化美化抽象化，似乎远离了束缚人的文明体制，处于自在自为自足状态。中国历史上数不胜数的田园诗、山水画、文人画无一不是这种情怀的寄托，形成了中国文化的隐形传统，构成儒道互补的一维，平衡保护着人性。

从哲学上看，乡村之所以被塑造成温情脉脉、诗意盎然的田园，经常在社会发展偏离大道，人性失落、呼唤回归人生本源的时候似乎“自然而然”地回到社会民众视域里，其实这都是公众期待视野自我建构的产物。因为乡村在本源上遵循的是中国语境里的自然节奏和由此而生的生命节奏。乡村的“时间”只有其原初的意义，生命的意义只是遵循这个规律“顺其自然”，通达大道而已。在乡村空间里，时间的唯一价值就是生命体验，与年轮循环一样，体现着生命本源性的意义，成为人类安放灵魂的地方。而在现代性知识体系里，时间变成了经济理性主导下可以计算、置换的价值性的体系。城市起源于逐利的商品交换，不遵循自然时间规律，只遵循价值增长规律，与乡村形成了两个由不同时间观念、价值观念建构的空间，具有完全不同的质地和意义，不可通约交换。不同的时间哲学，造就了城市、乡村两种不同的文明体系，形成了两种价值观的冲突。如果说乡村遵循的是自然节奏，城市遵循的则是欲望主导下的竞争节奏。一个使人性向原初的“无”回归，一个刺激人性向无限的“有”奔跑。现代性已经带来了很大的负面性，造成现代人的精神危机，整个社会处于系统性的风险中，这种整体危机下的个体心灵无时无刻都处于紧张分裂的状态。乡村空间起到了提醒本源、停顿化解之地。如果说田园是身心休养生息地，乡村旅游可以看作具有同样的功能。“如果我们把现代社会中人们之间的这种市场联系以及为了利益目标而建立的各种团体统称之为市民社会的话，那么，可以说，传统社会中人们之间的基本联系方式是各种共同体，而现代社会中人们之间的基本联系方式则是市民社会。于是，从传统社会到现代社会的转变，便是从非市场社会向市场社会，或者说从共同体向市民社会的转变。”①

马克思曾经这样评价西方进入现代社会之前的状况：“硬化了的地产结构，凝固化了的政治结构。”“我们越往前追溯历史，个人，从而也是进行生产的个人，就越表现为不独立，从属于一个较大的整体；最初还是十分自然地在家庭和扩大成为氏族的家庭中；后来是在由氏族间的冲突和融合而产生的各种形式的公社中。只有到18世纪，在‘市民社会’中，社会联系的各种形式，对个人说来，才

① 王南湜、夏钊：《现代性的精神后果：西方与中国》，《社会科学战线》2014年第1期。

只是表现为达到他私人目的的手段，才表现为外在的必然性。但是，产生这种孤立个人的观点的时代，正是具有迄今为止最发达的社会关系（从这种观点看来是一般关系）的时代。”[①]与中国当下的社会结构有着高度的相似性。当下的“新田园时代”语境更复杂。现代田园征用了古典田园文化资源，提取了乡村空间表象和民俗碎片，以商业旅游逻辑包装编码成为凝视、观看的对象，恰恰与田园生活的价值追求相反。利奥·马克斯在《花园里的机器——美国的技术与田园理想》里提出，历史上屡屡出现的所谓田园理想体现了一种位于文明与自然之间的“半原始主义”。当工具理性对人造成巨大压迫时，理想中的田园就被挪移到了现代，当下大热的网红李子柒就是一个田园理想范式。李子柒展示着“传统”手艺和宁静的乡村生活，带来了巨大的流量和粉丝，更是带货大王。消费者们分享着李子柒的视频和商品，幻想自己拥有了李子柒一样的田园生活体验。这真是具有讽刺性的现代奇观。他们并不想真的去乡村生活，而是希望在现代生活中怀念旧时光，安慰自己。他们希望既享受现代生活的便利，又体验田园生活的淳朴简单。李子柒式的乡村是专业团队策划的幻想和消费对象，粉丝们在商业传媒逻辑诱惑下一步步进入了现代媒体和商业的连环套，离真实的乡村生活越来越远。李子柒式的田园，把前现代生活和后现代生活挪移出来，在商业逻辑下重新编码，嵌入了全球化的大生产体系。国家话语主导的民俗主义、经济理性、流行文化共同实现了全球在地化（glocalization），李子柒的生活看上去既像“真实”的艰苦乡村生产劳动（她粗糙的双手和各种复杂的技艺操作似乎证明了这一点，然而与她迥异于乡村的美丽、潇洒、飘逸形成了矛盾），更是不合时宜的、明显的作秀表演，仪式化地成为凝视的景观。李子柒式

① 《马克思恩格斯全集》(第 46 卷上)，北京：人民出版社，1979 年，第 21 页。

的乡村从精神和物质上，安慰了焦虑中的城市人，显然是一剂饮鸩止渴的毒药。现代乡村在文化再生产领域里具有二重性：物质上被现代性抛弃，精神和传统文化被挪用，包装成桃花源乌托邦。在乡村开发视域里，乡村只能像李子柒这样成为被包装消费的对象。

现代乡村进入旅游开发路径之后，由于遵循了商业逻辑，必然只有淡季和旺季的区别，而不再以自然时间和民俗时间为运转逻辑。淡季时间，乡民的脸上写满了焦虑。偏于中国西南一隅的贵州省，2012 年的旅游业收入急剧增加了 30%，达到 1860 亿元，是当年 GDP 的四分之一。贵州对现代性的想象，在主旋律电影《我和我的家乡》里得到了表现。贵州省黔东南苗族侗族自治州黎平县的肇兴侗寨，号称“侗乡第一寨”。2012 年大旅游兴起之前，肇兴侗寨还是一派自然田园风光。2015 年肇兴村进行旅游开发，鼓楼安装上艳俗的霓虹灯，街道变成了陌生人交织的旅游商业街。侗寨人白天忙农活，晚上在景区有偿表演传统的侗族大歌和侗族舞蹈。肇兴侗寨变成为主题文化公园。当村民接受了现代商业运行逻辑后，可能因为后发展的焦虑和强烈的物质欲望，在传统价值观缺失的情况下，人性恶的一面会突然爆发出来。比如黑龙江的雪乡就是一个典型的负面例子。这里更矛盾的是，游客们想要看到的是时间冻结的过去，一个好像水晶球那样的“桃花源”古化石，希望能在表层化的民俗欣赏中保持与异文化的距离；而当地民众看到了“外面”的生活后，快速地把这种“过去”变成了时尚的“外面”。游客们失望离开，当地民众既没有追赶上时尚，又失去了过去的传统，双方的理想都破灭了。

旅游作为一种现代文化现象，具有多重复杂内涵和社会功能。旅游作为现代性的产物，具有审美趣味区隔、文化分类、意义建构和社会关系再生产的文化功能。旅游为现代社会里紧张生活的人们提供了暂时逃离制度铁笼，释放压力，以虚拟的他人生活经验替代性地满足自我的途径。旅游作为一种特殊商品，暗合了消费者的需求、认同、情感、价值观，是消费者的自我、生活方式、消费观念的集中体现，具有经济价值和精神价值，集经济价值、文化建构、社会交流等多重内涵于一体。当代乡村旅游以村庄野外为“异”空间，以人文民俗、环境原生态为特色、以乡村游居形式为核心，追求与城市不一样的体验。乡村承载着城市理性人对“田园牧歌”的想象，乡村旅游迎合了渴望回归自然，回到“慢生活”的心理。在现代市场规律主导下，乡村旅游不可避免地走上了同质化道路。乡村旅游是乡村发展的典型，以经济理性为主导，以欲望替换了乡村礼俗文化，把乡村旅游展演地的民俗文化与民众生活相分裂，提取出来经过经济话语的重构，再植入展演地。“在城市化进程中，乡村很多时候成为旅游的风景，但风景恰是权力与地方话语的表达，而非纯粹的自然景象。从18世纪兴起于英国的乡村旅游已然如此。当下美丽乡村建设也涉及大量的乡土景观，在景观构建中‘博物馆’意义突出。博物馆在‘文化展示’中，既有对地域知识的‘重新编码’，也形成了‘他者’眼中的‘民俗’传统。在文化凝视中，博物馆成为地方性知识的展演与当地‘民俗认同’的空间展示。”[①]特色田园是现代性语境里本雅明意义上的展览，稀缺性转换成景观价值，贝拉·迪克斯在《被展示的文化——当代可“参观性”的生产》中指出：“今天，场所本身已经成为了展览”，“文化是生产可参观性的核心，因为它使得某一场所成为可能观赏的去处”。这就是当代乡村文化再生产遵循的逻辑。

在传统的家族、乡村制度经历了长久中断的当下，国家出于平衡城乡发展、唤醒传统农耕文化根源的动机，发起了重塑乡土社会生产机能的“新农村建设”，文化再生产进入了一个叠合复杂的语

① 毛巧晖：《博物馆是切片、标本，建构他者的文化身份》，《暨南学报》2019年第四期。

境。如果说之前的乡村衰落“主因”是经济因素，这一次以乡村旅游为手段而实现的乡村建设“主因”仍然是经济因素，却使乡村成为城市的镜像，又一次失去了乡村主体。从离开乡村进城谋生的村民，到知识分子发起的“知识乡建”运动，再到一些返乡村民富于反思性的主体意识重建，当代乡土中国存在着多重文化主体。后现代多重话语交织的当下，乡村作为“世界中的图像”，是被不同主体建构的对象。

第三节　艺术乡建与乡村文化重构

以上我们分析了乡村的国家治理路径，主要思路有古村落保护、特色小镇，美丽乡村建设，基本上都是通过旅游开发手段实现的。周星先生认为，当代中国社会，政府强力介入的事业一般都具有民族国家之现代化的诉求和强烈的中华文化意识形态渗透性质。权力和意识形态使民俗文化脱离原生态语境被仪式化景观化，民俗被政治性地利用。方李莉认为现代国家语境里文化再生产体制发生了变化，这种所谓的民间社会“处处是艺术，处处是歌舞，处处是历史，处处是美丽的神话故事。这是一种比传统还传统，比民间还民间，比真实还真实的虚拟的现实空间。也就是说在传统的社会里人们是与自然发生关系中产生文化，而今天的人们这是在文化的基础上再重新构筑文化。自然已经不存在，所谓的原生态，原创性也已经不存在”。[①] 乡村建设在经济理性主导下趋向于开发市场，刺激物质欲望。这种功能性治理规训主要体现了

① 方李莉：《小程村民间艺术考察记》，中国艺术人类学网。http://www.artanthropology.com/show.aspx?id=2138&cid=18。

国家、市场、地方政府的在场，村民的声音很微弱。

至此，我们终于意识到，乡村不仅仅是居住的地方，更是居与在一体的灵魂的家园。城市化造成的严重后果今天找不到解决答案，必须回到传统文化之根。知识阶层不能采取启蒙的立场，那是现代性立场，应该融合民间意识，以审美、感性打动村民。而审美的最大功能就是打动人心。在这种语境下，艺术出场了。

随着社会自治空间的扩大，中国正在逐渐生成一个越来越大的市民社会的背景下，后现代主义和民粹主义主导的“知识乡建”出场了。这些艺术家、设计师、工程师致力于“乡村的复古性再造”，从技术、民俗、人文空间层面推出了很多“美丽乡村”，成为现代语境中的古典桃花源镜像。“知识乡建”通过美学实践弥合了国家发展主义与村民之间的距离，具有去政治化的乌托邦倾向，是目前民间乡村建设运动的主要推动力量之一。知识分子出于自觉的文化参与意识和对商业化文化生产体制的批判立场，积极投入到了乡村建设中。山西省平遥县梁村的文化遗产保护工作，渠岩教授主导的山西许村和广东顺德青田村的艺术乡建，吕品晶教授主持的贵州板万村的民艺兴乡，靳之林教授主持的陕西小程村的艺术乡建，庞焕泰先生主持的安徽黄山市休宁县溪口镇祖源村乡村改造和乡村经济建设工程，浙江省金华市缙云县政府主导的河阳村艺术乡建工程，浙江省丽水市松阳县政府主导的全县域艺术乡建，汤敏工程师主持的“古村之友全国古村落志愿者网络”和“全国古村落保护与活化联盟”，用“互联网＋公益”的方式恢复古村落文化生态等都是不同的范例，提供了很多经验和思考。

中央美术学院的吕品晶教授，从 2016 年开始在贵州省黔西南布依族苗族自治州册亨县他镇板万村从事乡村复兴工程。板万村地处偏僻的三省交界处，布依族的生产方式和传统文化保留的比较完整。然而乡村的原生态民居和贫困状况都令他震惊，年轻劳动力外出打工居多，基本上成了空心村。他的团队从修建小学、修理传统民居、改善村民居住条件入手，对村庄进行空间整体改造和文化记忆修复。团队把自己放在村民的位置上，从村民的立场和心理出发改造空间，引导村民认识到自然环境的尺度和人工造物的尺度之间的关系，民族传统和现代性怎样才能结合起来，人与自然如何才能有机平衡。团队修建的“梦想家小学”让孩子们从小就在新的空间里感受现代文化，亲身感受体悟传统文化的价值，逐渐对民族性产生身体和心理的认同。团队以发展乡村手工艺启发村民摆脱现状，走民艺产业兴乡之路。团队带领村民一点点整理恢复失传已久的布依戏、哑面戏、八音坐唱，举办各种民间工艺传习所，传承传统织造手工艺，如锦绣坊、酿酒坊、土陶窑，激发乡村的生产生活能力。经过共同的艰苦努力，以这种方式保护了非遗技艺，产生了一定的经济效益，召唤了一部分年轻人回家，也“完整”地留下了乡村原生态生活。吕品晶教授认为只有在这种情境里，游客看到的才是真实的生活而不是表演性的民俗，也只有这样才能发展乡村经济，吸引年轻人返乡创业。他从现代性反思的立场，认为乡村生活是重要的生活方式，生活方式没有优劣高下之分，必须尊重村民的生活观念，从乡村社会向城市化发展应当遵循自然有机变化的渐进式规律而不是这种断裂式大跃进。他收集了大量民间“过时”淘汰的工具、家具、工艺品，建立了乡土民族文化博物馆，保留了地方文化记忆。只有以传统空间的“形”激活乡土文化的“神”，激发村民的文化记忆和自信，才能守护“最后的布依家园”。他认为传统手工艺文化生态的修复是一个漫长的过程，需要知识分子和村民付出共同长期的努力。在这个意义上，他的板万村乡村建设实践才刚刚开始。

相对于吕品晶教授的“原生态”民间艺术修复，同是中央美术学院的靳之林教授则采取了另一种艺术乡村建设模式。陕西省延安地区延川县土岗乡小程村，位于陕西黄土高原与山西吕梁山脉交界的黄河大峡谷西侧，对面是山西省永和县。黄河气势磅礴蜿蜒行进于大峡谷中，在这里形成了“S”形，古称“河怀湾”，后来雅化为“乾坤湾”。县政府在这里建立了度假村和黄河生态博物馆。小程村由于交通闭塞，保留了大量历史遗迹和古文化民俗，成为民间文化储存库。村东有汉代夯土古城遗址、碾畔汉墓群，西有牛尾寨、战国古墓、清水关古渡口、古村寨遗址。1998 年，画家张士元最早“发现”了这里的黄河景观，引发了关注。靳之林教授从 2001 年开始对当地民间艺术展开调查，2002 年由美国福特基金会赞助，成立了“小程民间艺术村”，2003 年成为黄河流域“原生态文化保护区”，2004 年小程村被文化部批准为中国民族民间文化保护工程试点项目。2007 年靳之林开始在小程村开办民间艺术学校，组织村民学习刺绣、剪纸、布堆画、新年画、唱山歌、扭秧歌、转九曲、闹社火等民俗活动。他组织专家进行文化考古，通过对民间残存的陶罐、画像石等进行考证，把村史一直向上推到北魏时期。在这之前，村民的口头传说里，只记载着明代永乐年间，小程村程姓祖先由山西大槐树下过河迁移至此。这种民间表层记忆既没有史诗化也没有“信史”化。靳之林通过整理村庄民间记忆启发村民的文化自觉性和自豪感，利用历史悠久的古老窑收集文物和被“淘汰”的生产工具生活用具，修建村史博物馆，村民办了三户农家乐。在靳之林教授的带动下，小程村“恢复”了很多民俗，但是这些“民俗”很大程度上受到政治经济、旅游市场等多重因素影响。如剪纸，民间祭祀色彩非常稀薄，几乎都是在靳之林辅导下模仿的邻近安塞地区的现代剪纸。如春节闹社火，在小程村由于种种原因(曾经是革命老区)竟然已经消失了多年。现在如果上级领导视察或者游客要求观看，必须付费才给表演。但是，也正因为有了这些“原生态”民俗，村民物质生活有了很多改善，也“恢复”了很多传统民俗。

然而,这里有很多问题需要我们深入思考。由于小程村地处陕北苦寒地区,长期处于极度贫困状态,很难具备举行民俗活动的物质条件。由于曾经对传统文化的长期破坏,造成了民俗记忆的中断。靳之林教授发现了村民物质和精神上的双重贫困,从改善物质生活重新寻找精神意义入手,激活了他们的生命意识,使村民感到生活还有希望。现在的民俗恢复一方面来自民间自身的精神生活和物质生活的需求,另一方面是来自旅游市场的需要。比如女性因为创作的剪纸作品进入市场,使得她们的家庭地位和社会地位都发生了变化。但是由于剪纸主要面向市场旅游,导致剪纸的民俗内涵几乎完全流失。同时,经济因素也改变了村民的人际关系,由单一的宗族关系掺入了经济利益。由于市场竞争,女性剪纸的个人风格比较突出。在政府启动民族民间文化保护工程后,又增加了现代性诉求的政治因素。由于现代文化特有的复制性特征,民俗文化也进入了复制再生产模式。小程村的民俗文化生产现象很有典型性。民间世代累积的人文资源因为知识分子的启蒙被激活,向展示型的文化产业方向发展,虽然以这种形式保留了地方文化记忆,却也掺杂了很多异文化因子。因为封闭的地方性被打破,地方性知识不再单一,这种"混合型"知识是否能建构起一套新的文化价值观及意义系统还有待考察。因为长期的现代性规训,乡村信仰传统被破坏,并没有建立起一套新的文化价值观。人在没有意义的世界中贫乏地生存,这种新创造的"民俗"接续了遗忘的传统,连接了现代性。我认为在这种多重因素交织的文化场域里,村民们虽然把民俗予以客体化的再现,但是并没有丧失主体性。他们作为当地的生活者、地方知识的叙述者、民俗文化的承载者、民俗旅游的利益攸关方,积极能动地参与了民俗文化创造。比如传统的面花民俗,因为完全是当地生活的有机组成部分,血肉般融入了当地精神，虽然小程村的生活面向游客敞开，很多民俗都市场化了，面花却顽强地保留着单一、简朴的原生态，仍然以家族传承的形式延续着，几乎没有发生内涵和形式的改变，完全不同于遗产化的、面向市场的华县和合阳县的面花。小程村面花既是传统民俗的孑遗，也是流动的现代性语境中耐人寻味的个案。

在由“阮仪三城市遗产保护基金会”牵头，中外大学生共同参与的遗产保护者工作营的山西省平遥县梁村遗产保护工作中，一个当地村民兼大学生“平遥小冀”的文化保护意识的觉醒很有典型性。梁村是平遥县唯一的中国历史文化名村，梁村在明清时期是有名的票号村，票号业的兴盛一直延续到民国初期，曾经出现过一大批票号业人才和金融巨擘。这些富商巨贾的故居完整地保留了明清时期的家族生活、民俗和社会风貌，堪称一部活生生的民间建筑史。随着当代城市化的发展，乡村快速空心化，梁村也不例外。村里大部分劳动力人口分布在中国东部及北部，或求学或定居，很少回流。留在村中的劳动力大部分从事建筑业，但是只有极少部分从事古建筑修复业，因为市场需求量很少，况且这个行业的工匠培养的时间成本也太大。从梁村古建筑绝大部分都处于年久失修状态的现状，就可以想象整个平遥县的古建筑状况和古建筑修复的市场需求。2011 年遗产保护者工作营在梁村开营，展开了修复积福寺的工作。积福寺始建于唐贞观二年(628 年)，是梁村最大的寺庙。经历了漫长的历史风雨和战乱，积福寺已经濒临倒塌，岌岌可危。参与的营员在当地工匠师傅的指导下进行修复，时长仅仅半个月。工作营的工作时间极其短暂有限，目的是通过单体古建筑修复工程的示范作用进而唤醒参与者，尤其是当地村民的古建筑保护意识，以留住乡村原貌和记忆。

梁村出生的“平遥小冀”，是一个走出梁村在山东济南读书的大学生。通过三次参加工作营的经历，经历了从以他者的眼光回望原本习以为常的梁村、再融入到故乡文化的精神历程。在修复积福寺的过程中，小冀开始了一个逐渐理解家乡，理解神性建筑与信仰、与家乡人的生活世界的关系，理解村庄珍贵的文化传统，理解平遥地方文化的经历。随着主动了解家乡的历史，他的脚步从梁村扩展到平遥县，到山西省。从家乡大地上的数以百计的乡野小庙到一部部厚重的村志县志，他的视野在历史和现实之间不断往返。他终于认识到“我们只有了解自己的家乡，才能看得见家乡的过去、现在和未来，才会有更多村民参与到保护中来”。①

积福寺后来的修复工作依照修旧如旧的原则，恢复了原状。但是乡村古建筑失修已然是一个严重的群体性普遍性问题。山西各类古代建筑现存 18418 处，是全国古建筑数量最多的省份，绝大部分处于自生自灭状态，政府和遗产保护者工作营没有能力解决这个社会问题。只有恢复村民的生活状态，恢复神性文化，古建筑的功能才可能激活，老房子才能处于“活”性状态而不是遗产化地等待被动保护。无论戏台、寺庙、传统民居都不仅仅限于使用功能，更是村民生活史的见证。传统社会里，人神天地居于一体，民居、民俗、信仰无一不是与自然相通的，它们的价值就是“在”，是村民生活世界的本源。正因为民居与这些寺观庙宇殿堂、楼塔桥梁陵墓处于同一个空间，进入现代社会之前的村落都是神庙社区，人与诸神同在。人才知道自己“从哪里来”“向何处去”，保护村落、振兴乡村，就成了追索“从哪里来”的方式，也成为标记“向何处去”的注脚。只有以神性文化激活村民的记忆，他们的主体性才可能被激发出来，参与到保护行动中，而不再是“沉默的大多数”。

亨利·列斐伏尔（Henir Lefebvre）认为，任何一个社会，任何

① 平遥小冀：《一个乡村青年眼中的遗产保护：理想乡村在何方?》，澎湃新闻网，2016 年 10 月 08 日。

一种生产方式，都会生产出自己的空间。社会空间包含着生产关系和再生产关系，并赋予这些关系以合适的场所。正是在这个意义上，建筑学家方明先生认为中国社会的空间意义不同于西方社会，中国的传统文化诞生于乡村，西方文化诞生于城邦。西方的文艺复兴运动返回古希腊、罗马，从城市文化源头汲取营养。中国从乡村社会转型为现代社会，文化之根仍然在乡村，必须回到乡村，从历史遗存中寻找文化的根源。正因为中国乡村的千差万别、面貌各异，才造就了中国丰富多彩的文化多样性，和而不同使得中国文化充满生机。所以乡村建设一定要尊重中国乡村的差异性和多样性，尊重乡村历史文化，才能打造宜居乡村，提升村民的文化自信和社会的凝聚力。艺术家参与到乡村建设中，在挖掘维系民俗文化传统的前提下培育符合乡村的审美观，重塑乡村的精神生活，

2014 年 11 月，从事城市空间建设的规划师汤敏在看多了无数千篇一律的当代中国城市后，经过长期的实践和反思，他的思考超越了技术层面，认为造成城市贫血的原因是文化缺失，中国城市文化之源不在于模仿西方，仍然在乡村。着眼于这一点，他在深圳发起“古村之友全国古村落志愿者网络”，建立“全国古村落保护与活化联盟”，利用扁平化的便捷社群链接，以“互联网＋公益”的方式参与古村保护行动。成立半年以来，团队覆盖了 30 个省份，成立了 1000 支志愿者队伍，聚拢起四五万志愿者。发展到目前，已经培育了 200 多新乡贤，完成了 300 个项目，计划在全国每个县城培育 3 人，一共 20 万人。这些志愿者以营造、手工、非遗、农业、旅游、民俗、影像、创客等专业特长服务乡村建设。这些志愿者作为未来的新乡贤，通过古村落保护和发展产业活化乡村，以“创客＋众筹”的办法，把现代商业模式与乡村发展联系起来。这些新乡贤像星星之火，以“先天持有在地知识、先天具有在地社会网络、先天具有地方威望”的优势，在中国乡村社会激活传统文化，尤其是祠

堂、家谱、祖训等在地文化。这些文化中有一个渠岩称之为“情感共同体”的内核，其实就是不同主体的共同价值观念，这也是文化的最大力量。新乡贤通过激发各种主体的力量，起着连接民间与政府的作用。政府也愿意与联盟合作，以这种形式介入乡村治理，实现传统文化的社会治理整合功能。

我们发现，在这种体系里，乡村开始重新认识义与利的关系，建构了一套新叙述话语，乡村社会从传统家庭经济模式向熟人社会和现代社会重构发展。在论述“新乡贤”的《乡贤、乡绅、乡霸——古村之友眼里的新乡贤社会》中，汤敏认为：我们更看重一个个普普通通的青年自发担当其乡贤职责，让关心公共事务、体察社会、帮助弱势群体这股精神在普通人中复兴。不同于传统社会回到本乡本土的乡贤，今天在流动的现代性里他们是“流动”的乡贤，打破了地方性的界限，以高度的文化自觉性回报大乡村，从自我开始，以实际行动投入乡村文化建设现场，唤醒文化保护意识。

褚鋆在《培育新乡贤，孵化慈善伦理体》中分析了新语境中的乡村伦理，认为新乡贤计划的目的是重新凝聚乡村社会人心。新乡贤必须具有可持续运营能力，建筑修复，活动开展、道德担当，“义利并重，以义为先”，包括仁爱、担当、奉献、牺牲，偏向于伦理道德价值。汤敏认为传统的乡土社会结构仍然还存在着，村民关系注重感情纽带，这种合作不同于市场经济主体冰冷的契约合作关系。希望新乡贤在乡村治理整合中带头，打破固化，流动起来。合作的重点不在于共同利益，而是传统的伦理体系，以情感为内核，重新建立家人、爱的感情的熟人社会，新乡贤工作的重点是培育这个体系，使社会善治回归，这是对西方的利益至上、经济理性的反拨。新经济语境下的乡村伦理，能够使传统兼业化的小农家庭与多样化的村社功能有机组合，在乡村自治权力结构下产生一种“自治红利”，乡村成为邻里相望的伦理共同体，这是一种中华文化特有的“家园红利”，具有家园的向心力、归属感功能。西方的治理(governance)是“在一个既定的范围内运用权威维持秩序，满足公众的需要。其目的是在各种不同的制度关系中运用权力去引导、控制和规范公民的各种活动，以最大限度地增进公共利益。”[1]这是一种冰冷的契约关系，只有约束限制而不引导向善。

山西省和顺县松烟镇许村位于海拔1500米的太行山上，无霜期很短，农业收入很低，70%的村民在外面打工谋生，是一个典型的空心村。2005年，渠岩教授第一次进许村做乡村摄影，震惊地发现村民们处于物质和精神的双重贫困状态，好像生活在现代社会之外。和陕西省延安地区延川县土岗乡小程村一样，由于乡村信仰普遍缺失，这里的人们人生似乎失去了意义。作为文物和古建筑大省的山西，建筑遗产比比皆是，许村和“平遥小冀”所在的梁村一样，不具备政府按遗产论认定的价值，够不上“可利用”的层次。只能面临被改造和拆迁的命运，村民们很沮丧，看不到改变生活的可能和希望。

渠岩以艺术家的直觉敏锐地发现了许村的现实与其内含的乡村文化价值的巨大反差。在被强大的现代性碾压的文化废墟上，这里竟然还保留着丰富的传统文化，是一笔巨大的精神财富。村民们身在其中而不自觉，也没有能力转换为物质财富。渠教授团队出场了，他们在许村的实践深入到方方面面。团队从梳理许村历史入手，发现这里还是一个传统的“人神”“人人”“人物”的世界，保留着完整的民间信仰和神性建筑空间。在这个基础上他们帮助村民开展生产自救，初步摆脱物质贫困。在长期的双重贫困中，“礼”已然几乎泯灭，失去了引导、善治的功能。团队以乡村的立场

① 褚鋆：《培育新乡贤，孵化慈善伦理体》，古村之友公众号。ID：Friends of Spirit Community。

发现乡村的文化价值，整理保护地方历史文化传统脉络，深入到地方文化土壤里“同情地理解”当地的传统习俗、文化习惯。从2008年开始了艺术乡村建设“许村行动”，发布《许村宣言》，从保护建筑入手保护当地村民生活的传统生活空间。中国传统的乡村是一个自足的文化系统，生死轮回具有神圣性，祠堂、庙宇、老房子一起构成了神圣空间。戏台、私塾、牌坊、功名旗杆集神圣空间、政治空间、娱乐空间、教化空间、历史空间于一体，村落空间是神灵、历史、当下同在的空间。农民进城意味着乡村历史的中断，失去了连续性的社会记忆和自我主体记忆。在团队的启发下村民们开始重新体味地方文化价值，重建乡村文化记忆。团队举办许村论坛，把许村案例作为一个文化平台，吸收融合不同学科的思想资源，包括社会学与人类学，建筑学与乡村文化保护专业组成的团队，讨论乡村问题，探索乡村改造方式。渠教授认为，许村的在地实践是一个不断地尝试、反思和对话的过程，“许村行动”是一个不断丰富发展的艺术社会化实践。从2011年开始举办两年一届的许村国际艺术节，每次持续半个月，已经成功举办了五届。根据当地的地方性知识和节庆传统，把艺术节转化为以地方文化习惯为核心，汇聚各方面力量，建立情感关系的新乡村文化。在实际操作层面上，成立许村艺术公社文化发展中心作为活动主办单位，地方煤业公司经济赞助，恢复举办了传统的全神庙、皇天后土庙祭祀活动。“许村行动”作为多元化复合型的大艺术行为，区别于政府主导的改造话语和发展话语，以艺术修复人人、人物、人神关系，修复感性、伦理、信仰价值，修复地方文化传统和文化自信，重新建构地方主体。艺术就这样以感性的力量打动人心，直接介入了社会治理。渠岩主张的“情感共同体”事实上是尊重当地人的传统习俗、文化习惯和诉求，知识分子与村民互为主体（Inter-subjectivity），互相以自我进入到对方中，互为对象，体验共同的价值观。正因为有着共同的价值观,艺术的社会改造功能才有可能实现。

哈贝马斯认为,交互主体性是一种平等的可互换位置的交往,“纯粹的交互主体性是由我和你(我们和你们),我和他(我们和他们)之间的对称关系决定的。对话角色的无限可互换性,要求这些角色操演时任一方都不可能拥有特权,只有在言说和辩论、开启与遮蔽的分布中有一种完全的对称时,纯粹的交互主体性才会存在”。[①] 文化共同体内形成不同阐释关系的前提条件,是双方形成自我—他者关系,处于一种阐释的协商状态。在这种破除自我中心的状态下,意义就成为主体间交往和理解的产物。

在这里我们发现,审美从现代性兴起之初,一直是反抗经济理性的力量,是对抗现代性的有力武器。审美领域作为“飞地”,一直以非功利性保留着艺术世界的纯粹性、不介入现实而沾沾自喜。而今天恰恰相反,艺术有力地介入了现实,艺术作为改造现实的实践不再“纯粹”,实现了艺术的社会建构功能。渠岩的许村实践就是一个证明。审美仍然具有非功利性,超越了利益,艺术唤醒了村民神性的生活方式。许村艺术节庆唤醒了当地文化价值和村民主体,通过节庆活动寻找文明基因,恢复传统礼俗社会。“许村行动”使艺术成为深嵌在地方社会中的观念、惯习、情感模式和社会实践,这种大艺术观念正是审美人类学意义上的,艺术从生成到产生社会效应和功能,成为重构社会的力量,实践了蔡元培先生的“以美育代宗教”的理想。“人人都有感情,而并非都有伟大而高尚的行为,这由于感情推动力的薄弱。要转弱而为强,转薄而为厚,有

① Jürgen Habermas, “Social Analysis and Communication Competence”, in Charles Lemert, ed. , *Social Theory*: *The Multicultural and Classic Readings*, Boulder: Westview Press, 1993, p. 416. 转引自周宪:《系统阐释中的意义格式塔》,《中国社会科学》2018 年第 7 期。

待于陶养。陶养的工具，为美的对象；陶养的作用，叫做美育。”[①]美育唤醒了人的主体性，通向了自由。

许村的艺术节庆不同于政府主导的节庆活动，在这里乡村具有活性的文化价值而不是遗产化、展览性的文物价值，是村民的神圣家园。今天的乡村主体多元而复杂，处于转型中的乡土社会，乡土主体从稳定性向流动性转变，社会生活由同质性向异质性转变，社会空间由地域性向公共性转变，社会关系由熟悉性向陌生性转变，从熟人社会向半陌生人社会转变，社会结构由紧密的共同体向松散性转变，不同主体有不同的欲望和诉求。许村必须在这种语境里，在交流中寻找共同点，重建主体。如果说现代性毁灭了文化价值层面的乡村，我们只有从中国传统文化资源、从中国自身的文化逻辑出发重新建设乡村。破解乡村治理面对的困境，重建以村民为主体、嵌入乡村的新治理力量为依托、互助共济的乡风民俗为支持的新“乡村共同体”可能解决这个难题。如果说传统乡村共同体形成的逻辑动因为外在的共同风险，构建新乡村共同体则须从乡村内部建立机制来实现。“情感共同体”主导下生成的新乡村主体正是这种力量。

广东省顺德市青田村是继“许村行动”之后的又一个乡村建设现场。渠岩团队的艺术家们在这里具有四重身份：对乡村干部进行文化启蒙的训导者，在地性知识的学徒，不同主体之间关系的协调者，日常生活的改造者。青田乡村建设的核心仍然是建构主体，“让每位农民有尊严地生活在自己的家园里”。

渠岩团队深入历史和现实，从整理青田社会丰富的文脉入手。青田村所在的顺德市，地处中国南方，相对于传统文化破坏严重的北方，岭南文化由于特殊的地理环境，保留得比较完整。显性地表

---

① 蔡元培：《蔡元培美学文集》，北京：北京大学出版社，1983 年，第 220 页。

现为有一整套以祠堂为核心的神话、祭祀、信仰崇拜系统，以水资源配置系统和桑基鱼塘产业组织系统为代表的民间治理力量，把市镇、村落网状结构地联结起来，构成了一个庞大复合的社会生态网络，隐喻着一种交互关联、平衡的民间社会系统。岭南地区虽然比较早地受到现代性的影响，但是由于传统文化资源的丰富，这些资源在新的语境里被重新组合，创造了很多灵活的适应机制。这其中比较典型的是祠堂文化。

祠堂是传统社会地方经济发展水平的表征，民俗文化的凝聚，既是中国家训文化的家族核心空间，也是传承孝道文化、调解邻里纠纷、宣传思想道德、稳定社会的公共空间，是中华民族特有的血缘生命文化的神性空间，在尊老敬幼、扶危济困、建设和谐社会等方面起着重要作用。广东由于地处岭南，不同族群聚族而居，特殊的地理人文环境使得祠堂文化保留得比较完整，传统文化孑遗比较丰富。祠堂是传统的祭祀、教化的神性场所，是族群文化的空间价值凝聚。祠堂文化凝聚了地方优秀传统文化的精华，祠堂中举行的礼俗活动显示了传统文化的隐形价值。现代社会里，由于对传统文化的长期冲击，宗祠在乡村社会的话语权越来越低，宗族逐渐成为一种隐形的存在，但是仍然为传统文化的延续提供了载体。祠堂通过祖先崇拜仪式，向源头不断回返，把日常生活神圣化，对当下的世俗生活具有纯粹化、净化提升的功能，使人的生命在时间长河里得以延续、永恒。中国的文化传统都与祖先崇拜信仰有关。青田保留了很多学社、家塾、关帝庙、道观、社学、乡约，各路民间地方小神更是不计其数，仓颉、妈祖、海神寺庙和遍布各个村落的宗祠、庙宇，内在地构成了乡村的伦理秩序和治理规范。在城市化进程中，祠堂表征着每个个体的来处、故乡、源头，具有提醒存在、当下的意义。

祠堂在当下的顺德仍然起着非常重要的作用，年轻人举行婚礼的场所通常还在祠堂，以这种方式告诉先人，家族在延续，每个人才有归属感。祠堂和老房子在现代性强势话语下被挤压成了乡村“边缘”的历史，其实这才是乡村本源的历史。渠岩团队有节制地进行有限装修，最大限度地尊重保留乡村空间的“原生态”。南方乡村因为气候和植物生长规律不同于北方，树木生长期短，更新快，老树木比较罕见，所以很多乡村有老树崇拜，事实上是对大自然生命力和地方历史的敬畏崇拜。乡村建设要保护老树，延续这种地方民间文化。渠岩认为政府主导的乡村改造，村民从整体搬迁到上楼，基本上从空间到文化，抛弃了乡村的一切，乡村生活的逻辑逐渐消解。随着农民进城融入城市的同时，也把强势的城市文化带到了乡村。黄宾虹曾经以乡绅的身份主持乡村事务，今天乡村被破坏得太严重，控制得也比较严密，不太可能恢复乡绅的传统了。渠岩主导的乡村建设，摸索出了政府、企业与高校联合模式，创办岭南乡村建设研究院，举办乡村振兴大讲堂，培训乡村基层干部，重建乡村空间，修复精神家园，激活民间文化传统。团队整理了顺德文化脉络，包括：人与祖宗的关系，以祠堂接续；书院——以耕读传家连接人与圣贤；关帝庙——连接人与神的忠义信仰；村落——人与自然和谐共处的空间。这种中国式风水观念是中国人对自然的解读，人融入自然形成的人文自然肌理。2016年渠岩团队牵头成立青田基金会，开展青田“缮居公益”工程，修缮老房子。青田艺术乡村建设的目标是“创造新文化，救活古村落，延续传统文明，推动公民社会”，把青田做成一个完整的中国文明复兴范式。

在现代性兴起初期，康德已经意识到实践理性和道德理性之间的天人相隔，只有审美才能够打通不同领域。只有通过审美活动，主客体之间才能进入“无我”的状态。在许村，渠岩不再是一个外来的他者，而是既清醒又激情投入地进入了村落的公共生活。

他认为不能以进步的城市化毁灭传统村落空间，更不能把它仅仅变成旅游资源，只有以审美的力量才能唤起记忆激活传统。只有以这种方式才能保留村民真实的生活，美才能通向生命本源性的存在，通向自由。渠岩的审美实践不同于通常的艺术创作上的抽象升华，而是还原到原住民生命的本源，民俗的本源，是内在生活意义上的还原。因为这些民俗正是村民从自己的真实生活中抽象出来的，在长期的遮蔽下村民们已经遗忘了它们，渠岩团队的作用是把这些记忆挖掘出来，提醒他们生活本来的意义。

渠岩曾经有过长达十年的西方国家生活经历。经过对东西方社会结构的深入思考对比，他认为只有在乡村才能找到中国文化之根，和很多建筑学家的游历思考殊途同归。“家乡是我们最后的精神家园，西方追求的是灵魂不朽，而中国追求的是生生不息的生命繁衍”，“中国人的约束不是来自于宗教而是家族，把人都赶到城市去，离开家族的约束，会出现很多问题”，“修复保护老房子，是要恢复我们家族的荣耀，召回一百年来我们模仿西方、模仿城市所失去的神性”。必须从空间修复开始唤醒民俗记忆，重建乡土文化。通过举办艺术节，以文化灵魂召唤年轻人回来，这种“行动艺术”是艺术家、建筑师、不同专业学科的学者、政府、村民共同完成的，“艺术代表了活力，许村因行动艺术而被激活”，“一个社会实践足以成为艺术本身”，艺术介入乡村的原则：发现、重估、修复乡村价值，是对现代性的反思，对一元化发展模式的反思。尊重乡村文化传统和逻辑，在文化多元性和共同繁荣的视域里重建乡村的主体性和地位。从许村到青田，渠岩团队的十年艺术乡建实践以审美的方式代表了两个不同乡村的发展方向。许村行动以艺术激活人性，青田计划是去艺术化，去美丽乡村化。这种模式不同于脱嵌的政治治理，而是通过多主体在地化实践进行乡村主体修复，进而深入到社会、文化、人的感觉的全面修复。通过修建当代文化祠堂，把传统乡村公共文化与当代文化融合起来，多主体互为主体。挖掘审美教育的核心功能，体现了审美现代性对现代性的反思和修正。

渠岩的乡村文化建设实践反映了当代文化与传统的关系。加达默尔认为，理解传统是一个将自身置入的过程，但这种置入并不是一个个性置入另一个个性，也不是另一个人受制于我们自己制定的标准，“而总是意味着向一个更高的普遍性范畴的提升，这种普遍性不仅克服了我们自己的个别性，而且克服了那个他人的个别性。‘视域’这个概念本身就表示了这一点，因为它表达了进行理解的人必须要有的卓越的宽广视界。获得一个视域，这总是意味着，我们学会了超出近在咫尺的东西去观看，但这不是为了避而不见这种东西，而是为了在一个更大的整体中按照一个更正确的尺度去更好地观看这种东西。”即“在理解过程中产生一种真正的视域融合”。①

既然乡村的衰落始于现代性的侵蚀，今天的乡村建设就必须重新肯定乡村的价值，重新在城乡之间建立一种相互流动的平衡机制。郭于华教授认为，从乡村出去的个体在城市的失败，其实是一种社会结构性的失败。失败后无处可去，只有再返回乡村，给乡村带来更大的打击。城市与乡村存在社会身份、地位的巨大差别，当乡村传统消失，宗族社会解体，信仰消失，地方社会解体时，就完全丧失了主体性。工业化只要乡村的劳动力而抛弃了他们的身份，剥夺了农民的人身权利，所以农民进城仍然是没有身份的，他们遭遇了对自我的双重否定。乡村的破败是被城市抛弃的结果，梁鸿痛心疾首地称之为城市的“呕吐物”。渠岩团队首先“重估乡村价值”，发现乡村精神“家园”，即存在意义上的本源，生活世界精

---

① [德]加达默尔：《真理与方法》(上卷)，洪汉鼎译，上海：上海译文出版社，1999年，第391—392、394页。

神世界的统一体。这是乡村的核心价值。但是，物质决定意识，关键还是发展经济才能留住“家园”，才能拯救乡村社会结构性的衰败。渠岩团队虽然集中了艺术家和各个专业的专家学者，但是只有思想文化资源而没有行政资源和经济资本，必须借助于政府和资本的进入才能实现乡村建设。艺术乡村建设不同于开发式发展模式的是，团队以协商式、同意式的方式推进乡村建设，他们实际上成了“中介”，连接了村民、投资人、政府，传递了不同方面的声音，尤其是村民的声音。这里的“情感共同体”涵盖了艺术家、村民、投资人、政府，事实上包括了整个地方社区。用差异化的方式尊重地方文化，在这个基础上发展经济，推进完整的乡村复兴。

我们发现，在这种场域里，艺术的生产方式和社会功能发生了一个重要变化。德国著名艺术家博伊斯(Joseph Beuys)曾经提出艺术的社会学转向理论，认为艺术具有对权力话语的批评和主体建构功能，艺术具有革命潜力，艺术创新是促进社会复兴的乌托邦。艺术能够重建信仰，重建人与人、人与物、人与自然的亲和关系。渠岩的艺术实践体现了对艺术的这种理解。艺术作为社会行动表现为实践意义上的公众美学行为，提升人性修复良知的社会行动，实现了审美的“善”，沟通了人神关系，找回了失去的世界。艺术乡建就这样以审美的方式打开了中国乡村建设的第三条道路。

渠岩的艺术乡村建设的重要意义在于启示我们，在当代，审美日益成为一种社会资本和文化资本，对社会生活关系的形构和变革发挥着重要的作用，形塑了人的感觉结构和审美习性。艺术焕发出巨大的力量，突破了经典美学模式，以审美介入了社会变革，审美资本引发的文化经济问题是美学必须面对的新问题。审美实践再生产出神圣空间和社会关系，形塑了新的伦理和人格。由于中国社会没有产生西方那样的现代性、审美现代性的历史语境，西方现代性意义上的审美观念在中国知识界接受和实践过程中发生了“有意”的本土化误读。西方语境里以修正、颠覆启蒙理性为宗旨的审美现代性在中国变成了从感性情感方面重建国民性、启发国人心智、重建国人道德的社会性功能。所以，在中国现代语境里，审美现代性与启蒙理性不仅不矛盾，反而相互协同，共同致力于启蒙理性。率先引进审美“无利害性”的王国维把这个命题解读为“遂使吾人忘利害之念，而以精神之全力沉浸于此对象之形式中”，由审美知觉方式转变为美的对象或审美自身的功能，作用于审美主体，进而形成一种高尚纯粹的情感，作用于整个人生。知识分子主导的“许村行动”延续了中国现代性语境里特有的审美现代性思维，他们作为边缘化群体的代言人，有意“忽略”了审美的非功利性意义，“在以农耕自然经济为主体的社会结构向现代化发展的过程中，现代化的诉求既是作为改造半殖民地半封建社会的强大力量，又是作为对现代性和资本主义制度和资产阶级文化的抵抗和批判力量被引进和介绍到中国来。在政治上，马克思主义与中国革命实践相结合，在实践中走出了一条中国模式的社会主义革命和建设的道路”。[①] 渠岩团队虽然延续了现代性以来的知识分子的启蒙立场，但是没有居高临下地企图教化改变民间意识，而是可贵地启发、保护了村民的主体性和文化自觉性。这就不同于主流意识形态的社会改造工程，艺术的“善”发挥了巨大作用。艺术在这里具有双重功能：既是通向现代性的路径，又具有审美现代性的建构主体的作用，形成了中国特有的乡村建设路径。有学者把艺术乡村建设称为民粹主义乡村立场，是知识分子对自己启蒙立场的自觉纠正，更是对现代性的矫正，是向民族传统文化和民众立场的可贵回归。

---

① 王杰：《中国马克思主义美学的基本问题与理论模式》，《文艺研究》2008 年第 1 期。

作为对艺术观念和现代社会有深刻认识的艺术家，渠岩倡导的“情感共同体”直觉地把握了时代的共享价值，类似于文化唯物主义的“情感结构”，对应了主体对时代文化的感知，表达了“客观结构”与“主观感受”之间的张力，突出了个人的情感和经验对思想意识的塑造作用，以及体现在社会形式之中的文本与实践的特殊形式。和“情感结构”一样，“情感共同体”作为一种在历史过程中不断发展、变化的有机体，始终处于塑造和再塑造的复杂过程中，在“许村行动”和“青田范式”中持续地发挥着作用。

安徽省黄山市休宁县溪口镇祖源村，位于皖赣交界地、海拔685米高的五龙山脉深处，始建于宋朝，是明代开国功臣朱升的故里。一直到民国时期江西、安徽重析省界之前，这里都隶属于徽州，历史上有过著名的徽州文化和徽商现象。休宁更是号称“中国第一状元县”，据县志记载，从北宋嘉定至清光绪年间，这里共出过19名文武状元。“休宁”出自“修身养性，宁静致远”，似乎隐喻着传统文化通达兼济的两面性。道教四大圣地之一的齐云山矗立在休宁县，森林覆盖率高达81%，是“国家级生态示范区”。祖源村里有一棵树龄1200年以上的红豆杉和罕见的有数百年历史的老桂树。因为地处偏僻，2005年才有公路与外界交通。传统手工艺品徽墨、日晷、贡菊、红茶早年前曾经获得巴拿马万国博览会奖牌。但是，由于这些资源今天已经不能转化成经济效益，那条公路反而打开了通向城市生活的路径，更不能拦住农民进城的脚步，大片徽州老宅破败凋零，人去楼空。村里人口一共800多，常住人口只有留守老人儿童200人。因为“人”的不在场，完全成了一个人口、道德、价值多重空心化的村庄。

2015年，一个偶然的机会，当时已经年近七旬、来自上海的庞焕泰先生，遇见了祖源村，一下子激发起了他的山村情结。庞焕泰曾经是一位海军航空兵飞行员，转业后在政府部门工作多年，退休后成立了上海宏森投资发展有限公司，主持过闸北区江场西路老厂房改造等大型城市建设工程，是一位成功的企业家。他以企业家和上海人的文化眼光敏锐地发现了祖源村的“价值”。“人生七十古来稀”的他没有含饴弄孙颐养天年，而是满怀热情地投入到了祖源村农舍改造的浩大工程中。他成立了黄山宏森投资发展有限公司，在家人的不理解不支持、内外交困下开始了他的乡村造梦计划。整个过程的艰难超乎想象，坚持到 2016 年底，用八个月时间建成了“梦乡村祖源民宿群”，一共修缮完成了 26 栋民宿。庞焕泰团队精心收集村民废弃的“过时”雕花窗扇和旧瓦，修缮后用在建筑外立面，以黄泥与水泥还原土黄色农居外形，修旧如旧保护“原貌”。室内则完全现代化高档装修，以根雕、奇石、明清家具体现上海富裕阶层的“高”文化层次和品位，有的民宿甚至还配有豪华游泳池。在这条以黄墙黑瓦、雕花木窗、错顶为特色的江南民居和以白墙黑瓦、马头墙为特色的徽派建筑构成的“新”老街上，各种民宿、饭庄、面包房、咖啡馆里，旅游的人群熙熙攘攘，五颜六色的霓虹灯映照着乡村的夜晚，既有城市的繁华，又在乡村的慢节奏里享受着宁静，似乎是一个“乡村里的上海”，成为城市生活与乡村情怀的“混搭”。庞焕泰充分认识到了文化的重要性，为这个有着 1300 年历史的乡村建立了村史馆，既激发起村民的文化自信，又是最好的软实力广告。还建了人民大舞台，既引导村民进行民俗表演自娱自乐，也为游客抒发红色情怀提供了场地。随着祖源村旅游业的发展，黄山宏森投资发展有限公司成立了经济合作社，村民可以入股或者打工，在当地就业。从前离开乡村的原住民开始回潮，现有人口已经超过 400，村民们建起了 14 户农家乐。祖源村被评为“全国生态文化村”，成为中国传统村落复兴蝶变的“生态样本”，全国乡村旅游发展典型。

随着祖源村改造的工程越来越大，庞焕泰的思考也越来越深人。"一开始是一种山村情结，后来慢慢变成了一种责任，就是要保护这些古老的民居，留住这里的村民。"在庞焕泰眼里，虽然现在的祖源村已经"发生了历史性变化"，但是只有从技能、知识、内涵全方位彻底改造农民，他们才能自我造血生存，才能跟上时代，改变乡村面貌。所以他下一步计划开办成人技术教育培训班，从事"人"的改造。无论是称之为"鸡尾酒疗法"还是"中医针灸调理"，都是以一种渐进式、从根源上对乡村生活形态和观念进行调整的方式，以拯救经济、伦理双重凋敝的乡村，留住村民，改造乡村。

庞焕泰的"一个人的乡村复兴"具有多重意义。他走的是旅游开发、乡村就地城镇化之路。以旅游经济价值的眼光，那棵千年红豆杉和那些有数百年历史的老桂树、老房子一起构成了景观平台，成为旅游消费符号，以文化精英品位和消费趣味建构了一个现代桃花源。把城市生活搬到了乡村，农民利用乡土资源转换成经济文化资源，改变了自己的生活和观念。庞焕泰具有上海人特有的务实、经济理性、海派文化趣味，还有那一代人特有的红色情怀。他清醒地认识到，没有经济基础支撑的乡村文化复兴是缘木求鱼，只有激活乡村文化价值，才能平衡现代人的生活和内心。他的下一个目标是徽州区潜口老街，老骥伏枥志在千里，还要大干一场。

以上所举仅仅是我孤陋寡闻的极其有限的例子。无论是以财富造福社会还是出于文化自觉，无数的"一个人的乡村复兴"在大地上默默地进行着。乡村振兴的先行者"引领者"们犹如星星之火，从不同的路径探索中国乡村改造之路。乡村改造从来就不仅仅是民居、面貌的保护和改造，更是"人"的改造，只有农民才是乡村复兴的主干力量。只有实现了物质创造，乡村精神情怀主导的乡村文化才能回归。

总起来看，在没有进行"土地归还农民"的制度性改变前提下，物质基础、精神的改造可能是最有意义的改造。许多社会精英以一己之力投入了这场改造。崔永元、查建渝主导的乡村小学教师培训计划，梁晓燕等主导的西部阳光农村发展计划等，都是为了让乡村回归乡村，像陶行知、梁漱溟、晏阳初当年那样，启发民智，再造乡村文化，积极参与乡村建设。

第四节　关于艺术乡村建设实践的分析与思考

从以上几处艺术乡村建设实践案例看，很多乡村传统文化资源通过不同形式的激活转换，转化成为当下社会文化的一个有机部分。可见传统与现代并不是截然对立的。吉登斯认为，历史进行到今天的全球化语境里，“现代”意味着全球化新秩序的来临，给每个个体带来感官与意识上的强烈冲击；这种现代性虽然被认为是一种“后传统”的秩序，但是“作为秩序保证的传统和习惯并没有被理性知识的必然性所代替”；恰恰相反，传统将被内化为现代性的一部分，这些留在历史层累当中的“失去的世界”将长久地作用于我们的生活，进入到新传统的建构中。以往固态的、保守的结构进而变得流动且开放。每个个体的自我认同与现代性的普遍化过程是同时发生的，通过个体对自我的反思和建构，一种综合的文化生活秩序得到建立。

我们发现，这些位于不同地方的艺术乡村建设团队不约而同地都采取了艺术、设计、农业、人口、社会等多专业联动的方式，他们迫切地希望保护乡村传统文化，繁荣乡村经济，在乡村与城市之间建立合理的人才、资源流动渠道。只有实现“城乡等值”，城乡融合，城乡各美其美，城中有乡，乡中有城，城市像乡村一样美，乡村像城市一样经济发达生活便利，城乡才能平衡发展。只有在乡村和城市差异的基础上实现城乡功能的互补，才能弥补城乡特色的缺失。他们准确地把握了乡村振兴的关键点。

正因为采取了这种多专业联动的方式，艺术乡村建设团队对乡村“原生态”文化的价值就有比较好的判断。如一般情况下普遍认为，乡村原住民的生活形态必须保留，只有保留才能留住地方文化的源头，才能传承下来。但是江西省流坑村的铜钱牌虽然保留下来了，然而小吹会、傩舞却几乎消失了。因为与后面两项民俗相关的生活形态已经随着时代的变迁消失了，但是铜钱牌具有与现代扑克牌娱乐近似的内涵反而大兴，这是不是也反映了乡村生活慢节奏、无聊、空虚的一面？

在传统社会里，人们生活的内在秩序经过意义上升，隐喻化仪式化就形成了民俗，表征着生活世界的本源。高丙中先生认为，在现代一个比较长的历史时期，中国社会在进行现代性运作中所需要的对事实进行的叙述是由文学和艺术及其混合体的广场文艺来代劳的，社区民众的声音即民俗缺失了。民俗的缺失意味着民众主体的消失。民粹主义的艺术乡村建设弥补了这一点，让村民发出了自己的声音，把以生活文化为基础的生活内在逻辑在现代乡村建设中得到显现和现代延续。陈华文先生认为，传统村落的形成基于血缘关系和地理环境。传统村落具有组织功能、生产功能、文化功能、对外交流、乡规民约功能。传统村落集生产、生活、社会组织于一体，是隐藏着血缘关系的空间。如果城市与村落特殊形态的城中村等二元、多元性社会结构形成，传统村落就具备了与城市不同的功能，能够适应新生产形式的发展。艺术乡村建设之所以能够有成效，是因为主导者们真诚地从乡村立场和乡村主体出发，尊重村民对现代性的向往，村民是希望乡村改造的，但是更希望能够保留自己的物质家园和精神家园。正因为单一的现代发展才导致我们把传统文化之根丢弃了，才失去了文化生命力。重新划分村落与城市的功能，必须有差异性的发展，村落必须有自我再生能力才不会千村一面，重蹈规模发展的覆辙。艺术乡村建设帮助社区建立小业态，重建伦序关系，恢复神圣性，使地方性知识有生存空间。只有这样，乡村才是乡村人的乡村。

政府主导的乡村建设主要体现在改善乡村硬件设施方面，缺乏改善乡村社会的内在文化传承机制和再生生态的有效措施。只有回溯并有效激活传统治理社区文脉，激发乡村的生产能力和民众的文化自觉，才能找到合理的乡村发展治理机制。新乡贤们的艺术乡村实践弥补了这方面的不足，找到了经济发展与文化传统保护发展之间的平衡，重新树立了村民对自己文化传统的自信心，使他们在现代社会中逐步掌握发展的主动权、话语权，增强对家园的认同感和归宿感，生成新的村落共同体。

艺术乡村建设纠正了发展思路的不足，引发了政府层面对以往乡村建设的反思。之后，一批政府推动的艺术乡村建设开展起来，也提供了一些案例。

浙江省丽水市松阳县地处浙西南偏远山区，有 1800 多年历史，是中国历史文化名城。因为特殊的地理环境，远离中心文化，名镇名村保留相对完整，乡土文化体系也还碎片地存在着。2016年松阳入选中国文物保护基金会的“拯救老屋行动”全国推广对象，这个行动意味着对松阳改造的主要话语权来自政府方面。但是从松阳的乡村振兴实践看，多主体特征也很突出，政府、艺术家、村民互为主体，合力构成了文化多重复合建设场。

艺术家和不同学科的专家学者进场后首先调查松阳农耕文明现状和文脉，进行有机梳理提炼。文脉是地方文化的核心价值，更是现代商业社会经济文化发展的核心竞争力。通过“拯救老屋行动”，修缮传统乡村空间，以现代技术改造生活设施，使老房子的功能不仅仅限于“展览”怀旧，更富有现代气息，怡人宜居。艺术家们在老房子里落成工作室，就把艺术生产消费场域转移到了乡村。

艺术家进入乡村创作，展示了另外一种生活方式。艺术生产和艺术消费市场如此贴近村民，艺术直接进入生活，打动感染了村民，激活了他们人生的意义，失落的民间文化就有可能在这种场域里恢复。如沿坑岭头村的原生态明清街，竹溪摆祭、高亭迎神庙会、程路船灯等民俗的恢复。以现代商业模式带动传统乡村经济复兴，一村一品，发展生态农业和休闲旅游。这种艺术生产模式与渠岩模式一样，以“同情地理解”立场进入乡村文化现场，放下姿态，与村民处于同一个立场上，乡村内涵的价值为艺术家赋能，村民与艺术家互为主体。通过辅导乡村干部、工匠、村民转换思维，把传统手工艺与现代技术结合，向现代文化产业方向发展，如手工豆腐工坊、红糖工坊、酒坊、制茶工坊、棕包工坊等，主打有温度的、唯一性的手工艺品，在机器工业时代实现了高经济价值。文脉是乡村的文化基因，在乡村文化生态严重破坏的情况下用“中医针灸调理”的方式进行文化碎片整理修复，慢慢恢复乡村的内在生命力。松阳 200 多个乡村，一村一品，将近一半于在地文化基础上植入了休闲旅游业、民宿、文化创意、生态农业等新型业态。由于产业的规模发展，松阳乡村常住人口回归了 5700 人，各类新乡贤日常在松阳上班，周末回到北上广深，形成了俞孔坚先生所说的“新上山下乡”现象。他认为，城市和农村在旧体制里形成的是生产与消费的关系，而新上山下乡运动将建立一种新的城乡关系。在这个场域里，农村变成了消费的场所而不再是生产的场所。

无论是“逆城市化”还是“乐活”，我认为这样的乡村既是生产场所也是消费场所，现代乡村融合了生态、经济、文化、社会等多重功能，尤其是现代交通体系和互联网系统的全方位覆盖，使得城乡界限逐渐模糊，乡村的封闭性不再。在松阳，艺术进入乡村，建立了一个良好平衡的运行机制，政府、艺术家、投资者、村民之间建立了合理的利益连接机制。政府遵循“最小干预获取最大效益”的原则，在全县域内建设了一批乡村博物馆和工坊群，构成现代展示型文化的主客共享的开放空间。这个空间激活了传统乡村文化记忆，激发了村民的地方文化自豪感，传统文化得以再生和活化。

因为松阳改造的主要话语权来自政府，改造的导向性就很清晰。那就是讲述松阳故事，在威尼斯建筑双年展、德国法兰克福书展、奥地利维也纳展等场合，向西方展示农耕文明的现代转型，理想的当代中国传统乡村。现代化中国仍然有当代桃花源，当代香格里拉，现代性可以和传统乡村并存。

浙江省金华市缙云县河阳村则提供了另外一种类型。政府经过一轮又一轮的招商，缙云县人事局、河阳村所在地新建镇政府提供场地免租、创业补贴、贷款担保贴息等优惠政策，吸引了大量返乡创客来河阳村创业。“老街”笞樵路、八士门“古”街上满是返乡者新开的民宿、面馆、特色小吃店、画廊、旗袍服装店、茶铺等各种手工作坊。“老街”新装修，不同时空交织重叠在一起，营造了一种后现代的混搭(camp)风格。对返乡者而言，河阳村就是一个转移到乡村的资本经营市场，在这里做电商成本能够大幅度降低。然而现实却很骨感——生意并不好做。这里虽然与城市是两个空间，却延续了城市的商业模式。这些商业街模仿已经成功的周庄、西塘、乌镇等名镇旅游开发模式，按城市人对乡村的想象打造乡村景观，叙述逻辑是“生活原来如此”，河阳村是“活着”的古村、现代桃花源。这些店铺在装修上刻意“自然化”，充满乡村生活气息，甚至比乡村还要乡村。如院子里人工培植的青苔，费心思收集来的猪食槽、牛槽、蓑衣、纺车、水缸、磨盘、斗笠，还有前工业时代的各种农具等“自然”地装点着空间。这些乡村生活“本来的样子”事实上以商业消费美学原则迎合了城市消费者“体验别样生活”的心理。[2]

我认为河阳村当下的现实逻辑构成了一个怪圈。城市消费者预期的消费心理是体验乡村生活“本来的样子”，而河阳村民本来的生活却是不具有消费性的。正如那些非营业性空间里，斑驳的墙面，触目惊心摇摇欲坠的“危房”，昏暗破旧的小屋，是河阳村民真实的生活，同样也是河阳的一部分。但是这部分河阳不仅不能被消费，更是河阳必须隐藏起来的“后台”。戈夫曼把社会生活表演区域分为前台、后台、局外区域。村落既然构成一个自给自足的有机共同体，那么显现出来的前台与隐藏起来的落后贫穷事实上构成了互为镜像的关系。河阳被消费的部分必须迎合观光客理想中的美好、古典、完整的“过去时态生活”的心理和他们所习惯的城市生活的整洁、便利、卫生等。所以当河阳变成他们想象中“本来的样子”时，本真性的河阳也就消失了。也就是说没有被消费的那部分河阳反而是真实的，如粉墙黛瓦的明清古建筑群，未经过改造的破败的乡村空间和乡村“慢”生活。河阳原本的生活因为城市的巨大吸引力和生存压力，正在逐渐瓦解。然而，河阳人只有按照“本来的样子”生活，才能吸引消费者；为了吸引消费者，又必须按照商业逻辑“恢复”那种“从前的生活”。这种包装、表演性的生活既是消费者的趣味所在，也是村民的经济理性所求。两者通过商业逻辑合二为一，却恰恰失去了本真性。河阳展现出来的生活既不是村民生活的本真，也不是游客希望的本真，只是旅游经济设计的产品。这其中构成了一对矛盾，双重本体消失。如果说正因为有这些返乡者的创业，河阳才能恢复生机，但是这种生机不是基于乡村的内生性动力，而是基于乡村“景观化”的商业动力。可是，吊诡的是，当河阳越来越商业化时，村民受返乡创客行为的影响，生活越来越城市化，农业生产节奏主导的“慢”生活就会逐渐加速。这种加速度使河阳变得越来越与城市没有什么区别，只是一个搬到乡村的“城市主题公园”时，生意并不好做就是一个预兆，旅游目的地河阳就趋向于瓦解。如果游客的消费心理和安慰心理得不到满足，返乡者的利润达不到预期，当他们逐渐离开时，河阳会不会再一次空心化？人们追求的乡村生活的价值到底在哪里？也许，正如周星所言：民俗学把乡村、乡土和家乡等置于和乡愁密不可分的情感联系之中，同时致力于在上述那些概念的名义之下开展各种振兴活动，然而，美丽的乡愁和被认为具有本质性价值的珍稀传统能够融为一体的所谓乡村、乡土或家乡，不过是民俗学者头脑中的一种“乌托邦”而已。[①]

在笼罩一切的全球化语境里，河阳村不再是地方性的河阳而是具有多重性复合性的文化河阳空间，正所谓“从全球到村庄”（赵月枝语）。河阳村既是一个正在“主题公园化”的景观，也是一个恢复生机的古村落，前工业社会的生活、城市商业逻辑、城市后花园心理治疗空间同时并存。如果说古人一直怀着桃花源的梦想，那是因为在古典时代，地方性没有打破，每一种地方文化体系都具有自足性封闭性，他者文化都属于诗和远方，想象中的诗和远方具有诱惑性安慰性，起着修复身心的作用。由于社会的流动性，今天任何一个地方都是“世界的地方”，任何文化都是在流动中不断“粘附”吸收他者文化而形成的多元复合文化。所以今后可能再也不会有孤立于世界之外的桃花源。如果有，也只存在于我们的想象中。任何河阳、香格里拉、九寨沟都是乡村里的城市，在商业复制逻辑下具有高度相似性，似曾相识的景观理所当然丧失了旅游核心价值。当游客们看多了这些复制的古村、古镇后，生意自然就不好做了。河阳内含的双重矛盾只会令人更加困惑，不再具有修复身心的意义。

然而，“慢”生活的河阳毕竟还部分地保留着，为那些曾经离开河阳、却在有着巨大风险和不确定性的现代社会中失败的返乡者

---

① 周星：《生活革命、乡愁与中国民俗学》，《民间文化论坛》2017年第2期。

依然提供了修复身心的故乡。温暖的熟人社会，乡里乡亲构成的亲情网络完全不同于陌生人的城市社会。“乡贤”和“返乡创客”们可能把河阳想象成了桃花源，又希望在这个桃花源中连接商业模式，所以重塑返乡生活的时代价值就成为迫切的问题。只有寻找到新的价值观念，河阳才具有时代意义。

这两个案例带给我们的启发是，保护不是静态的，发展有可能保留了一部分本真性，传统不是永恒的凝固。整理传统文化的脉络，挖掘传统文化的基因并且在新语境里焕发生机，才是创造性地保护和发展。

无论是松阳还是河阳，都让我想起福柯在《他者空间，异托邦》(Of Other Spaces, Heterotopias)中把那些作为自我对立面而与现实并置的各种空间命名的“异托邦”(heterotopias)和与现实时间发生错位的空间“异时位”(heterochronies)空间。乡村民俗文化空间与城市商业空间和刻意营造的休闲乡村构成了“异时位”空间并置的体验。这是一种后现代文化体验，乡村文化就这样实现了“复活”和重构。

无论是“从全球到村庄”还是“世界中的乡村”，都反映了今天的乡村与世界的关系。地方性不再孤立封闭地存在，而是成为全球化语境中流动的存在。在分散化、网络化、扁平化的世界，艺术乡村建设离不开智能化。只有在现代物质设备基础上，才能将乡村的传统文化、传统产业通过艺术的手段转化为具有新的人文价值的时尚生活方式和生产方式。

传统的乡村之所以“十里不同风，百里不同俗”，是因为每个乡村都有自己的地方性知识，形成了一个完整的乡土文化系统。克利福德·格尔茨把地方性知识划分为观念形态、文本形态、文化传统形态、物质具象形态、活动形态和仪式形态，涵盖了生活世界的各个方面。地方性知识观念强调知识生产场域，以在特定的文化生成场域理解、建构文化，并最终形成新的知识体系取代以宏大叙事涵盖一切地方文化的总体性叙事。古典时代，地方性很大程度上意味着相当的封闭性，意味着地方性知识的自为性完整性。随着流动的现代性带来的全球化，任何“地方”都变成了相对意义上的“地方”，任何“地方”的知识体系都被视为关于自身特定历史传承并体现为特定价值立场、审美情趣与现实生活方式的叙述。今天的“地方性”不但不意味着空间上的封闭，地方性的边界反而是流动、扩展的，地方性知识也处于不断地重新建构中。在今天的知识体系里，任何地方性知识都必须获得他人的认可，必须被置于实际交往过程得到“验证”(einlosen)。由于地方性边界的开放性，地方性知识始终处于未完成状态(context)，或者海德格尔的“正在途中”(ongoing)。

回到乡村建设场域来看，正是由于艺术家、政府、投资方等多重主体的进入，他们对地方性知识分别有自己的解读和立场，这就改变了原有的一元化知识生产情境。或者说，对地方性情境的再叙述意味着对它的重构。乡土民俗知识在开放的乡村语境里重新叙述，与游客一起构成叙述情境，共享情境。正是在这种意义上，德国人类学者卡舒巴阐释了现代民俗中“民”的多重内涵：“‘民’的观念必须是指现代的一群人和一个社会，它们都受到本地的、区域的、国家的和全球的影响。‘民’意味着一个历史的观点和建构，直到今天它都在被一次又一次地重新建构。更进一步的，‘民’意味着多层次的社会和文化景观。……‘民’意味着不同阶级和群体‘文化地’生活的某种方式”。在美丽乡村建设中，加入到原住民的复合“民”在实践中改变了“民俗”的含意。

渠岩倡导的“情感共同体”之所以能够激活乡村民俗，是因为在新语境里，知识阶层和村民所共同维护的民俗的内涵并没有改变，民俗的核心意义就在这里。刘铁梁先生分析了北京房山农村的案例，认为虽然在城市化过程中村庄的知识体系、熟人社会关系等都在发生变化，但是仍然能够重新建构起村庄的认同，关键在于保留了乡村文化记忆。他提出了“劳作模式”概念阐释这个变迁，认为虽然“整个乡村的民俗文化都在发生变迁，包括社会关系、交往关系、知识体系、文化符号等都在整体地发生变迁。这就是我们所说的劳作模式发生变化的意义，因为从劳动者主体的感受来说，民俗的根本变化是自身劳作模式的变化，而不是过年过节习俗的变化”。“劳作模式”包括劳动时间、形式、群体、作息节律等全部身体感受，构成了一个完整的感性主体。在城市化进程中，原来的生活世界被解构了，主体面对不同的劳动对象和生产方式，需要重新建立认知关系。但是，村庄的隐形结构仍然在发挥作用，虽然由血缘关系转换为业缘关系，但是这种“由个人而集体的生存方式的转变，实际上还是利用了村庄社会传统的关系纽带，因而成为一种新的村落劳作模式。村民虽然离开了土地，但是村庄的组织还在市场中发挥作用，显示出它的活力”。村庄社会的新结构在适应市场环境变化的过程中得以再造，形成新的拥有文化身份感、文化话语权的共同体。他据此得出结论：“从村民的身体经验和日常生活感受来说，村庄劳作模式的转变是他们进行村庄再造的根本行动方式，也是村庄文化传统再生产的一种方式。”[①]与通过审美活动激活文化传统再造主体殊途同归。我认为“劳作模式”具有生命政治(bio-politics)意义，与艺术乡村建设有着维特根斯坦意义上的“家族相似性”，目的是提高生命质量，激发共同体活力，形塑感觉结构和审美习性，有可能达到“反治理”无为而治的目的。

“劳作模式”的改变意味着主体与世界关系的重新建构，生活

---

① 刘铁梁：《村庄记忆：民俗学参与文化发展的一种学术路径》，《温州大学学报》2013年第5期。

世界和精神世界都在改变。当这种改变达到一定的量，社会变迁也许就悄悄地进行着。阿格妮丝·赫勒认为："如果个体要再生产出社会，他们就必须再生产出作为个体的自身。我们可以把日常生活界定为那些同时使社会再生产成为可能的个体再生产要素的集合。"[①]那些经历了艺术乡村建设中的村民们，民俗文化记忆被唤醒后，慢慢地恢复了自信，在"新"世界里重新寻找到了自我。他们的物质生活和精神生活完全不同于以前。乡村近几十年来发生了巨大变迁，由于城市化造成了乡村社会空心化，当下的艺术乡村建设通过文化建设和心灵建设，在新语境里慢慢恢复乡村的活力。关键是建构了新的乡村主体，找到了生活的意义，村民们不再浑浑噩噩地混日子。这与梁漱溟先生期待的"一个社会过日子的方法"改变了，社会变革也就实现了是相同的。"劳作模式"在日复一日的日常生活实践中形成了习性。按照布尔迪厄的观点，习性既是建构的结构(structuring structure)，构成实践和对实践的认识、评价，也是被建构的结构(structured structure)。习性作为"无意识"支配着日常生活，区分了阶级，表现了阶级固有的必然和自由，构成了不同阶级在社会生活世界中的位置。习性作为实践的隐喻表征着阶级的现实存在。当广大的中国乡村民众都过上艺术乡村建设中村民那样的生活时，中国的乡村复兴理想就实现了。

在乡村文化主体慢慢形成、乡村文化日益恢复生机的语境下，2016年春节期间，中央电视台在浙江省缙云县官店乡土戏曲春晚现场直播"春节：我们的节日"，是一个意味深长的符号。随着乡土社会的解构，乡土年节民俗如吃年夜饭、祭祀、守岁等被电视娱乐这种大众文化形式取代，体现的是漂浮不定变化多端的城市流行文化趣味。所以"乡村以'春晚'的形式登上'互联网＋'时代的

---

① [匈牙利]阿格妮丝·赫勒：《日常生活》，衣俊卿译，重庆：重庆出版社，1990年，第3页。

中国文化舞台，具有深刻的社会历史和文化意义”。“它代表了中国的农民，在共和国的历史中，一边为国家的现代化做出了巨大奉献和牺牲，一边经历了自身的锻造和提升因而具有了文化自信和主体性后重新在表征层面登上了中华民族的历史舞台。在这里，村民不再没有文化，不再是被呈现者和城市的‘他者’，而是作为主体登台，创造属于自己的文化，在更为实质的文化层面上，它代表了以村庄为单位的集体文化活动的回归。”①

在各种乡村建设热潮推动下，乡村变成了投资地，生产地，消费地，开始吸引资源、资金和知识阶层“回流”。如果长期这样发展，城市与乡村之间也许将趋于平衡，改变以往因为城市化而引发的乡村精英资源流失出现的人才“空心化”、文化“空心化”。一旦“城乡等值”，各种各样的“逆城市化”可能就会发生。如位于江苏省“落后”的苏北地区、古邑盱眙县的天泉湖养老产业园，因为良好的公共服务和优美的自然环境，吸引了大量南京、合肥、淮安等地“高端”退休老人来那里定居，同时带来了城市的休闲生活方式和消费市场，形成一个乡村里的城市“飞地”。无论许村还是松阳，都聚居着大量艺术家和艺术消费群体，高层次的人才也可能往下走，乡村精英从“离乡”变成“城归”。经过传统文化重构和再生产的乡村，蕴涵着经济增长价值和文化增长价值。有可能建构出新的价值体系和新的社会发展模式，乡村传统文化经过再生和活化，有可能转化为具有现代人文价值的生活方式和生产方式。

有意思的是，当交通条件的改变和互联网的广泛使用使社会结构向散点式、扁平式的多中心发展模式转换时，“城归”们可能发生一种以家庭为单位的“人身—家庭”在乡村—城市空间上的撑开。他们具体的生活环境是一个包括乡下老家和县城城市的时间

① 赵月枝、龚伟亮：《乡村春晚的文化意义》，《新闻与传播评论》2018 年第 2 期。

地理现实范围，其行动的单位往往是家庭而不是现实社会所预设的个人。由于通讯、交通的改善使家庭、社区的时间地理现实被压缩，同步性与重叠性增强。可不可以认为城市社区就这样延伸到乡村，乡村社区也相应地延伸到城市。他们就这样穿越了城—乡、现代—传统的壁垒？所以，看上去萧条的空心村其实充满了人烟，居住者是兼业农民和兼业市民，这种村庄应该称为“空间上撑开的村庄”，自然村落的居民生活和生计扩展到城外（村、乡、县或省市外），自然村的物理边界不再是生活环境—社区的整体和固定范围，现代缺失性交往取代了在场交往。村民们虽然分散到城市或省市外的各个地方居住或从事不同的工作，以互联网平台相连接，事实上村民们仍然构成一个精神文化共同体。[3]

在大经济时代，艺术的性质发生了翻天覆地的改变。现代美学为了把审美活动“脱域”化，规定了审美主体必须外在于审美对象，是一种有距离地凝神观照的静观性的审美模式，才能使审美活动非功利化，对经济社会进行区隔和批判。在经济活动覆盖全部领域的今天，艺术的生产、消费场域也发生了巨大变化，文化经济化（economization of culture）已经成为经济增长点，艺术生产和消费从一小部分人的行为变成了大众行为，艺术的边界也在变化。艺术市场化语境里的“体验经济”和文化产业重新设置了艺术的位置。所以当艺术行为具有生产和消费性质时，人人都有可能成为艺术家，人人都可能进入艺术化的生活。如果理想的人生是艺术化的人生，艺术乡村建设可以看做是向这个方向的努力。通过艺术激活传统文化，找到将人文建设、经济发展和生态保护融为一体的乡村振兴的路径和方案。艺术的意义和时代功能也许就在这里。

后现代语境里，乡村已然成了一个众声喧哗的多重混搭空间，从不同主体进入乡村开始，就发生了乡村文化生产方式与现代文化生产方式的碰撞，这种“时空分延”的空间交错现象引发我们的思考。人类学家萨林斯指出：“在一般意义上讲，‘晚期资本主义’最令人惊叹之处之一就是，‘传统’文化并非必然与资本主义不相容，也并非必然是软弱无力易被改造的。”[①]我们既需要尊重乡村民众对城市化的热烈向往，也要理解现代发展的历史合理性必然性和文化专家们的文化保护心情。既有乡村传统民俗的古老符号，也有现代艺术符号和大众旅游符号，构成了一个集各种符号的文化空间和审美空间。这些审美符号凝结着不同的价值观诉求，通向多重文化层面和欲望层面、意识形态层面。前工业社会时期，乡村是一个生活的共同体。在社会分裂、城市农村二元分化、后现代多个中心的今天，多元化主体无法认同。乡村多重混搭空间构成的符号体系表征了这个时代，建立了一条对话渠道。也许通过这条渠道，有可能寻找到解决乡村发展问题的路径。

艺术一直以来都具有乌托邦性，对未来具有预言性。“乌托邦强大的动力就在于它能从绝顶的混乱和无序中，拯救世界，乌托邦是个关于秩序、安静、平静的梦幻。其背景是历史的噩梦。与此同时，秩序每每被人们认为是人间事物所能达到的完善，或者近乎完善。”[②]遍布全国的艺术乡村建设，嵌入在庞大的现代总体性里，像一个个桃花源，体现了当下中国不同群体的结构性欲望，表征了中国人对理想家园的感情结构。是对广大乡村民众身体感性的启蒙，对开发式发展模式的批判，是对乡村主体性的建构，是艺术家们对现代性价值的反思和行动，具有重要的美学实践意义。当艺术唤醒这种主体性时，我们发现“乡村的空间充满多样性和各种新

---

① [美]马歇尔·萨林斯：《甜蜜的悲哀》，王铭铭、胡宗泽译，北京：生活·读书·新知三联书店，1997年，第134页。

② 聂华苓、保罗·昂格尔：《革命的领袖、浪漫的诗人》，萧延中等编：《外国学者评毛泽东》(第3卷)，北京：工人出版社，1997年，第421页。

的发展的可能性。其极有可能成为人类可以探讨重新发展的与传统文化嫁接后所产生的新文化,可以在此基础上探索一条本土性、地方性的现代化道路。"①

国家的乡村振兴战略框架下地方政府的经济政治诉求,学术界阐释新文化现象的努力,民俗主义主导的乡村旅游,林林总总的行动构成了乡村建设大合唱,虽然不协调,但是都表现出乡村现代性和传统相结合的渴求。民俗学、人类学、美学这些现代学科,都努力对现代性压迫下造成的主体撕裂进行修复。

一直怀抱着拳拳之心、长期思考乡村问题、从事乡村建设的梁漱溟先生多次语重心长的指出,"乡村建设不是建设乡村"。中心是乡村发展的主体性问题、内在动力问题,乡村不能"被"发展,我们以前的偏颇就在这里。当我们把知识阶层对"礼崩乐坏"的忧虑和筚路蓝缕地俯下身去、耕耘土地的努力结合起来,"物的新农村"和"人的新农村"齐头并进相互融合时,乡村建设和乡愁同样都是美好丰硕的。

注释:

〔1〕参考王学泰:《礼俗:社会组织的粘结剂》,《读书》2013 年第 12 期。

〔2〕参考张晓星:《河阳村返乡者样本调查:90 后的逃避、养老心态》,公众号:北青深一度。ID:bqshenyidu. 2019 年 02 月 10 日。

〔3〕参考朱晓阳:《"城-乡两栖人":中国二元社会新动向》,公众号:中华好学者。ID:zhonghuahaoxuezhe. 2019 年 01 月 03 日。

① 方李莉:《论艺术介入美丽乡村建设——艺术人类学视角》,《民族艺术》2018 年第 1 期。

第六章　现代性语境中的民俗与民俗主义

使得它们成为神圣的东西就是各有其位，因为如果废除其位，哪怕只是在思想中，宇宙的整个秩序都会被摧毁。因此神圣事物由于占据着分配给它们的位置而有助于维持宇宙的秩序。

——列维-斯特劳斯

时间只有在人在的情况下才成其为时间。没有一种时间是人不曾在其中的；所以如此，不是因为人是从永恒而来又在入一切永恒中去，而是因为时间不是永恒而且时间只有作为人的历史的此在才成为一个时间……人领会在。只要人领会在是必须的，那么人也就是历史的现实的。

——海德格尔

第一节　传统民俗文化遭遇现代性

因为传统中国与现代性猝不及防的“碰撞”，造成了社会生活的巨大变迁，传统文化的“失去”无可挽回，记录即将消逝的社会生活显得迫在眉睫。在这个时代背景下，十九世纪，在最早发生工业化的英国，民俗学应运而生。时隔一个多世纪后，中国面临着同样的社会转型。而且，因为中国出于现代性的焦虑而引发的快速发展，把西方国家经历了几百年的现代性历程压缩在了短短的数十年，各种社会形态交织在一起，形成了极其复杂的文化语境。这就更需要对现实状况条分缕析，进行深入的学理分析。

在中国传统文化视野里，官方的“礼”与民间的“俗”是一个统一体的两面。“礼”意味着冰冷的规范化、制度化、理性化，“俗”即“俗人所欲”，指由情感、欲望主导的活动，感性成分比较大。“俗人所欲”表现为民众代代积累传承而形成的丰富多样的民俗文化，是民间价值观念的集中体现，是维系百姓生活世界的“精神家园”，其中信仰是民俗文化的核心。民间价值观是民众在漫长的社会生活实践中积累形成的一整套认知、体验、选择、愿望、利益、追求的体现，反映了社会底层最广大的人群所积淀的自然观、伦理观、道德观、世界观、精神情操和审美情趣，在历史长河中代代传承绵延不绝。由于经历了不同的时代，也就相应地经历了漫长复杂的建构历程，各种民俗、节日的分化、合流等演变就是证明。有学者认为“民间文化是指理论世界之外的生活世界，即每一个有理性的人，依据其普通理性的普遍原则而自由地实践的日常文化”，民俗学的目标是维护所有人“日常生活的自由权利”。自由是人的最高目的，随着时间节律而周期进行的民俗活动无一不是体现了人的此在，人对自由的热烈呼唤，把活泼泼的民间生命力书写在天地间。钟敬文先生 1930 年代提出了“生活文化”概念，把百姓日用视为一个完整的精神体系。进入新时期，在现代性日益主导社会文化的新语境里，钟敬文进一步提出了“民间文化”和“三层文化”概念，认为民间文化虽然处于下层文化，但是从文化的起源看才真正代表了地方文化传统，由民间文化才能生出或者分化出代表贵族的上层文化和代表市民的中间层文化。由此看来民间文化应当是“根文化”“元文化”。不少学者把传统文化划分为主流意识形态文化、精英文化和世俗文化三足鼎立(刘锡诚),或者宫廷文化、士人文化、民间文化和晚近的市民文化四分法(张法)。无论怎样划分,都是基于中国传统文化的存在和互相影响作出的判断。不同社会阶层的文化类型互相不但不分裂对立,反而通过各自的文化形态相互影响融合达到了价值观念上的同一。这一点不同于西方文化人类学家的观点。他们认为处于低层次、被领导地位的民俗文化是“小传统”,主导社会价值观念的精英文化才是“大传统”。

正因为围绕着百姓生活世界的丰富多彩的民间文化是文化之根,民间文化的核心——丰富多彩的民俗活动,构成了一个人神共在的、活泼泼的、永恒的精神世界,中国古代典籍才用“风俗”一词指称这个世界。东汉应劭的《风俗通义》做了这样的描述:“风者,天气有寒煖,地形有险易,水泉有美恶,草木有刚柔也。俗者,含血之类,像之而生,故言语歌讴异声,鼓舞动作殊形,或直或邪,或善或淫也。”中国古典文化把“风”理解为拟人化、整体性的自然环境,“俗”理解为此环境中生人对自然的情感反应,同样是整体性的,构成了相互对应关系。这种自然不再是物理性的、客观的冰冷的环境,而是因为有了“人”的活动而被照亮的、生动起来的场所。深谙中国文化智慧的海德格尔在存在论的意义上深刻指出:“只有当此在是将来的,它才能本真地是曾在。曾在以某种方式源自将来。”所谓的风土人情,一方水土养一方人,风作为物质基础决定了俗,俗即社会生活方式,地方民众的总体性生活世界,像植物适应环境那样自然而然。“风”的这种所指从《诗经》就开始了,“风人之致”。有学者认为俗即“俗人所欲”,是由情感、欲望与信仰主导的活动。中国哲人一直把性、心、情、志、意看作一个整体,而不是像西人那样对知、情、意做几何式的机械划分,彼此天人永隔。“含血”“像之而生”,像那棵生机勃勃的社树一样生动地体现了衍生于“风”中的

"俗"的有机性、一体性,也体现了"立象以尽意"的中国式感性、直觉思维特点。"天时地利"都属于"风","人和"正是"俗"追求的结果,更是人作为主体积极活动干预的产物。"风"与"气""道"一样在中国文化中都是很大的关键词,它们既是本源性的元概念,又具有极其复杂的多重衍生意义和功能。《礼记·王制》:"陈诗以观民风。"《荀子·王制》:"论礼乐,正身行,广教化,美风俗,兼覆而调一之,辟公之事也。"风以化成天下、气化宇宙、道行天下,这些在在皆是的中国文化的建构功能,隐形地体现为柔性的化导、浸润、流布、风行,体现了实现儒家"美政"理想的有效途径。美好的政治制度漫漶于民众世界,如风如水,没有对立和强制,实践理性与道德理性融为一体,在日常生活实践中自然而然实现了"道"。继承了王阳明心学理论的泰州学派就提倡通过形而下的"百姓日用"而通达大道。从这个意义上看,知识阶层的"践履""禅宗""悟道"与百姓的生活世界之间事实上没有什么价值观念的区隔。如"气之动物,物之感人",天、地、神灵、动植物的情感都体现着"民风"和"天人感应",也对应着时代的变迁。这是一个美好和谐的世界。这种社会生活自然地实现了国家制度、政治理想与日常生活一体性,不同于西方社会学所设定的"国家与社会"二元框架,而是从生活实践与现实逻辑中去理解人类社会结构。由此可见民俗是古代社会重要的社会治理资源,作为一种补遗式的正式制度影响着政治,"民俗是沟通民众物质生活和精神生活、联系传统与现实、反映民间社区和集体的人群意愿,并主要通过人作为载体进行世代相习和传承的生生不息的文化现象"。①

根植于农耕文明的中国传统文化中的"文"首先是自然之文,顺应天道取"鸟兽之文与地之宜",人创造文化目的是彰显自己的

① 仲富兰:《中国民俗学导论》,上海:上海辞书出版社,2007年,第5页。

存在，“以通神明之德，以类万物之情”，与自然和谐共存。宋人楼钥在《攻媿集·论风俗纪纲》中认为风俗的重大价值就在于“国家之气，全在风俗；风俗之本，实系纪纲。”[①]清人黄中坚提出：“天下之事，有视之若无关于重轻，而实为安危存亡所寄者，风俗是也。”[②]总起来看，农业时代的风俗反映了社区成员生活的地理环境、社会生产、社会关系与行动心理，从而构成了一个生动的总体性生活世界，上升为地方性知识综合体系。

民俗文化是中国文化之根，它本身包罗万象，构成了一个极其庞大的系统。民俗文化主要包括民俗活动、民间文化、民间信仰三个部分，信仰是核心，民俗活动和民间文化都是信仰的外部表现。民俗活动从构成看可以分为四个层面：一是物化层面，房屋、器具等空间或者有“用”的对象；二是实用层面，“艺”和“货”，有地方戏曲表演、民间说唱、商品交易等；三是制度层面，如乡规、民约等；四是信仰层面，如自然祭祀、祖宗先贤神话崇拜、慎终追远等，通过仪式达到高峰体验，这是深层次的核心，所有民俗活动的展开都是围绕这个核心的。如庙会活动，通常在宫、观、庙、庵、祠、坛、寺等特定建筑的“神圣空间”，或者神山、圣水、灵石、奇树等“灵验”地。这时候的空间就不仅仅是一般实用性的空间，而是变成了有意义的“文化空间”。在漫长的本质论时代，西方哲学一直把空间看成是外在于人的客观对象，与主体的“人”构成二元对立关系。只有到了主张取消本质的西方现代语境里，亨利·列斐伏尔（Henir Lefebvre）才终于认识到空间不仅仅是相对于人而存在的物理空间，“空间是通过人类主体的有意识活动而产生”，“是物质的、精神的、社会的一个整体”。空间只有在“人”的关照下才显现，空间一

---

① 楼钥：《攻媿集·论风俗纪纲》，上海：商务印书馆，1935年，第360页。

② 黄中坚：《蓄斋集·卷五》，《四库未收书辑刊捌辑·贰拾柒册》，北京：北京出版社，2000年，第151页。

旦有意义，就成为因“人”而存在的“场所”。而在中国，由于一直以来的“风俗”观念，人与空间构成了一个水乳交融的统一体。正是在这个意义上，联合国教科文组织在《宣布人类口头和非物质遗产代表作条例》中，把“文化空间”定义为：“一个集中了民间和传统文化活动的地点，但也被确定为一般以某一周期（周期、季节、日程表等）或是以一地点为特点的一段时间，这段时间和这一地点的存在取决于按传统方式进行的文化活动本身的存在。”西方文化体系之“人”，在经过了被僵硬的空间压迫了漫长时间之后，才终于认识到这一点，这是一个迟到的认识。在特定的神圣时间段的神圣空间里，通过展开祭祀仪式、戏曲表演、武术、地方小吃、民俗工艺品展销等不同于平常生活的精神娱乐活动，目的是通过祭祀、崇拜产生“根文化”认同，凝聚和谐社区意识，在“娱神”又“娱己”中潜移默化地传布乡规、民约，也就是通过“说书唱戏点化人”，以实现“仁”的理想。“神”即信仰，具有神秘性和神圣性，目的仍然是人，为了人的内心安定、社会秩序的和谐，社会关系的协调。庙会一直是传统社会重要的道德教化规训场所。民俗文化无论从起源还是发展上看都产生于人类生存的基本要求，这就决定了它的基本主题永远是：祈子延寿、招福纳财、驱邪禳灾，满足了民众精神、社会、审美、经济方面的诉求，具有强大的“成”人、整合社会的功能。虽然是“俗人所欲”，世俗务实，趋吉避凶，但是蕴涵着刚健自强、厚德载物的生生不息精神和生存智慧，这是传统文化中最富生命力和创造力的宝贵价值，世俗而神圣，是百姓永远的“精神家园”。民俗文化的主体永远是民众。民俗文化产生于农业文明，与家国同构的社会结构、自给自足的小农经济生产方式相适应，与官方的宫廷文化和精英的士人文化不但不矛盾，很多方面还可以互相补充、互相契合，共同维护社会的统一和稳定。

在漫长的农业社会里，民俗文化经历了不同时代不断地否定扬弃、积累叠加起来的过程，正如刘锡诚先生所言："非物质文化遗产（按：民间文学是其中首要的一个类别）是不同时代里以滚雪球的方式不断积累叠加起来的一种文化，在雪球滚动的过程中，应着发展中的时代的需要，不断地淘汰一些为时代不容的东西，又不断地叠加或粘连上一些为时代所需要的东西，故而非物质文化遗产（民间文学）是跨越人类不同社会阶段而代代传习下来的，且永远处于发展变化中的文化。就其形态、品类、特点、时代而言，非物质文化遗产（民间文学）可能是各种各样的，但其所包含的宇宙观和价值观，对于不同世纪的人类社会来说，是具有普适性的。如若要问非物质文化遗产（民间文学）是什么性质的文化或什么时代的文化，我的回答是：凡是传承至今的非物质文化遗产（民间文学），凡是我国当前社会阶段为大多数民众所传习和接受、并仍然在民众生活中发挥着文化功能、富有生命活力的非物质文化遗产（民间文学），都理应是我国当前社会文化的重要组成部分，而不是某些人所指称的'活化石'。换言之，就其性质而言，如今还呈现为'活态'的非物质文化遗产（民间文学），理应是我国当今社会主义初级阶段的文化的重要组成部分。"[①]可见中国民俗文化具有多元性，随着时代的变迁与时俱进，处在永恒的嬗变中。如果我们承认人类社会的文化具有继承性，人类的宇宙观和价值观没有发生根本改变，还具有普适性，那么民俗文化在今天就还有它相当的价值。由于民俗文化的"根"文化特征，它具有民族特色、生命力和创造力，具有积极因素，应当整合到当下的文化发展中。

中国作为后发展的国家，传统社会与现代社会的社会文化结构不同，决定了"民间"游移于不同的位置。如前文所述，民俗文化在传统文化系统中属于"根"文化，与处于领导地位的"礼"文化和

① 刘锡诚：《正确认识"非遗"的文化属性》，《学习时报》2011年10月14日。

上层的贵族精英文化在价值观念上有着相当程度的重合。当历史进入到现代，由封建帝国体制转向现代民族国家体制，必须打破从前封闭的语境，重新建立国家整体文化认同。所谓现代性可以认为就是打破文化自在性，在全球化语境下重构国家的内外关系和古今关系。在这个逐渐现代性的漫长过程中，随着主导文化在不同时期对“民间”的不同认识，“民间”在文化层中的位置在不断变化，内涵和外延也在变迁。

传统社会里，由于文化层次的流动性和价值观念的共同性，民间文化处于“原生态”自然自在的状态，作为社会治理资源自然地进入国家公共生活，成为国家公共事业的重要组成部分。当帝国被动地进入现代性之时，因为中国不属于西方那种内生型“自动”发展到现代性阶段的国家，只有必须先彻底否定传统文化的价值才能接受这种外来的“先进”文化，批判落后的国民性以再造新国民。五四新文化运动遵循的就是这样的文化生产逻辑。在新文化运动先驱们眼里，民间文化关涉民族国家的两个立国之本：一个是国民之“民”，这个“民”是相对于精英的“民间”；一个是把民间文化原来的内涵扩大，使之成为全体国民集体认同的民族文化。由于对民间文化预设了这个二重性，在现代民族国家文化建设中，当它与外来文化相对时就是自我认同的民族文化，相对于新文化就成了需要被否定的旧文化。民间和民间文化在文化领导者视域中一种处于功利性的“用”的地位，却又时刻联系着政治建设、国家认同的时代主题。正是因为出于这一考量，在激进现代性的阶段，民间文化有时候被彻底否定。对外文化交流的时候又被改造征用，成为民族国家的代言人。但是，民间文化必须成为主导文化的组成部分并且能够代表民族文化，在全球化语境里成为国家认同的表征是毋庸置疑的。“民间”如何成为民族国家主体，民间文化作为资源如何纳入民族国家的框架成为现代文化建设的主题。这种改造贯穿了整个过程。王杰分析了中国现代文化模式转换原则，认为，“在以农耕自然经济为主体的社会结构向现代化发展的过程中，现代化的诉求既是作为改造半殖民地半封建社会的强大力量，又是作为对现代性和资本主义制度和资产阶级文化的抵抗和批判力量被引进和介绍到中国来”。“在中国的现代化过程中，审美经验的伦理基础不是个体性的自由情感，而是社会性和大众性的阶级情感、共同的生活经验和日常生活中共享的文化形式，最广大人民群众的情感成为区分艺术作品好坏的标准。”“中国的文化传统在审美与伦理，审美与认识价值等方面的有机联系仍然存在。”①在这种文化生产原则主导下，民间文化仍然是母亲，经过提炼出“人民性”，把千千万万闰土那样的个体改造成以“人民”命名的群体。“人民性”具有集体性、抽象性、神圣性，艺术性赋予“民间”以个人性，并赋予个体作为自由和自主的创造者身份。民间文化作为现代民族文化的母体，经过现代性规训而汇入现代民族国家文化。

当时间进入到经济社会时期，随着国家政治话语的改变和全球化的到来，民间、民族性、人民性之间的关系发生了巨变。民间文化上升为民族文化的象征，民族文化成为表征民众主体的文化，从过去完成时变成现在进行时，现实呈现的民间文化必须被建构成为政治自主的文化自我。民间话语的重构就是这样开始的，国家意识主导的民俗主义话语就是在这种背景下出现的。

第二节　民间目的性叙述与国家民俗主义

庙会和民间花会是比较典型的中国传统民间话语，完整地体

① 王杰：《中国马克思主义美学的基本问题与理论模式》，《文艺研究》2008 年第 1 期。

现了底层民众的政治学逻辑。当代节庆是现代性的产物，体现了国家民俗主义的合理性。下面我们以庙会、当代节庆和民间花会为例，分析民间的“实践民俗学”和国家民俗主义的实践路径。

郭英德对庙会、花会的迎神赛社行为进行了追根溯源，认为“民间迎神赛社的宗教祭祀仪式，无疑是远古时代图腾崇拜的遗迹。图腾崇拜的全民性、礼仪性和娱乐性，成为民间迎神赛社的主要特征。”[①]他把迎神赛社行为分为：“一、岁时节令，如春节、上巳、端午、中元、中秋，以及冬春祈年、夏秋报赛等；二、跟社区和祭祖有关的祀日；三、淫祀，即名目不正、不列祀典的祭祀，品类杂多，如土地神、灶神、海神等神灵的寺庙，如已死的先贤、圣哲、名人、骠将等的祠庙；四、不定时的喜庆婚丧活动和驱疫求神活动，如疾苦、天灾、时疫、新庙庆成、佛像开光、酬神还愿等等。”[②]正因为酬神、祭祀的时间是完全不同于日常时间的神圣时间，通过在神圣时间里进行周期性的神圣行为，以达到“作为一种表达方式，民间的信仰和仪式常常相当稳定地保存着在其演变过程中所积淀的社会文化内容，更深刻地反映乡村社会的内在秩序”。[③] 法国学者高万桑(Vincent Goossaert)通过对中国民间的龙虎山和张天师、关羽、文昌帝君、吕祖信仰的形成过程进行研究，认为民间的地方宗教信仰与生活世界之间构成一种相互对应的关系。科戴维研究了道教的茅山派转变为龙虎山派的过程，认为正是大传统投射到小传统中形成的混合体共同体现了地方民间文化特色。美国华裔学者杨庆堃(C. K. Yang)认为中国的民间信仰是一种扩散型的宗教

① 郭英德：《世俗的祭礼——中国戏曲的宗教精神》，北京：国际文化出版公司，1988年，第32页。

② 郭英德：《世俗的祭礼——中国戏曲的宗教精神》，北京：国际文化出版公司，1988年，第43页。

③ 郑振满、陈春声：《民间信仰与社会空间》，福州：福建人民出版社，2003年，第1页。

(diffused religion),“其神学、仪式与组织渗透在世俗制度以及社会秩序其他方面的观念和结构中”。[①] 他的《中国社会中的宗教》对中国宗教进行了详细的功能分析,“使中国宗教成为一个实体”(弗里德曼语)。英国学者王斯福(Stephan Feachtwang)提出隐喻即表征与认同,“帝国的隐喻”认为民间崇拜与官方崇拜之间存在相似性、差异性,有紧张与冲突,在现代性语境里并不一直处于和谐状态,民间并不被动地复制官方,而是进行一种隐喻性模仿,有自己的能动性,争取沟通交流,这些也是民俗主义的现实基础。文化政治,政治秩序,民俗主义是当代民间与国家威权相结合形成的宏大叙事。迷信一般是指民间文化中与科学民主价值观念相冲突的成分。现代性把民间宗教视为遗产和习俗,是它们进入现代文明的一种路径或者有价值的遗留物。可见国内外学者都倾向于把民间信仰作为解剖中国社会的内在秩序和运行法则的工具。

当代中国虽然处于经济社会转型期和全球化的语境里,但是由于文化传统的强大影响,民众的传统信仰、民间审美等并没有发生意识领域的颠覆性转变。民俗信仰的世俗化与国家民俗主义的兴起,使得民俗的保留、发展呈现出复杂的路径和逻辑,甚至发生了互相嵌入的状态。有必要从学理上予以阐释清厘。

皂河安澜龙王庙会是江苏省宿迁市宿城区湖滨新城皂河镇的民俗。皂河镇北临骆马湖,南濒古黄河,是一座具有近 400 年历史的文化古镇、水乡古镇。皂河发源于山东郯城墨河,向南汇入京杭大运河。明孝帝弘治八年(1495 年),黄河泛滥,从兰封县铜瓦乡流向东南经徐州、宿迁,因为皂河镇地势低洼,在此汇入运河,从此皂河地区洪灾频发,百姓常年遭受侵扰。为了祈求神灵护佑,消除

---

① C. K. Yang, *Religion in Chinese Society: A Study of Contemporary Functions of Religion and Some of Their Historical Factors*, Waveland Press, 1991, p. 20.

水患，当地百姓在皂河镇南首建了一座“大王老爷庙”。从那以后，每逢正月初九这个“阳”到极致的日子，民众们都到大王庙敬香祭神，以此来压住水的“阴”，祈求风调雨顺皂河安澜。康熙十九年(1681)，河道总督靳辅在旧皂河开建皂河码头，皂河镇从此成为大运河南北漕运要道。康熙六次南巡，途经皂河镇，发现水患依然严重，在皂河镇南首敕建安澜龙王庙，逐渐取代了民间原有的“大王老爷庙”。康熙、雍正、乾隆年间历经数次扩建。乾隆年间，乾隆南巡途经皂河镇，曾经五次把龙王庙作为行宫。由于这种特别的官方背景，祭祀活动的民间色彩和官方色彩逐渐合一，由淫祀逐渐过渡为正祀，影响力日益扩大。因为皂河镇地处经济贸易中心和水陆交通枢纽位置，祭祀活动又逐渐加入了商品贸易和各地民俗娱乐活动，内容逐渐丰富，规模也越来越大，最终形成了以祭祀龙王和颂圣为核心的庙会。庙会日期“碰巧”在正月，就又兼具了节庆狂欢的性质。从功能上看，皂河安澜龙王庙会有明确的主祀神灵，信众广泛，商品交易、娱乐狂欢功能完备，并且由皂河镇向周围扩展，流布于宿迁市及邻近的安徽、山东、河南三省毗邻县市，号称“苏北三十六处香火盛会之首”，兼具了岁时节令、祀日、淫祀、正祀的特征。根据刘铁梁先生以“地界”“份”等要素对庙会的分类，皂河安澜龙王庙会当属于地区中心型，是典型的社区乡土宗教，对社区信仰和共同体认同起着重要作用。庙会作为民俗活动，信仰是其核心价值，围绕信仰产生精神、社会、经济、审美价值，具有公共性、象征性、意义再生产性，是“通过连续的自足与变通相交替的过程而形成具有自我主体的地方民俗符号话语系统”。如今的皂河镇保留有大量文物古迹、遗址、遗存、传说，如安澜龙王庙乾隆行宫、陈家大院、合善堂、奶奶庙等明清建筑，还有庙会、柳琴戏等活态文化遗存。1983 年，安澜龙王庙暨乾隆行宫被列入省级文物保护单位；2001 年，乾隆行宫成为全国重点文物保护单位；2006 年，皂河古镇安澜龙王庙会被列入省级非物质文化遗产名录。传统的皂河安澜龙王庙会从正月初八开始，延续三天。以“乾隆銮驾巡游”仪式打头，庙会正式开场。“乾隆銮驾巡游”模仿还原了当时皂河安澜龙王庙执仗人员恭迎皇帝的巡游和隆重的祭祀龙王大典。接下来进行的庙会活动依次有：街东香火会围街巡游、朝山祭祀、花船、花车、舞龙、杂耍、扬琴、柳琴、苏北大鼓、民间说唱等一套约定俗成的祭祀程序和民间艺术表演，涉及大量地方风俗、礼仪制度。“銮驾巡游”仪式初八到初十共三次，初九是“正日子”。因为建国后皂河和大运河早已经治理成功，不再有水患威胁，龙王祭祀的“信”的功能明显减弱。又因为从1950年代以来，官方以反对封建迷信之名对庙会等类似活动的持续打击，导致庙会信众群体发生了断代。现在组织祭祀的香火会会头已进入老年，祭祀活动的主要群体也是老年人，可以看做是一种文化记忆行为的自觉延续。事实上，今天的皂河安澜龙王庙会已经变成了一个多重文化叠加复合、互相“嵌入”的混合体。地方政府根据现代旅游经济思路，借着皂河古镇安澜龙王庙会晋身省级非物质文化遗产的东风，把这个民间民俗活动有计划地向官方化、经济理性主导的民俗旅游活动转变。从2013年开始，皂河龙王庙会就“扩容”成了文化旅游周，提前到初五，延续六天。原来的“銮驾巡游”仪式只有初八到初十共三次，后来则调整为初一到十五每天都巡游一次。现代理性去除了仪式的神圣性和神秘性，旅游大众化时代，它变成了一项展示性表演性的娱乐活动。以前，“銮驾巡游”由龙王庙行宫柳琴戏剧团承担表演任务，有近百人参加。最近几年情况有所变化，主要由民间组织“皂河古庙会夕阳红民间艺术团”表演。艺术团目前有20多人，平均年龄在60岁左右，主要成员是热爱民间文化的老人。仪式表演活动需要近百人，其余的都是热爱这一民俗活动的市民自发加入的。他们还表演舞狮、舞龙、旱船、大头娃娃、吉祥物等庙会民俗节目，根据参加表演的场次数量获取相应的报酬。

从皂河安澜龙王庙会的现状来看，它仍然是地方民俗符号，仍然具有一定的神圣性，但是庙会传统的民俗内涵明显地发生了挪移、置换。现代科学理性对仪式的神圣性进行了祛魅，把它改造成了一个娱乐形式，民俗的本真性发生了悬置、混杂现象。乾隆銮驾巡游、街东香火会围街巡游、朝山祭祀、花船、花车、舞龙等祭祀活动在传统的皂河安澜龙王庙会正月初八“正日子”里，在延续三天的“老”庙会里，一切行为按照“老规矩”来，不能走样，否则就不“灵验”。除了这三天，在文化旅游周这个非神圣时间里，就按照“公家”的规矩来，为游客进行民俗表演，成为所谓“没有社区的社区仪式”(communal ritual without community)。可以说在传统庙会的三天里，庙会虽然也具有表演性，但是仍然保留着神圣性仪式性，信众和游客混杂在一起。三天之前和之后，庙会变身为现代文化旅游周，所有的仪式转换为景观化的表演。当地居民对游客很热情，按照“书本”上的知识和政府部门的培训给游客介绍，非常乐意展现那种游客们想象的古朴、“原生态”的民俗文化。当游客们发现了一个保留着过去生活的“活化石”，不仅安慰了自己的身心，满足了对另一个空间的想象，并且由衷地认为这个旅游活动“物有所值”。也就是说“老”庙会的祭祀仪式是真实的，信仰也是真实的。当传统的皂河安澜龙王庙会变成了皂河安澜龙王庙会文化旅游周时，时间不再是神圣性的时间，空间也从神性的龙王庙行宫变成了现代旅游景区，传统文化空间变成了列斐伏尔意义上的“空间的生产”，即再生产出的文化空间。神圣性的祭祀变成了娱乐性、景观性的表演。民俗文化既保留了一部分价值的本真性，又表现出抽空本真价值的娱乐性、复制性，呈现出混杂状态。

当下的皂河安澜龙王庙会表现出明显的民俗“脱域”(disembedding)性和“再嵌入”性。吉登斯(Anthony Giddens)通过对现代时空关系进行分析，发现了隐藏在时间背后的现代社会所特有的“脱域”现象：“社会关系从彼此互动的地域性关联和从不确定的时间的无限穿越而被重构的关联中‘脱离出来’。”由于全世界标准化的所谓“虚化时间”的统一，使得从前一体化的时空相分离，这是脱域的前提。首先，“它凿通了社会活动与其‘嵌入’到在场情境的特殊性之间的关节点。被脱域了的制度得以极大地扩展时-空间延展的范围。为了做到这点，这些制度又与时间空间相协调适应”。[①] 其次，“时空的分离为现代社会生活的独特特征及其合理化组织提供了运行的机制”。[②] 第三，“嵌入”的时间和空间的各种模式构筑起关于行动和经验世界-历史的真实框架。[③] 传统的地方庙会通过时空延展，被从信仰系统中“脱离出来”，重构为现代旅游文化产业行为，“再嵌入”到地方社会时空里，造成了多重叠合的新文化空间。“再嵌入”(re-embedding)是在脱域之后“重新转移或重新构造已脱域的社会关系，以便这些关系与地域性的时-空条件相契合。”[④]不管是信众还是游客，由于处于多重叠合的语境里，产生了复杂的文化心态。因为“所有的脱域机制都与再嵌入行动的情境发生互动，或维护或损害这些情境”。[⑤] 信众与传统的皂河安澜龙王庙会构成单纯的信仰关系，在新庙会语境里既有本来的信仰，民俗和地方性又被对象化成为他者，商业文化与信仰文化发生了互相嵌入的状态，但是地方民众仍然认识到自己的主体地位。传统的皂河安澜龙王庙会是基于神圣目的的民俗活动，个体行为具有社区认同的同质性。今天的皂河安澜龙王庙会文化旅游

① [英]安东尼·吉登斯：《现代性的后果》，田禾译，南京：译林出版社，2000年，第17页。
② [英]安东尼·吉登斯：《现代性的后果》，田禾译，南京：译林出版社，2000年，第17页。
③ [英]安东尼·吉登斯：《现代性的后果》，田禾译，南京：译林出版社，2000年，第17页。
④ [英]安东尼·吉登斯：《现代性的后果》，田禾译，南京：译林出版社，2000年，第69页。
⑤ [英]安东尼·吉登斯：《现代性的后果》，田禾译，南京：译林出版社，2000年，第69页。

周时间里，个体行为也具有同质性，但是明显地变化为大众消费场域里的抽空了主体的同质性。也就是从基于神圣目的的民俗价值同质性活动转变为今天的代理人审美和消费。

周星认为，“事实上，就民众的在地实践来看，很多场景下，人们多是把他们能够为游客提供服务的民‘俗’项目和自己的日常生活加以区隔，以便维护生活不受游客的过多骚扰”。[①] 也就是说，民俗的主体仍然意识到自己的主体性。然而我们同样要追问的是：游客们的主体性呢？他们可能在多大程度上把这些地方性知识当成真实的“历史”去接受呢？会以为呈现在眼前的是“原生态”的民间文化吗？地方民俗社区突然被挪移到现代，传统的家族、乡村制度被中断，文化再生产进入了一个叠合复杂的语境。各个不同地方的经过打造的民俗空间，都成为削平历史深度、失去地方记忆和地方文化独特性的“平均体”“集合体”，民众似乎都受过良好教育，既具有传统民俗知识，又具有现代知识。地方知识被征用为景观，地方性被对象化，成为奇观，在展览中失去了尊严而浑然不觉。游客的快感、地方性知识分享的快感、经济回报的快感交织在一起，建构了新的话语场。地方性知识可能变成地方性表演，只进行经济关系的再生产，不但不能成为解放的力量，反而成为全球化交换体系的一个节点，仍然是现代性权力话语的产物。

刘铁梁认为，借助于庙会的开放性，村落（即地方社区）能够与外部世界和上层各级权力进行非正式却广泛的交流与对话。古代社会如此，今天也一样。在这种混合中，双方构成了一个开放性的场域，形成了一个地方权力关系枢纽，混合了神圣价值与世俗欲望。通过礼俗之间的互动而去规范、引导民众的生活，一直是中国社会的重要特征。借助于这个路径，民间祭祀仪式合法地达成，政

① 周星：《“农家乐”与民俗主义》，《中原文化研究》2016 年第 4 期。

府变成了实际主办方即“国家赞助人”。虽然时时体现着国家的在场，但是在官方、民间双方的共谋下，各自都达成了自己的愿望。两套话语体系巧妙地共存，形成了有中国特色的政治诗学话语。庙会既是民俗的体现，又成为地方经济发展、传统文化的表征。传统民俗内嵌于流动的现代性中，在多重因素、动力影响下寻找发展空间，民俗本身也处于流动变化中。现代国家意识形态就这样巧妙地嵌入民间，把粗野、祭祀的民俗予以国家化、神圣化、文物化、文化化，形成了一套既政治正确，又保留传统符号体系的修辞话语，既具有文化遗产本真价值，又具有当代文化的展示价值。于是，这种热闹红火的庙会场景形成了官方与信众、游客、资本共同的狂欢，同时也强化了民俗的文化化、社区共同体凝聚力。传统庙会作为民俗事象有一定的生发、传承的内在规律，也有着强大的惯性和与时俱进的自我调适能力。目前庙会的这些变化显然是由于外在因素影响造成的，而不是出于内生性变化。

传统民俗就这样纳入了国家话语，地方主体在复杂的话语场中分离成多形态的主体，乡土知识就这样进行着重构、再造、循环再生。

皂河安澜龙王庙会虽然已经变形，毕竟是有史可证的民俗，毕竟一直在民间社会存在着。现代性大潮里，那些缺乏地方文化资源的地区如何融入国家现代性话语呢？“国家赞助人”如何主导民间文化再生产呢？江苏省金湖县的地方文化符号的编码过程显示了一种比较典型的路径。

金湖县位于江苏省苏北平原里下河腹地，1959 年 10 月 13 日建县。这个年轻的县城只有当代史，名不见经传。历史上的金湖所在地由于地处苏北凹地，黄河、淮河经常泛滥，导致域界不定。县城位于洪泽湖以东、高邮湖以西，汪曾祺的文本里称为“湖西”。境内有新石器时期先民活动遗址“磨脐墩”“抬饭墩”等。汉武帝元狩六年(公元前 117 年),东阳县析置射阳、平安县,建平安城,平安县是此地立县之始。三国时期地属曹魏,魏将邓艾在今县境及洪泽县部分地区屯田,筑白水塘,建石鳖城。东晋时期地属东晋,境内三阿侨置幽、兖二州。太元四年(公元 379 年)前秦与东晋在境内发生“三阿之战”。南北朝时期南齐于平安城置安宜县,于石鳖城置阳平郡。隋朝,石鳖县并入安宜县。大业十一年(公元 615 年)冬,杜伏威率领的起义军攻克安宜城,安宜城遭杜伏威屠焚。唐朝武德四年(公元 621 年)安宜县移驻大运河以东之白田(即今宝应城),唐朝上元三年改安宜县为宝应县,地分隶宝应、高邮二县。平安县、石鳖城、安宜县从此消失在历史深处。

1959 年建县之后,曾经隶属于六合、扬州专区,后来一直划归淮阴市。一部县城的历史就是中国当代发展史的缩影。县城很小,面积一千三百余平方公里,人口十八万余人。城区长期只有三万人口的规模,是江苏最小的三县——还有扬中、大丰——之一。关于祖先起源,比较可信的是“洪武赶散”传说。洪武三年(公元 1370 年),苏州阊门一带的原张士诚部民众被强行赶迁至高邮湖西一带。民间流传的“插草为标”指流民迁徙到湖西初期,这里草莱未劈荒无人烟,各家各户只要用草杆标示,就界定了属于自己的地界范围。这一民间传说有李、吴、杨、费、雷、王氏等家谱佐证,无论民间口头文学还是野史笔记里都留下了痕迹。今天邑人大部分都是这些姓氏的后裔,都有自己的堂号和宗祠。金湖的民间文化主要属于稻作文化系统。因为地处长江以北,淮河以南,加上洪泽湖、白马湖、高邮湖三面环绕,环境相对封闭,保留了一些传统民间文化,有秧歌、淮剧、莲湘、香火戏,以及后来新“发明”的民间剪纸和表现水乡风情的儿童舞蹈。县城经济以农业为主,人口基本上保持在三十七万左右。近年来随着城市化的快速发展,长三角城市虹吸效应不断增强,年轻人口流出相当明显。以上这些属于有据可证的“信史”。

1994年11月15日，《人民日报·海外版》报道：“尧出生地是金湖县塔集镇。”消息来源于同年《江苏地名》（内部刊物）上的一篇考据文章《尧与塔集》，作者李义海是金湖的文史工作者。该命题甫一提出，就产生了巨大争议，许多专家、学者纷纷撰文，《中国地名》1995年第6期刊登了李义海的《尧帝出生地考》和持反对观点的、署名“奔流”的《尧出生在“三阿”辩》。1998年商务印书馆出版的《中华人民共和国地名大词典》，把金湖县认定为“尧乡”。“金湖县”条目释文为：“为中华民族的先祖、五帝之一的尧帝诞生地。”“塔集镇”条目释文为：“据有关史料记载，中华民族的祖先、五帝之一的尧帝出生于此。晋时曰三阿，宋时称北阿，后改为塔阿镇，俗称塔儿集、塔集。是县东南部集贸中心。东晋太宁间侨置幽州于此。”2007年出版的《江苏政区通典》，在“金湖县”“塔集镇”的条目上都承袭了《中华人民共和国地名大词典》的提法。

这个观点出自《史记·五帝本纪》：“尧初生时其母在三阿之南，寄于伊长孺之家，故从母所居为姓也。”《二十五史·史记》“五帝本纪”“帝尧”下曰：“皇甫谧云尧初生时其母在三阿之南寄于伊长孺之家故从母所居为姓也。”[①]皇甫谧（215—282），魏晋间医学家，今甘肃平凉西北人，著有《甲乙经》《帝王世纪》《高士传》《烈女传》《玄晏春秋》等。皇甫谧所言出自《皇览》，《皇览》云：“尧甲申岁生于三阿南，寄伊长孺家。”《皇览》出自魏文帝曹丕（220—226年）时期。比较起来二个说法无异，当视为一个孤注。《中国古今地名大辞典》有“三阿”词条，释文曰：“三阿，在江苏省高邮县（注：该地原属高邮市管辖，1958年划属宝应县，1959年改属金湖县）西北。《舆地纪胜》云：‘高邮有北阿镇，离城九十里，即晋时三阿’。《高邮

① 《二十五史·史记》，上海：上海古籍出版社、上海书店出版社，1986年，第7页。

州志》云:'东晋尚侨置幽州,太元四年,苻秦将句难、彭超围幽州刺史田洛于三阿,去广陵百里,即此'。"①这说明此三阿是东晋时三阿的相对位置。东晋孝武帝太元四年(公元379年),东晋和前秦在"三阿"打了一仗,这个"三阿"在唐朝时因"三阿之战"被写进了《晋书》。南宋时,王象之在《舆地纪胜》中说:"高邮有北阿镇,……即晋时三阿。"通过比较,可以说明东晋明帝司马绍太宁元年(公元324年)至成帝咸和九年(公元334年)间,在高邮湖西,天长县东北之间(今金湖县境内)的北阿镇一带曾侨置三阿县。可以清楚地发现,此"三阿之战"的"三阿"绝非皇甫谧所言"尧初生时其母在三阿之南"的"三阿"。持"尧乡金湖说"的当地籍人士认为:"尧文化是一份厚重的文化,尧生于何地是一个重大的历史课题,肯定与否是要以充分的证据来说话的,商务印书馆和《中华人民共和国地名大词典》的那些编辑、专家、学者一个个都是精英,词典里的任何一个瑕疵都逃不过他们的火眼金睛,在全典18万条地名中唯独金湖县和塔集镇的条目内有这样的内容,这是多么的珍贵啊。我们珍惜……'尧生塔集'的结论,并维护它的权威和不可动摇性,这实际上也是对历史真实性的尊重和维护。……"[1]

关于尧帝故里所在,历史上也并没有一个统一的结论,有河北唐县、山西临汾、河北望都等诸家说,但是大致倾向于认为尧生活于黄河流域。在政府的实践理性推动下,官方、知识精英与民间共同编织了一套话语,巧妙地弥合了三者之间的裂隙,尧的传说作为民族—国家神话的组成部分,成功地"植入"民间话语,"国家"以此实现了在场,民间话语的传衍与生态在多重因素影响下发生了偏移。虽然这套话语并不全然是民众集体认同的意识形态,如果一旦传承下去成为文化记忆,就有可能生产相应的感情结构,民间的

① 《中国古今地名大辞典》,香港:商务印书馆香港分馆,1931年,第32页。

情感世界与日常生活可能发生偏移，成为哈布瓦赫意义上的集体记忆。

在韩国文化流行的年代，有一位金湖学者，经过考证认为：金湖县城所在的黎城镇，黎城旧地可称高丽廓、高丽城、高丽王城或俗称黎城，可能为高丽人所建构。

这个观点出自明人刘中柱的《宝应名胜纪略》："中有居民数百户，楼房稠密，列缠肆，通商贾，俗呼曰黎城镇。"以及明人宝应儒学教谕吴铎的《黎城》："黎城依旧说，王业总丘墟，独惜遗民在，空余故主居，农桑春事了，风雨麦秋初，问俗政惭无，逢人懒下车。"这位山东登州籍的儒学教谕，在诗中用"王业、故主、遗民、俗政"等，揭示了一条信息：旧的黎城不独是一个井市缠列、商贾云集的小镇，而是一个经过多年沧桑被废弃的旧王城的邑都。《嘉靖宝应志略》记载："高黎王城，在县西南八十里侯村乡。宋治平间，高黎王筑。周回一里四十五。"这是一个石破天惊的记载。查《宋史》，迄今为止尚未发现有高黎王封号。该学者慎重考虑了"高黎"一词的属性问题，认为"高黎"系外来语，疑为"高丽"。而唐朝称为"高句丽"，有时称"高丽"，到宋朝正式称为"高丽"，而明朝称为"朝鲜"。他认为古"黎""丽"通假，《周书·王会解》作"高夷"，《汉书》作"高句丽"，或作"句骊"，《魏略》作"搞离"，《史记·夏本纪》"黎"作"骊"，《通鉴辑览》"犁、黎作丽"。《大唐新语》中有"李君球，高宗将伐高黎……且高黎小丑潜藏山海"等语，也将"高丽"写成"高黎"。可见在译语中，黎、犁、骊、夷、丽是互通的。高黎王城译为高丽王城当为不误。

宋·罗泌《路史》中记载："高黎，东阳有高黎城，俗呼高黎郭。"《路史》成书于宋乾道庚寅年（公元 1170 年），离治平（公元 1064—1067 年）年间约 100 年左右。这是有关黎城最早的记载。其时，附近的扬州、楚州、海州等地都建有高丽馆。宋朝建国伊始对外关系上就实行远交近攻和以夷治夷的方略，有意联合高丽以图大辽。朝廷故授意福建转运使罗拯，派商人黄真、洪万来等人以经商的名义到高丽。高丽王徽接见了他们后，了解到宋朝的意图，故遣民官侍郎金悌来朝传达高丽王的看法，朝野上下认为可行，至此结束了从仁宗天圣八年（1030 年）起与高丽 42 年音讯不通的历史，两国往来不绝。

为什么称为“高黎王城”？因为高丽人来，常挟有王子贵胄在其中。金悌一行来宋，可能有高丽王子贵胄挟在其中，《资治通鉴长编》记载：“高丽曾入贡，道出州境，中贵人挟以为重，使州官旅拜于郊，顺之曰：‘青，大镇，在唐押新罗、渤海，纵其国王来尚曾与之均礼，参见陪臣奈何卑倔如此，独不拜’。”该学者由此推断，高黎王城系筑于高丽贵胄之手是有可能的。

高丽人的足迹隋唐时就曾经播涉江淮地区，“总章二年五月庚子，移高丽户二万八千二百，车一千八百乘，牛二千三百头，马二千九百匹，骆驼六十头，交入内地，莱登二州般次发遣，配江淮及山南，并凉以西诸州空闲处安置”。处于淮南的黎城一带，有高丽移民来落户是可能的，从隋朝唐朝起，移民政策一直延伸到北宋末年。虽然“唐朝在派遣‘朝鲜王’的同时，还遣回在高句丽亡后被迁至唐朝地区的大批高句丽的人民。”（参考《朝鲜通史》）但高丽人的基因似乎还隐约存在于江淮一带，该学者在长期调查考证中提出的最有力的证据是：近年黎城在原海晏寺旧址动土恢复旧貌，原海晏寺，据《宝应县志》记载，“传说为吴家所造”，又一传说为唐贞观十四年所建。海晏一词用于寺名实罕见。然而无独有偶，在国内查不到同名，而能在韩国找到同名的海印寺（译名），韩国的海印寺在南朝鲜庆尚南道陕川郡伽耶山，新罗哀庄王五十五年（803年）建立，受历朝尊崇，规模很大，藏有来自中国的佛经。[2]

21 世纪，随着规模越来越大的“荷都”“尧都”的打造，金湖模仿四线城市的空间结构，把原来最古老、最有特色的老黎城街全部拆毁，建成崭新的大佛寺和“外滩”，重金设计打造了“尧帝主题公园”“尧帝旅游印象城”“尧想国”。凭借丰厚的“尧”文化资源，金湖在全市率先实现了全域旅游，并成功列入国家全域旅游示范区名录。金湖把“三阿”这个后起的地名不顾历史逻辑的与上古尧帝“穿越”在一起，利用上古神话赋予当下以历史感，把地方性上升到宏大叙事，强力达成了国家意识形态的民族认同。可以看出这个地方当代自我主体的建构，完全是在强烈的现代“文化自觉”意识主导下生成的幻象。把上古神话融入国家经济政治主流话语，形成了地方文化传统与商业旅游话语再生产的多重话语叠合场。杜威在现代主义大潮刚刚兴起时就深刻指出：“由于经济体系的原因，贸易与人口的流动性削弱或摧毁了艺术作品与这些艺术作品曾经是其自然表现的地方特性(genius loci)。由于艺术品在失去了它们的本土地位之时，取得了一种新的地位，即成为仅仅是美的艺术的一个标本，而不是别的什么东西。”[①]迈克·费瑟斯通分析了全球化语境里的地方文化，认为“通常来说，地方文化都被认为是与全球相对的一种特殊存在。它经常被认为是一个相对较小、存在边界的空间，生活在其中的个体经营着一种日常的、面对面的关系。日常文化的自然性、习惯性和重复性受到重视，每个人都是实践的主体。针对居民群体和物质环境(空间安排、建管物资、自然条件等等)的常用知识库也是相对固定的；它在时间的流逝中延续下来，而且还有可能包含着将人们维系在同一个地方、同一种过去感之上的仪式、象征和庆典”。[②] 对比杜威和迈克·费瑟斯通的这两段话，可以清晰地看出全球化语境下，民间艺术的脱域化所带

---

① [美]杜威：《艺术即经验》，高建平译，北京：商务印书馆，2005 年，第 8 页。

② [英]迈克·费瑟斯通：《消解文化——全球化、后现代主义与认同》，杨渝东译，北京：北京大学出版社，2009 年，第 127 页。

来的本真意义、内涵、价值方面的变化，就是国家话语主导的民俗主义。

民俗主义是全球化的在地化背景下的产物，地方性和民俗通过“脱域”再“重置”而成为他者，民俗被景观化，造成了民俗的多重性。既可能使得当地民众认识到民俗的独特性进而产生文化保护自觉和自豪感，也可能加剧博物馆化和表演化、商业化的分裂，进一步造成民俗本真性的流失。上世纪六十年代，德国民俗学家汉斯·莫泽和赫尔曼·鲍辛格观察到了新出现的把“二手性地对民俗文化的继承与演出”现象，认为“某种民俗性的文化现象，在其原本的安居场所之外，拥有了新的功能，或是在新的目的下得以展开”，就是“民俗主义”。[①] 很明显，民俗主义是现代性的产物。表现为新兴的民族国家意识形态对民俗的征用，以及消费文化的商业征用、大众文化的征用、不同学科的学术文本建构征用、文化化征用、遗产化征用等等。经济逻辑统治一切领域的时代，审美日益突破了无功利性的边界，与国家政治、经济话语连接，形成宏大的文化产业、大众文化、主流意识形态文化等等。所以“脱域”具有相当的合理性，是地方民俗在全球化和经济理性背景下的嬗变。“民俗旅游”就是在现代性背景下出现的。据周星考证，1990 年，西敬亭、叶涛提出了“民俗旅游”的概念，认为它“是以民俗事象为主体内容的旅游活动。”[②]目的是满足游客“求新、求异、求乐、求知”的心理。我们注意到，就在新世纪前后，高校的学科设置里，把旅游专业放在历史学科里，试图以“客观”的历史事实阐释旅游文化的“价值”内涵，来证明学科设置的合理性，也是这个背景下的产物。艾瑞克·霍布斯鲍姆(Eric Hobsbawm)提出的“发明的传统”理论

---

① 转引自周星：《民俗主义、学科反思与民俗学的实践性》，《民俗研究》2016 年第 3 期。
② 周星：《“农家乐”与民俗主义》，《中原文化研究》2016 年第 4 期。

更加清楚地阐释了这种逻辑。霍布斯鲍姆认为，当代社会对古代传统的诉求从源起上说是最近出现的，表面看来或者声称是古老的“传统”有时是在某个活动或很短时期内被“发明”出来。“被发明的传统”(invented tradition)意味着一整套通常由已被公开或私下接受的规则所控制的实践活动，具有一种仪式或象征特性，试图通过重复来灌输一定的价值和行为规范，而且必然暗含与过去的连续性。实际上，在任何可能的地方，人们往往会努力与一个适宜的历史过去确立连续性。……然而，就这样一种指涉过去而言，“发明的”传统之特性在于它的这种连续性很大程度上是虚构的。简言之，这些传统乃是对新情境的一种回应，这些新情境采取了参照旧情境的方式，或者说，它们以某种准义务式的重复来确立自己的过去。[①] 大量所谓的“移植性民俗”就是依照这样的逻辑出台的，如踩高跷、舞狮子、舞龙、花船、包饺子、成都小吃、陕西面食、新娘花轿、对唱山歌、秧歌、腰鼓等，不分地域南北，一律“麦当劳化”标准化，出现在全国比比皆是的“中华民俗旅游村”。所标榜的独一无二的原真性却表现出强烈的同质性、复制性。这种以旅游观光者的期待视域重新打造了地方空间，把民俗他者化混杂化，试图通过现代社会交往的扩大寻求发展以融入国家的现代性，却恰恰遮蔽了自我。体现国家威权的民俗主义、经济理性、流行文化共同实现了全球在地化(glocalization)，却构成了压迫性的文化结构，可能成为某种政治暴力。民俗主义推动的文化再生产，产生了不同诉求的话语，形成了中国当下互相交织的文化语境。民俗主义反映了民俗的价值意义。价值从根本上反映了“物”对人的有用性、功利性。以威廉斯的文化分析方法看，文化就是一种生活方

---

① [英]E·霍布斯鲍姆、T.兰格：《传统的发明》，顾杭、庞冠群译，南京：译林出版社，2004年，第2页。

式，在城市空间、村落、民俗文化、大众文化中体现出来，而不应该工具理性地成为征用的资源。视文化为资源使得好莱坞模式成为中国文化的追求目标，文化呈现奇观化表现。但是在文化多主体、文化实践多层次的当下，文化主体、文化实践以互相嵌入的形式表现出复杂的情境。乡愁是各种价值观念和文化意识显隐交织、互相嵌入、多重组合的文化镜像，以文化分析理论对乡愁生成的路径、乡愁文化表征进行学理分析，才能对当下社会文化结构和社会分层做出比较合理的阐释。

其实这里的问题是很复杂的。我们发现，民俗主体和游客主体双方都没有完全丧失主体性，都处于“表演”即“装”的状态。在民俗重构过程中为了迎合旅游开发而“发明”的历史是无所谓“伪”的，民众积极主动的加入、创造促成了复合型新民俗文化的形成。地方以游客想象的形象展示自我，既宣传了中国幸福多样的形象，也满足了重塑自我的欲望。按照这种逻辑，即使当地没有“现成品民俗”，也完全可以设计出一个民俗旅游空间来。北京著名的“江南民俗村”古北水镇就是这种民俗旅游思维的产物。它比金湖县的“尧帝主题公园”“尧帝旅游印象城”“尧想国”更进一步，利用游客心理认知的价值迁移进行复制，轻松地实现了展示价值和商业价值。它并不是基于民俗的本真性，而是精准地对应了游客的心理。针对北京周边中高品质度假休闲地的稀缺性，打造了符合城市人理想和生活习惯的整洁美好的休闲“农村”，按照他们的消费层次，满足了他们不必花费太多、不必千里迢迢远去江南即能就近一睹“小桥流水人家”的愿望。也就是说古北水镇是对江南民俗空间的“挪移”“重置”，完全是民俗主义的“虚构”。如果实在要说它具备江南风情，那也只能是“无根”的江南，是游客心里“认为”的江南。古北水镇对江南水乡的逼真模仿虽然被追求原真性的人讥讽为“乌镇分号”，但是它的商业成功和游客的“高度”认可所遵循的恰恰是被抽空的、不在场的主体的舞台化的心理真实，而不是伽达默尔意义上的“体验真实”。正是在这里，大众旅游的“替代消费”与追求民俗空间原汁原味的“原真性”路径恰恰相反。在庞大的消费社会链条上，由于乡村处于消费经济链条下游，只有迎合消费者的口味才能把资源变成利润，也才能融入现代性。正如阿来所言，“从城市到城市，我们永远都在歌颂新的东西，那些旧的、‘廉价’的地方大量被忽略，就在原地腐烂、衰败、被遗忘。那里的人似乎没他们的人生，少数人挣扎到城市里当边缘人，整个社会的价值链条里一大批人、一大批行业慢慢因为没有‘价值’被忽视”。① 他深刻反思了商业社会隐藏的一套文化生产逻辑，尖锐地批判了那些包装起来的、隐藏在“发展”话语下的、今天深入骨髓地侵蚀我们的感情和精神的东西。农业部提出的“美丽乡村”即是把民俗和乡村空间景观化展示化，以美丽的“异”空间而实现消费民俗、消费乡村，是国家政治意义上的民俗主义。据统计，2015 年，全国休闲农业和乡村民俗旅游接待游客超过 22 亿人次，直接带动了 550 万户农民受益，形成了庞大的产业链、消费场、审美场。高小康认为，全球化的大经济时代，文化经济化(economization of culture)成为新的经济增长点，艺术生产和消费已经变成大众行为，艺术的边界随之发生了变化。在艺术市场化语境里，“体验经济”和文化产业的兴起重新设置了艺术的位置。后现代语境里，乡村成为众声喧哗的多重混搭空间(camp)。不同的主体进入乡村，乡村文化生产方式与现代文化生产方式发生了碰撞，引发了“时空分延”的“脱域”空间交错现象。那些地方民俗不但被展示化，进而被知识化对象化，进入现代教育体系，形成“乡土知识的国家话语”。如江苏省教育

① 张知依：《阿来：在消费的链条上我们再次失去了故乡》，《北京青年报》2016 年 9 月 23 日。

部门编写的中小学《文化江苏》系列教材，苏北淮海文化区几个城市编写的《淮海文化》教材，淮阴师范学院编写的《淮安民间工艺系列教材》，等等。

从1983年的中央电视台春节晚会开始，开启了在国家层面上集传统民俗和现代国家话语于一体的新年节文化模式，逐渐形成了全球化语境里新的中国家国情怀符号话语表征系统。在家家户户家祭仪式后开始的春节晚会，与家族团圆相重合，家与国在这个神圣时间里遂合为一体。中国北方一直有春节期间举行隆重的社火仪式的传统，目的是形成社区群体身份认同、凝聚族群力量，达到心灵沟通的高峰体验，产生强烈的“共同体感”。“立于礼”是传统社会最重要的生命体验，节庆的功能就在于重塑群体并使群体获得新生。社火是地方日常生活的隐喻，为民众提供了体验公共生活的场域，达成地方公共精神重建和地方知识传承。大审美经济时代，北方许多地县政府于春节期间举办的“民间花会”和庙会已经成为年度例行的国家仪式，集传统与现代、国家与民间、团体与个人、会社与家祭、春祈与祭火、庆典与娱乐等层面混杂于一体，形成了内涵多元化但又可能互相矛盾、冲突的年节文化。中国美学史上，战国时期，“礼”的形式表象与内涵相脱离，开启了审美感性的源头。从宋代开始，随着物质财富的日益丰富，人们的消费欲望日益增长。这些在《金瓶梅》里有生动具体的表现。虽然儒家理性主义思想进一步强化，试图禁锢人性欲望，仍然不能挽住整个社会向世俗下滑的趋势。最典型地体现在宋代出现了节日市场，如上元灯市、乞巧市、重阳药市等规模浩大的专门市场。这意味着节日和民俗的品性发生了一些变化。它们不再是单纯的神圣文化现象，同时也成为社会重要的经济资源和价值观风向标，传播一种崇尚消费、重享乐的世俗价值观念。宋代节日具有物质满足、节令精神满足、娱乐消费等等多重意义，中国的节日内涵呈现出一个从起源时期具有浓厚的崇拜、禁忌、攘除等神性色彩，逐渐趋向世俗、现世、欲望、娱乐等形而下的趋势。反观当下，各种民俗符号脱离民俗土壤，悬置、“漂浮”“抽空”内涵成为审美资源也就不奇怪了。年节花会从民俗符号转换为消费、意识形态、文化等符号，尤其是在失去了历史深度、“脱域”的后现代，资本逻辑统治一切领域的消费社会，民俗性、神性转换为展示性，把社火从神性的民俗仪式转换为彰显国家政治的审美符号和地方旅游消费文化符号。“社火”本来是祭祀和娱乐行为，孟元老《东京梦华录》卷八：“天晓，诸司及诸行百姓献送甚多。其社火呈于露台之上。所献之物，动以万数。自早呈拽百戏，如上竿、趯弄、跳索、相扑、鼓板小唱、斗鸡、说诨话、杂扮、商谜、合笙……道术之类，色色有之。”著名的山西省大同市怀仁县就成功地把传统祈祥旺火发展为现代性、展演性的仪式和民俗文化符号，名显一方，获得了巨大的经济效益、品牌效益、文化效益，同时也强化了地方认同感和自豪感。比较之下，相邻的应县、繁峙，世代流传的旺火民俗依然保持着祈祥的原本“自然”状态，而没有予以景观化资源化。传统社会里，民俗仅仅是地方知识，没有任何高下等级之分，更与政治经济利益没有什么关联。资源过剩的眼球经济时代，任何知识、观念、民俗越早资源化，意味着越早抢占市场转换为经济价值。怀仁县旺火的规模空前和全民参与，显示了政府强大的政治力量和国家在场，更显示了民间对国家的从属关系。同样是仪式，从神圣性转换为展示性，显示了民俗主义的政治逻辑和民间文化生存的智慧。

从中国节庆的本源上看，“节”乃天地时气交合之处，即“天”“地”自身的节奏。“人”作为“天”“地”的产物，天地之“节”自然就成为人的生命节奏，是连通自然节奏与人生命运的“节点”，构成了人类生活秩序的重要组成部分，形成了以年度为周期、循环往复进行的全民性文化生存方式，在人与自然、人与人、人群与人群、人与自身之间建立起有序的联系。正如《周礼》所云："国祭蜡，则歙《豳》颂，击土鼓，以息老物。"所以节日天然地具有神圣性，追求人与自然的和谐、人际和谐，形成"天人合一"的和谐观念，是由中国社会特有的经济政治结构和内在的文化哲学精神决定的。节日时间属于神圣时间，历史上积累了很多关于节日社会治理的"时间政治"智慧，是我们今天建设新型节庆文化的宝贵财富。法国学者葛兰言(Marcel Granet)认为随着时间的推移，中国先秦时期的农业季节性庆典仪式"这些具有社会意义的仪式活动被统治者吸收、改造，蜕变为古代帝国所需要和采用的官方象征文化和宇宙观，服务于中华帝国的政治并为文本传统所记载"。[①] 从民间价值观成为治理社会的有限手段，也可见民间与官方的观念有相当大的重合。中国传统节庆起源于农耕文明，以儒家伦理为指圭，农事、祈福、驱邪、祭祖、团圆、孝亲是永恒的主题，更是民俗的核心价值。

随着现代社会进入消费社会阶段而兴起的旅游节庆(Hallmark Tourist Events)活动，无论从起源、形态还是观念、内涵诸方面完全不同于传统节庆，是现代性和经济理性的产物，具有人为性、政治性、商业性、交流性、娱乐性。科学理性和经济发展的需要构成了现代节庆产生的语境，它是一个以展示、娱乐、体验"他者"文化为核心的文化商品和政治行为，在国家政治主导下成为展示地方政治、经济、文化的重要平台，同时也因为它的周期性、重复性而逐渐融入人们的日常生活，成为社会生活的重要组成部分和地方文化符号。如哈尔滨音乐节、冰雪节，成为哈尔滨的文化名片。现代节庆一般围绕独特的地方性知识而设计，包括节庆主题、标志性符号、仪式、宏大场面、共享物、游戏娱乐、集体活动，通过集

① 王铭铭：《社会人类学与中国研究》，北京：生活·读书·新知三联书店，1997 年，第159—160 页。

中展示，使游客体验独特的异地文化。也就是说把传统地方民俗的地方性、神性转换为展示性，民俗文化化价值化成为“社会资本”。这是现代节庆的核心价值，也是它的本真性之所在，决定了它的体验价值和经济价值。也就是通过文化经济化(economization of culture)，把审美体验转换为“体验经济”。消费者消费的不再是实体商品，而是一种感觉、情绪，一个精神体验过程。

从表象上看，现代节庆仍然是在特定时间、地点围绕特定事件的聚众欢庆活动，是族群和社群的狂欢，似乎与传统节庆没有很大区别。但是无论从起源、内涵还是功能上看，现代节庆完全去除了神性，政治性成为最大的主题。如果说古代节庆追求的是天人合一的和谐，现代节庆追求的则是全球化语境下的跨文化传播、接受与交流，追求现代语境中的和谐。如世界节庆协会主席史蒂文所言：激励热情，沟通文化，塑造印象，放飞想象力，促进交流，传递使命，增强理解，克服障碍，开拓视野。为了实现这些目的，就必须把民俗按照一定的接受视域重新置入，所以现代节庆是民俗主义的产物。“现代性的程度取决于空间与地方的脱离再融入空间的时间层面。”①特定时间的传统节庆转换为现代节庆，传统民俗空间就这样融入了现代性。从本真性上看，传统年节文化是民间社会彰显自我存在的手段，自身作为本体，具有自洽性。政府作为实践主体，以控制地方秩序为本体。前者以民俗为目的，后者把民俗转化为庆典，通过仪式来实现统治。在礼俗并存的中国社会，神圣的传统年节文化包含着两重意义。民俗通过展示而找到了生存空间，国家通过控制进入了民间。当代旅游节庆虽然由政府主导，但是民间巧妙地把“俗人所欲”与“官方所欲”结合起来，找到了一个

---

① [英]安东尼·吉登斯：《现代性的后果》，田禾译，南京：译林出版社，2000年，第249页。

平衡点，本真性和混杂性融为一体，实现了政治、文化、市场等方面的双赢。中国目前大约有五千个地方文化节庆，构成了斑驳陆离的民俗与国家话语交织的多重镜像。

1990年代以来，随着中国逐渐进入全球化语境，民俗文化从长期以来与现代性相对立的“落后”“迷信”“原始”“蒙昧”反向规训被重新定性为民族传统文化，上升为中国民族文化的符号表征系统，纳入了民族国家的现代性话语。从我们以上所分析的案例来看，围绕民俗文化话语的编织形成了复杂的权力话语场，体现了充斥于主导文化再生产中的各种力量斗争，包括国家意识形态、经济因素、商业市场、大众娱乐，当然也包括民俗主体自身。它永远不会“客观”地再现民俗文化，所谓的原生态民俗文化只是被建构的消费符号，民俗主体和旅游主体通过展示和消费，各自完成了对自我的想象和建构。在民俗文化再生产场域里，平常的地方民俗生活按照文化再生产和商业价值的逻辑被审美化，貌似拉开了审美距离，事实上无一不是成为“脱域”的盆景，失去了历史和文化深度，被平面化、瞬间化，都是政治化、资本化、商业化、大众娱乐化的文化工业的产物。貌似丰富多彩，实际上日益标准化、同质化，实施着美学清场和文化霸权，以表象的感官体验和替代性的情感体验“完成”了民俗审美。本真性的民俗只具有生活实践意义和人类学认识意义，不是被距离化、对象化静观审美的客体。这个过程是一个双向重构和失去的过程。民俗主体通过被展示，失去了主体和尊严，重构了一个虚假的、不在场的民俗主体；旅游主体通过“看”民俗风情展示，而失去了审美主体和实践主体，重构了一个不在场的认识主体和审美主体。异质、“新奇”的民俗展示只是一个建构的景观，提供了不同地域间的文化想象和西方对中国文化多元化的想象，按这些想象而提供的“民俗”又印证了现代文明的优越性，印证了消费主体身份的优越性，即所谓的“内部东方主义”和西方立场的东方主义。民俗旅游如果是一个审美活动，达成的只能是自我价值的消费，建构的不是民俗认识、欣赏主体，而是消费主体，一个完全虚幻的身份主体。丰富各异的民俗不过是权力政治、资本、大众欲望、消费社会的文化想象符号，混杂而虚幻，充斥着民俗主义主导的“文化僭越”行为。通过全球化的时空重置，民俗旅游被赋予了民族国家建构的重要政治意义，民俗地区被纳入现代性话语体系，民俗以另一种方式被言说，民俗旅游建构了一种新审美形态——“替代性审美”。替代性审美成为消费社会的美学逻辑，重建了一套审美话语。民俗被文化化，成为文化资本，“脱域”化表演化，丧失了本真性（authenticity）与现实性（reality）。民俗主体在现代性话语系统中“自觉”地自我贬抑，受制于现代性文化霸权却浑然不自知。民俗文化无论是处于现代话语的边缘还是“展示”位置，都是现代性出于不同目的规训的产物，即所谓“本土化的现代性”（inigenized modernity），永远处于权力政治、经济资本和社会资本合力支配下。民族国家话语系统不是试图去了解民俗主体的“他们”，而是让“他们”主动融入“我们”。恰恰与加达默尔的“在理解过程中产生一种真正的视域融合”[①]路径相反，因为主体的虚幻性，无法建立将自身置入的理解视域，所以这种“异”文化的交流永远无法实现跨文化的交流和传播。

然而，民俗主体毕竟不是完全被动的，他们在被他者化、客体化地展示的同时，又以自我文化的差异性成为自我认同的标志。这意味着在融入现代性话语的同时，他们也始终在保护自我文化主体，坚持民俗文化的独特性，在本真性和展示性之间保持着一定的张力。所以他们并没有完全丧失主体性，反而积极改造自我，彰

---

① [德]加达默尔：《真理与方法》（上卷），洪汉鼎译，上海：上海译文出版社，1999年，第394页。

显文化创造主体，去除现代性权力话语的遮蔽，激发了文化再生产动力。民俗旅游作为当代国家层面上的文化再生产，民俗主体与国家话语主体就始终处于这种紧张中。

第三节　民俗审美的逻辑和民俗主义的意义

通过对民俗审美逻辑的分析，我们发现，现代审美作为重构社会文化的重要精神活动，无论是主体进入、审美距离、主客体交流还是审美效应、社会功能等各方面显然已经完全不同于古典美学，而是形成了一种新的审美模式。按照李泽厚的观点，美感的建构既是直觉的、个体的，又是社会化的、理性的、功利的。古典美学的审美快感是通过主体的在场实现的，在艺术创作欣赏活动中，主体以忘我的投入而达到感性与理性、个体与他者、自然与社会的融合，即中国美学所尊崇的天人合一，西方美学尊崇的自由、解放。审美活动的非功利性使得我们抛开凡俗，回到"人"本身，趋向于"无"的境界。毫无疑问，古典美学视审美为社会精英的专利，强调纯正高雅的趣味，把审美作为拯救人的工具，希望在资本统治的现代社会里实现人的精神自由。无论欧洲的批判现实主义还是中国的"为人生的文学"都是为了达到这个目的。然而，到了二十世纪后期，资本和商品的空前强大的逻辑统治了全社会的各个领域包括艺术，这个无所不在的"大他者"就是资本所构筑的商品世界。当代社会一切已经商品化，包括审美领域，即所谓的日常生活审美化，表现为随着文化教育的普及而带来的审美普及化、大众化、民主化、技术化、商业化。但是，审美普及不但没有解放提升人的主体，反而使主体堕入更深的失去并沉迷于其中，不可自拔。这似乎就是当代社会无处不在的审美现象，我称之为"装"，已经成为整个社会强大的审美逻辑。“装”的审美秘密是“代理消费”和“剩余快感”。针对不同于古典时代的审美现象，拉康的后现代理论提出了与古典美学完全不同的路径，从“外因论”入手来阐释当代社会审美逻辑。作为美感发源的“外因”，资本世界赋予的剩余快感使得不“在场”的“代理消费者”仍然能够获得审美快感。在资本主义商品社会条件下，资本世界可以替代我们进行审美活动，而无须我们自己去审美。就如同网上经常出现的新闻那样，富人的社会地位和身份决定了在一般人眼里，围绕着他的所有物品无可置疑地、“天然”地被视为奢侈品。而事实上富人出于种种原因，经常以假乱真地使用仿制品，却无妨于公众对他们身份地位的崇拜。也就是说在富人的世界里，“假作真来假即真”根本就是铁打的逻辑。穷人就算是好不容易拥有了一件昂贵的奢侈品，但是依照穷人所处的社会地位，他的奢侈品仍然经常被看作仿制品而不会被视为身份的象征。这构成了资本社会一个不变的逻辑，可以列成这样两个等式：奢侈品（符号）＝富人（身份），仿制品（符号）＝穷人（身份）。鲍德里亚指出，在当代消费社会里已经形成了一个无所不在的“物体系”，“人们从来不消费物的本身（使用价值）——人们总是把物（从广义的角度）用来当作能够突出你的符号，或让你加入视为理想的团体，或参考一个地位更高的团体来摆脱本团体”。[①] 也就是说资本社会的逻辑规训了一切，资本强大而无形地通过我们的内心，成为我们审美活动的中介，把我们的喜怒哀乐、高尚、感伤、快感等等，“都可以转移、转送他人，而不损失其真诚性”（齐泽克语）。这个过程就是“装”，主体完全不在场，却可以一本正经地进行审美活动。

---

① [美]尼古拉·米尔左夫：《什么是视觉文化》，《文化研究》（第3辑），天津：天津社会科学院出版社，2002年。

本雅明早就预言，复制技术可能会颠覆传统艺术的地位。现代社会愈演愈烈的复制技术、网络技术的应用使得艺术品的传播变得大众化，建立在资本基础上的文化工业普及了艺术，某种程度上实现了艺术的民主化。于是，艺术欣赏就不再是精英的特权，从高不可攀的象牙塔里的精品变成了地摊上的大路货，谁都可能在遍布街头巷尾的各种商品包装袋、小餐馆、发廊里看到、听到名作的复制品，社会大众都能够接触、欣赏从前昂贵的高雅艺术。更有专业人员作为审美商品中介，把设计好的兴趣、趣味、修养灌输给我们，我们自愿付费购买。这样，通过购买审美产品，我们不需要经过旷日持久的、艰苦的专门艺术学习训练，仍然可以获得美感，完全可能从艺术史、流派、内涵、艺术家生平等方面把内涵复杂的艺术品分析得头头是道。这些都是我们可以购买的“现成品”(ready-made)。在消费审美产品比如民俗旅游的过程中，我们作为审美主体可以不在场，仍然可以获得审美快感。以这种逻辑来分析民俗旅游消费，它根本就是一种“代理消费”和“剩余快感”完美结合的产物。消费者通过不断地接受那些网红旅游地信息，从网上得到旅游地的相关地理、民俗、美食、价格、体验评价等信息，已经通过“被设计”而形成了固定的旅游期待视野。后面接下来所进行的设计规划旅游行程，预定，跟团游或者自驾游，成行，打卡，体验，印证，评价，拍照，发朋友圈。这雷打不动的一切无非就是在付出一定旅游资本的基础上完成的“代理消费”，潜在的代理人就是引发你出行的旅游策划人，你的旅游不过是分享一次那些去过或者没去过的人们的“剩余快感”，是资本狂欢的剩余。审美活动和审美兴趣早已被专业化、商品化地集中大规模地在设计好的商品流水线上生产、批发，我们只不过处于最后、也是最终实现资本利润的消费环节。类似于柏拉图把艺术视为无根的“摹本”(copy)，鲍德里亚把当代泛滥的艺术符号视为“类像”(simulacra)，更加无根而泛滥。在“类像”构成的世界里，现实真实已经消失，模型、符号重构了经验结构，模型与真实之间的差别消失，真实性的基础消失，对真实的体验也一并消失。类像、符号无限增殖，脱离了主体的控制，主客体之间的地位发生了转换，实现了超真实(hyper-reality)，真实与非真实之间的界限日益模糊。在资本世界里，要想成为消费的对象，物品必须成为消费符号。由于符号的虚幻性，“所指的价值”消失，只是一个消费代码，真实性悬置，仿真(simulation)性结构成为新的价值规律，艺术品成为“掩饰和歪曲基本事实”，“纯粹是自身的类像”，不再反映任何真实，游离于原本，只是无源头的“类像”，而类像通过“代理消费”和“剩余快感”，最终内化为自我经验的一部分，幻觉与现实混淆。这个审美过程不但没有建构精神主体，相反地导致了主体的消失。由于人与物都成为被符码所限定的客体对象，所谓的“主体”只是象征交换(symbolic exchange)链条上的一环，只剩下过渡性和受动性，而不再具有主体性，“自动”地进入了“大他者”设计的精巧的控制与权力结构。借用鲍德里亚对消费社会的美学分析理论，民俗旅游作为消费社会一种大审美类型，就是一种自我快感消费。北岛正是在这个意义上把旅游称为在“全世界泛滥的瘟疫”，提醒我们在消费主义盛行的时代保持主体的清醒。

就这样，由于“剩余快感”的存在使得不在场的审美得以实现，转换的秘密是“代理审美”，通过情感的“外在化和转移”实现了“相互主体性”，“我们仅仅是窃取、挪用、借贷或置换了资本的财富，却以为我们本身就拥有了审美趣味这一伟大财富。然而这不过是我们思想中的幻觉，是无意识在审美活动中的表现。我们所拥有的艺术形象、精彩瞬间、如醉如痴的审美快感，不过就是资本的能指、转喻和征兆。实际上，不仅是大众美学，精英文化中的审美鉴赏，在资本主义商品社会的条件下，也没有超出剩余快感的逻辑。……我们在审美观照中所见到的仅仅是大他者对我们注视的反射。对审美的商品及其优美形式的观照并不是从我们自身发出的。……只是在无意识层次，他的审美注视并不属于他自己。”[①]对比古典美学的路径，一个是“内因论”的，主体通过自我自觉的提升解放而得到强化。一个是“外因论”的，资本的逻辑赋予主体剩余快感。这个快感不是通过主体忘我的艺术投入而是通过消费实现的。在这个逻辑里，艺术不但不解放人，反而使人离自由更远而浑然不觉。

伽达默尔认为，体验是一种与生命、生存、生活紧密相关的经历，具有直接性、整体性，“生命就是在体验中所表现的东西”，[②]“所有被经历的东西都是自我经历物，而且一同组成该经历物的意义，即所有被经历的东西都属于这个自我的统一体，因而包含了一种不可调换、不可替代的与这个生命整体的关联”。[③]“如果某物被称之为体验，或者作为一种体验被评价，那么该物通过它的意义而被聚集成一个统一的意义整体。”[④]由此可见，体验具有使得人之所以是人、回到人的本源的重要意义，起了抵御现代理性、建构人的完整性的作用。而所谓的大审美经济时代，产品和服务超越了实用功能，与审美、体验连接起来，审美和体验变成了可以购买的商品。2002年，提倡大审美经济的学者卡尼曼获得诺贝尔经济学奖。他认为，最美好的生活应该是使人产生完整的愉快体验的

① 周小仪：《消费文化与生存美学——试论美感作为资本世界的剩余快感》，《国外文学》2006年第2期。

② [德]伽达默尔：《真理与方法》（上卷），洪汉鼎译，上海：上海译文出版社，1999年，第77页。

③ [德]伽达默尔：《真理与方法》（上卷），洪汉鼎译，上海：上海译文出版社，1999年，第85页。

④ [德]伽达默尔：《真理与方法》（上卷），洪汉鼎译，上海：上海译文出版社，1999年，第83页。

生活。而这个“完整的愉快体验”是能付费购买的。就这样，通过资本的逻辑赋予主体以剩余快感，伽达默尔的自我主体被卡尼曼的消费主体悄悄地替换了。这就是现代美学所建构的分离式的、审美主体外在于审美对象的、静观性的审美模式。通过从生命、生存、生活世界中“脱域”后再“语境重置”，活泼泼的天人合一境界变成了“雕塑”“标本”“化石”。这种静观性的前现代民俗审美对象以历史文化断面呈现历史，恰恰遮蔽了历史，是现代消费主义美学场域想象建构的产物。

然而，我们同时也必须看到，在经济逻辑构成社会总体性的今天，正因为强大的商业因素的存在，才为民俗的市场化、展示化提供了自洽对接的可能，才与现代审美模式提供了架构融通。所以民俗主义实在是多重性的价值体。

从我们以上的分析来看，对应着当下民俗主义的“脱域”与“语境重置”，已经产生了一套新的审美话语。国家、民间、消费者之间的并存与互相博弈，形成了复杂的话语场。全球化语境下的民族国家现代性话语具有“天然”的合理性，作为当代最大的总体性叙事，它在不同的时期一直强力纳入多元民间文化，试图建构中华文化的本真性，以融入全球化的现代性叙事。也就是把中国丰富多样的地域性文明转化为统一的中国文明，再转化为全球性文明，其核心价值观是人类共同价值体系，建立一个融“传统中国”“现代中国”“全球中国”三位于一体的现代民族国家身份。其中的逻辑就是现代性和民俗主义。与传统的本质主义身份观的视民族为“稳定、不变和连续的指涉和意义框架”下的集体性无意识，是构成民族历史传统的源头和永恒的象征的观念完全相反，人类学认为，地域认同、社会认同是国家认同的前提，国家认同是地域认同、社会认同的最高表现形式，构成整个民族的认同和记忆。传统文化、现代价值观就这样共存混杂于同一时空，必然造成观念形态和行为的冲突。民俗主义和民俗“本真性”观念的矛盾的现实中的种种扞格就根源于此。

现代性本来就是一套预设的宏大叙事。吉登斯把现代性界定为:“指大约在17世纪出现却在其后不同程度地在世界范围内产生影响的社会生活或组织模式。”①在这种总体性统治下,舍勒认为人类的生存方式和心理精神不可避免地发生了全面转型,作为一场“总体转变”的现代现象,发生了“事物和人的巨大变形”。“现代现象是人类有‘史’以来在社会的政治—经济制度、知识理念体系和个体—群体心性结构及其相应的文化制度方面发生的全方位秩序的转型。它体现为一个极富偶在性的历史过程,迄今还不能说已经终止。”②相对于前现代共同体的信任给予个体存在(Being)意义上的本体性安全(ontological security),现代社会“缺乏这种基本信任感的人,是缺乏个体性安全感的和焦虑的,更深刻地从存在主义哲学的角度看,他就是处于存在性地焦虑(Angst)”。③

全球化作为激进的现代性浪潮,席卷了所有国家,每个现代人都概莫能外。既然主体已经分裂,主体观念和认同路径可能也随之发生了改变。吉登斯认为,在前现代社会,空间和地点总是一致的,因为对大多数人来说,在大多数情况下,社会生活的空间维度总是受“在场”支配,即地域性活动支配的,所以在前现代社会没有我们今天的空间概念。④ 相对于前现代社会,今天处于挪移、脱域的空间的原子化个体更需要维护文化传统以提供本体性安全。民俗文化就是集体传统,需要通过各种途径不断进行重建。传统的

---

① [英]安东尼·吉登斯:《现代性的后果》,田禾译,南京:译林出版社,2000年,第4页。
② 刘小枫:《现代性社会理论绪论》,上海:上海三联书店,1998年,第3页。
③ [英]安东尼·吉登斯:《现代性的后果》,田禾译,南京:译林出版社,2000年,第87页。
④ [英]安东尼·吉登斯:《社会的构成》,李康、李猛译,北京:生活·读书·新知三联书店,1998年,第79页。

完整性不是源于简单的时间上的连续，而是源于不断的阐释，其意义就在于连接现在与过去。仪式风俗与“真理的程式概念”相联系，仪式对赋予传统以完整的社会框架来说是必不可少的，是确保连续性的手段。传统具有道德粘合力，使传统具有约束性，提供本体性安全。阿达莱·阿斯曼提出了个体记忆和集体记忆概念，认为记忆绝不仅仅只是一种个体行为，个体只有在社会化过程中才能获得属于自己的记忆。文化作为人类的一个永远处于生产性的“形成与构成的过程”，文化内核抽象成一种“凝聚性结构”，通过民俗、节庆、纪念日等形式，使过去的事件记忆延续到当下，流逝的时间就这样成为绵延不断的时间，那些曾经的事件因为具有了永恒的意义而成为集体成员所认同的共同价值观念，进而产生归属感和认同感。艾瑞克·霍布斯鲍姆提出的“发明的传统”概念，认为任何现在都是为了与“一个适宜的历史过去”确立连续性，就是对传统在当下的变化进行阐释。斯图尔特·霍尔认为“文化”本身就是一种表意实践，文化的功能就在于生产意义，意义的产生是通过语言进行的，语言与主体之间形成了一个双向过程，更像一场“对话”。主体形成心理表象，在概念与符号之间建构起相似性，指向符号所表征的语言。所以意义是被建构的，各种表征建构了意义世界。霍尔摒弃了“自然主义”的主体认同，认为封闭的前现代社会对应着本质主义主体，开放的后现代社会始终处于未完成中，主体相应地处于开放性和可塑性。本质主义主体追问“我们是谁?”，后现代主体追问“我们会成为谁?”意味着主体认同路径的转换，从前现代固定、抽象、普遍永恒的主体，转向地方性、变化中、受制于特定语境的主体；从中心化的、统一的主体，转向非中心化的、碎片化的主体。思考认同的路径从整体性、本源性转向差异性、动态性、多元性。主体认同更多地取决于外在性、“他性”。以这种逻辑观察现代文化身份认同和建构，就会发现认同(identity)并不构成本质(substance),也不构成本真性(authenticity)。本真性是在国家话语生成场中动态地形成的凝聚力、政治意识、国家意志,是“凝聚性结构”和“真理的程式概念”在当下的表现,这就是民俗主义的本源,具有合理性合法性,也是历史价值的真实存在。由此观之,“民”与“俗”、“传统”与“现代”事实上构成了雅努斯的两副面孔,是一而二、二而一的问题。

从上面所举的例子来看,民俗主义在当下主要表现为刻奇(kitsch)和堪鄙(camp)二种文化现象。历史上,它们都出现于西方现代性发生重要转折、西方与非西方的关系处于一个重要节点、各种现代哲学和现代艺术都大量出现的二十世纪初。《英语牛津词典》把“刻奇”解释为:骄饰作样且自命不凡而实无价值之物,表现为廉价且大为流行、溺情而难称真情、无品而自我品味的审美对象,它出现在工业革命后都市化大众大量涌现的西方,是一种审美时尚和大众文化潮流。堪鄙正式进入美学,是在二十世纪六十年代后现代思想正式登场之时。作为一个文化概念,1909 年版的《牛津词典》把“堪鄙”解释为“装饰的、夸张的、不自然的、戏剧性的”重叠在一起的文化现象,这一现象从社会各主流的边缘而生,在美学类型上与刻奇(kitsch)和滋世(cheesy)相纠结,但是在美学上做了一个崭新的点化,升华到美学的高位。① 当代中国民俗主义文化中出现的多元“嵌入”“混搭”的现象都具有刻奇性和堪鄙性。翟永明把这种现象批评为“乡镇级的浮华与媚俗”,“国家权力意识与世俗力量合谋,所迸发出的巨大的艳俗光芒”,是完全的 kitsch 艺术。② 虽然引起了激进的知识阶层的批判,但是我们仍然要肯定它所包含的巨大的历史合理性。作为当代重要的流行文化

① 张法:《美学导论》(第三版),北京:中国人民大学出版社,2011 年,第 169—179 页。
② 翟永明:《天堂为昆斯所造?》,《读书》2000 年第 12 期,第 95 页。

现象，刻奇和堪鄙既是当代日常生活审美化的表现形式，也是当代社会的事实，是审美化地建构民俗乡愁的重要路径。费瑟斯通称为做作的、刻意的乡愁（wilful nostalgia）：“乡愁或者怀旧作为一种集团历史记忆的重现方式，是对美好过去的追怀，在这种复杂的过去重建过程中，它满足了今天看似比较单纯的对往昔的怀念。”[①]所以它们既是中国日常生活的现实，也是对当下“转过身去”的隐喻，是对残缺的现实的心理补偿，以想象的美好的过去弥补现实。

自从“民”作为主体、“民间”作为资源被纳入现代民族国家的框架以来，由于现代性的目的论叙事和传统文化“质”的不相容性，在不同的历史时期，它们之间一直既有冲突，又存在着巨大的张力。民族文化既是民众主体的文化，又构成现代民族国家政治自主的文化自我，所以必须与其他地方、国家的文化合理相容才能共生。尤其是在全球化语境下，我们必须以拿来主义的立场学习吸收其他文化的养分，才能实现这个文化身份的转换。由于现代语境的多重性，造成了文化主体的混杂性。传统民俗表达生活理想和文化认同，表达社会结构的秩序，是乡风民约的象征。乡村传统社会是俗人所欲的“俗”的社会，它与国家社会的“礼”的社会之间，只有经过“礼俗互动”才能实现转换，主流文化、精英文化和世俗文化在相互制衡、相互渗透和补充的情况下协调发展才是社会正常的文化形态。杜赞奇对华北民间社会网络进行了分析，认为中国地方社会中一直存在着一个民间文化网络，是民间获得权力与资源的联络点。地方性崇拜把历史的地方性意义与神灵的超越性权威相结合，既为民间文化的自我意识提供了公共空间，更与国家意

① 周宪：《全球化与文化认同》，周宪主编：《中国文学与文化的认同》，北京：北京大学出版社，2008 年，第 28 页。

识相关联，把不同层次的现代性和民间文化混杂融合起来，成为地方文化资源和地方性表征。所以民俗主义兴起的背后，是不同社会主体的现代性诉求与生存策略，是官方同民众、精英与大众、城市与乡村、古典传统与西方传统和社会主义传统等的碰撞，是中国社会现实的“文化政治”。地方文化作为社会资本，这样就在社区内部形成了“黏合性”力量，外部形成“桥联性”功能。张士闪得出结论：“在传统中国的复杂社会系统中，礼俗互动奠定了国家政治设计与整体社会运行的基础，并在五四以来的现代民族国家建构中有所延续。”①

民俗传统的恢复与现代民族文化的生成从来都来自于多种动力。按照英国文化学者雷蒙德·威廉斯的理论，任何社会阶段文化的构成绝不是单一的，文化形态可划分为主导文化、残余文化、新兴文化，它们之间构成错综复杂的关系。“在真实可信的历史分析中，最有必要的是应当在每个阶段上都认识到那存在于特定的、有效的主导之内或之外的各种运动、各种倾向之间的复杂关系。有必要考察一番它们是如何同整个文化过程而不是仅仅同特定的抽象的主导体系发生联系的。”古典社会时期，朝廷、士人文化作为主导文化统领着民间、市民文化，整个社会文化基本上形成了一个整体，残余文化、新兴文化的成分很少。到了现代社会，现代理性文化成为社会主导文化，民间文化作为过去时代的残余文化被政府部门以保护民间文化的口号予以遗产化、商业化、价值凝固、抽空，以商业和保护的路径榫合、交融到主导文化中，民间和政府各取所需，都参与了当代文化的狂欢，民间自身也巧妙地演变成了主导文化的一部分。乌丙安先生指出：“在传统民俗文化圈与现代产业文化圈的交叉、互渗、冲突、嫁接中，深入探索民俗传承的负载者

① 张士闪：《礼俗互动与中国社会研究》，《民俗研究》2016 年第 6 期。

群体及其有代表性的民俗传人，有重要的文化史意义和开创未来新型民俗文化的应用价值。”[1]我们发现，现代文化的复制、再生产功能正是在民俗主义和民间生存智慧的合力作用下得以实现。传统与现代、历史与现实、真实与虚构、个体与集体、国家与世界，就这样并置、交错、杂糅共存，构成了现代性语境中民俗的内涵、层次、意义、功能的流变，民族国家与民族主义主导的线性宏大历史被颠覆，恢复了历史的多样性、复杂性，让我们发现了现代性的同质性与民间地方文化的差异性同步发展的可能。

张紫晨这样阐述现代性语境中的“文化传承”：“在文化进化的历史上，传承作为代代相传的文化元素，是经过选择并被赋予‘传统’的地位与资格，通常受到人们的珍视，因此，一种传承常常是一种行为方式或标准，是人类群体的产物，用以加强群体的意识与团结。把传承与文化联系起来，便使传承获得广义的意义，它不仅代表着传承的事象本身，而且代表着一种文化过程。正像美国民俗学者P·菲里普斯与G.韦雷所说，传承‘乃是一种主体的、大规模的时空文化的连续体，它限于指一种技术或整个文化中的持久形貌，它占有一段相当长的时间，以及一种在量上面不等，但在环境上却有其意义的空间。’”[2]这是相对于民俗主义的文化本真性保护立场。加达默尔认为，后现代语境里，理解、保护传统作为一种文化自觉意识，主体必须“将自身置入”，形成交互性主体（inter subjectivity）。不同于传统的一元化主体，交互性主体“总是意味着向一个更高的普遍性范畴的提升，这种普遍性不仅克服了我们自己的个别性，而且克服了那个他人的个别性。‘视域’这个概念本身就表示了这一点，因为它表达了进行理解的人必须要有的卓

---

① 乌丙安：《民俗学原理》，长春：长春出版社，2014年，第201页。

② 张紫晨：《中外民俗学词典》，杭州：浙江人民出版社，1991年，第224—225页。

越的宽广视界。获得一个视域,这总是意味着,我们学会了超出近在咫尺的东西去观看,但这不是为了避而不见这种东西,而是为了在一个更大的整体中按照一个更正确的尺度去更好地观看这种东西。”①只有去除文化特权,建立文化主体对称关系,去除文化中心和最高权威,才能建构文化间的平等对话关系,形成互文(intertextuality)。因此,我们必须反思现代性知识框架下的“民”“俗”元概念,反思国家—人民、神圣—世俗边界,重构“权力话语与国家在场”语境下被表述出来的复杂的民间异质主体,形成从“对立—冲突”格局向“贯通—共生”格局(高丙中语)的演变。如果我们承认王斯福以“帝国的隐喻”解释集体认同的观点,默认相同的历史认同必然导致相同的历史秩序和政治宇宙观,今天的“国家赞助人”民俗可能也构成一种新的集体记忆,新的狂欢,隐喻着新的历史秩序和政治宇宙观,可能替代曾经的神性记忆和红色记忆,形成新的哈布瓦赫意义上的集体记忆。

注释:

〔1〕参考金湖县政协文史委编辑:《尧乡古今》(内部资料),第17—18页。

〔2〕参考姜燕:《黎城邑名初探》,(来源:金湖论坛 http://bbs.211600.com/forum.php.2013年6月5日)。

---

① [德]加达默尔:《真理与方法》(上卷),洪汉鼎译,上海:上海译文出版社,1999年,第391—392页。

结语

围绕"乡愁"这个当代社会现象，通过对当代乡愁的文化书写、城市空间的再生产与乡愁、乡村社会的乡愁与重构、现代性语境中的民俗与民俗主义等几方面展开的综合研究，我们认为，现代乡愁是复杂的精神活动和社会实践，具有双向性。乡愁既是现代性的产物，是一种消极负面的情绪，是传统文化记忆断裂、陷入现代性困境的表征，是对失去身份、"我将不我"的忧虑；乡愁同时也是一种积极的心理焦虑，通过回返文化源头，回返道心，力求克服历史虚无主义，积极融入他文化和全球性而抗拒遗忘，实现重构文化主体，进而创造新的传统，具有联系当下与初心、提醒存在的重要意义。所以乡愁是与时俱进的文化实践，是全民族的文化自觉，是全球化语境下对民族国家文化身份的积极重构，是现代性和审美现代性机制的双向建构，是具有中国特色的对本土化的现代性的探索，具有重要的政治意义、审美意义和现实意义。

中华民族作为一个悠久稳定的文化共同体，既是历史的，也是现实的，是经历过"持久而真正的共同生活"的人类交往的有机集合体。前现代社会里，人都生活在"自己的时间"里。这种非经济理性的"有人性的时间"使人生活在诗意的世界里，得以"俯天地于一瞬，藐沧海于一粟"，从容地"行到水穷处，坐看云起时"，体味存在的意义。“一个人生活在特定的文化模式中，他对价值的感受、体验是受整个文化模式的价值和经验滋养和支配的。”[①]当我们处于“人”的状态，就处于“在”的家园里。在“道”的永恒之光照耀下，“人”就获得了此在的完满。这是中国人最高的人生境界，是集伦理、智慧、生活合一的生命体验，一部中华文化史就是中华民族灿烂丰富的心灵秘史。人只有顺应先天本有的善心、善性，才能成为德性完满的人。儒家认为，人类一切文明的发展，都是为了实现培护人的德性、开发人的智慧、安顿人的心灵的目的，人是人自己的目的，人类之安身立命与终极关怀是人之为人的最高价值。在前现代中国，国家治理追求和谐美好的“礼乐之治”，文人雅士追求艺术的意境，民众以连续性周期性重复的民俗活动追求“人道亲亲”，通过行动和想象去建构、追求理想的生活状态。在“礼”的价值观念主导下，整个社会形成了一个有机共同体，融家、乡、国于一体。“礼”具有中国式的特殊的伦理、血缘整合功能，完全不同于其他社会形态，形塑了中国特有的文化心理和模式，形成一种“连续性”的文明。然而现实永远与理想存在着偏差，人生的有限性、短暂性、生命的不可逆性这些局限，对远大抱负、人生追求和生命意义这些永恒(eternity)和不朽(immortality)价值，形成了强烈的否定。这样，对永恒之“道”的追求就形成了中国式乡愁话语，常常以“他乡—家乡”对立的二元结构意象表现出来，形成中国文化绵绵不绝的主题，反映了现实之人和社会的永恒存在性困境的深刻矛盾对立。“离别”成为中国哲学的本体命题，把人生的有限性和宇宙的无限性之间不可调和的矛盾，归结为自然大化和人生命运，形成了中国文化特有的天人之问。中国古典乡愁既是现实的表征，更是哲学的叩问。从形而上的意义上看，乡愁即“道”之本体，是中国文

---

① 司马云杰：《文化价值论》，济南：山东人民出版社，1990年，第83页。

化的原乡和根源，形成文化身份的自我识别(self-identification)。

“现代性”作为一种异质性文化，从十九世纪开始强势侵入中国，彻底重构了中国人的个体心理结构和社会形态。吉登斯认为，“现代”意味着全新的全球化秩序，给所有个体带来了感官和意识上的强烈冲击。而“人的‘自我’是一个多面向的身心综合体，而且深深地浸润在社会政治的脉络之中，受到社会政治因素的制约，并且与社会政治生活密切互动”。[①] 个体面临着“流动的现代性”的撕裂，共同体面临着解体。流动的现代性解构了主体，形成了新的感情结构。雷蒙德·威廉斯认为文化是一个“生产性”的、“形成与构成的过程”，从文化人类学意义上看是“一种生活方式”。他提出的“感情结构”从美学层面归纳了各种新兴表征，隐含着新的意识结构和心理结构。传统中国被迫向近代转型，美好的古典社会即将消逝，传统文化面临着断裂危机，知识阶层表现出“结构性绝望”。新文化运动带来了传统文化的转型，现代主体分裂了，在自我对话中发现了别有意蕴的现代“崇高”，形成了“召唤”感情结构，隐喻着对整个文化空间的强大现代性改造。

在传统社会形态里，由氏族、血缘形成了固定的本质主义身份认同，每个成员是一个“真实的与有机的生命”，具有自我“本质意志”，自然地源于身体所处的有机体，而且处于不断生成的状态，成员之间形成了共同劳作的生产—生活结构和牢固的精神纽带。近代工商业社会的工具理性原则成就了一个自主的非人格化的领域，以“目标合理”的社会行动取代了“价值合理”，共同体成员分裂为原子化、单子化的个体。现代性作为近代社会生活和组织模式，使得人类的生活方式和心理精神发生了全面转型。在“目标合理”

---

① 何成洲主编：《跨学科视野下的文化身份认同——批评与探索》，北京：北京大学出版社，2011 年，第 78 页。

的社会行动驱动下的现代人,"本质意志"下的本真存在被遮蔽,以外在目的和工具理性取代了天生的自由意志,现代性就这样把"人"彻底抛向了无家可归之路。这种本体性安全与存在(Being)的缺失构成了现代人焦虑的根源,决定了现代人不幸的命运。这就是现代乡愁,是现代人必然的悲剧。

当个体的"人"消失于均质化、统一化的时间时,多样化也随之消失了。多样化意味着"本质意志"主导的个性、自我和生命力。由于经济价值统一了整个社会的标准,自然就形成了标准统一的"后福特"社会模式。它既是现代经济的表征,也是文化同一性的表征,更隐喻着"地球是平的"。正如鲍曼(Zygmunt Bauman)所言:"现代性的基础工程应该是寻求社会的秩序和纯净。"现代性语境同一了个体、地方性,以强势的全球化话语替换了丰富多彩的多样性,所以,从根源上看,现代乡愁是一种丧失性记忆,是对"我是谁"无法回答的恐惧。然而,只要人类还存在着,就永恒地面对着这个问题。在主体解构的现代语境里,"因为'自我'深深地浸润在政治与文化情境之中,因此所谓'自我'并不是固定而一成不变的,而是与其所存在的政治与文化情境互动,并随政治与文化的变迁而改变。更明确地说,并不是'作为个体的自我'与'作为个人的他者'发生互动,'自我'与'他者'是'社会脉络中的自我与他者',是'作为群体的一份子的自我与他者'发生互动。相对于'自我'而言的'他者',也是随着政治与文化情境而因革损益,与时俱进。更值得注意的是,历史文化所积淀并与政治情境互动的'自我',常常在实践经验中,经由对'他者'的观察而形成或觉醒。"[①]由于个体面临着"流动的现代性"的撕裂,产生了混杂着焦虑、希望、痛苦的主

① 何成洲主编:《跨学科视野下的文化身份认同——批评与探索》,北京:北京大学出版社,2011年,第79页。

体体验，身份的构成不仅仅取决于地域，而是受到多元文化影响，从一个静态的历史自然连续性过程，转向动态地立足当下并不停地重构，成为一个不确定的自我，形成了混合性身份认同（Hybrid identity）。至于民族国家文化主体的生成则更是受到经济、跨文化、权力话语等等多重因素的影响，只有相对的身份认定，在动态中流变。

中国的现代性诉求既表征了地方融入世界的强烈渴望和解救生存危机的紧迫心理，同时又伴随着对深厚历史传统的继承改造和对现代性、资本主义制度、资产阶级文化的抵抗和批判。也就是在自我身份的重塑中如何连接历史，吸收他者文化。总起来看，乡愁作为社会思潮和文化实践，以审美现代性对抗现代性，具有强烈的社会、文化、政治反思意味。在焦虑、梦幻、自恋、挣扎、反思、重构实践中，把断裂的传统和分裂的主体重新修复，上升抽象为文化原乡。中华民族一直是历史地生成的文化共同体，对共同体的认同“不是源于外部的社会逻辑，也不是源于任何经济的成本—收益的分析”，①而是源于共同体成员的内在共同理解。当代中国的乡愁话语就是对民族共同体的探寻。

当代乡愁的文化书写包括主流话语的乡愁书写、乡土文学的乡愁书写、社会学文本的乡愁书写、小城文本的乡愁书写，这些书写从不同的文化立场出发，表征了不同的情感结构。如主流话语的乡愁书写以民俗主义的立场呼唤新的文化统一体，乡土文学是关于现代性的地方书写，植根于地域文学的民族文化传统中，在全球化视野下对本土地域文学在中国文化整体意义上进行整合，以重建自我，抵抗现代性。社会学文本对故乡的书写建立在现实的

① [英]齐格蒙特·鲍曼：《共同体：在一个不确定的世界中寻找安全》，南京：江苏人民出版社，2003年，第5—6页。

缺失上，把乡愁客体化、对象化、美化是基本路径。返乡书写者们在现实中的痛苦、失落、焦虑经过审美转化，建构了一个具有本真性的故乡“乌托邦”，把乡村美化为凝固的过去、完美的风景，想象中的乡村成为返乡书写者们的欲望对象。返乡书写某种意义上是一种自慰自恋，可能进一步商业化、消费化、主流化乃至于“返乡体化”，成为“都市趣味”包装下的“乡愁经济”。小城镇是中国的底色，小城作家大多数出生于乡村或者小城市，有去大城市接受教育、工作的经历，回望故土爱恨交加，在“融不进的城市，回不去的乡村”之间徘徊，他们书写的多重城乡交织空间包含了中国当代社会进程的多种尖锐矛盾，折叠着人物命运的纠结。小城文学以“结构性的丧”表征了当下中国的疼痛和纠结，达到了相当的深度。共同体解构的原子化时代，这种情感结构作为一种防御性的焦虑管理机制，对抗工具理性原则统领下日益板结压抑的冰冷世界。

城市化是现代性的关键，现代性不仅仅是一种新的时间理论，更体现为空间的统一性。在资本逻辑和经济理性主导下，新的城市空间被不断再生产出来。资本和权力形塑了城市空间，城市成为当下中国的文化、经济、政治多重话语合力的产物。在生产新型城市空间秩序的同时，也再生产出一套新的社会伦理话语和价值体系。如在大规模“拆旧建新”重构城市空间的同时，出于对城市文化旅游资源利用的考虑，进行失去生机的所谓“隔离式”“遗产化”保护，或者“拆真建假”，遍及全国的“古城”“古镇”“传统民居”就是这种思维的产物。大量的“拆旧建新”最终形成了“千城一面，万屋一貌”的奇特“景观”，是标准化的“后福特”社会模式的空间表现。进步的城市化与落后的传统文化相对立，“目标合理”的个体与社区共享认同(a shared identity)相对立，城市化也是一个把完整的“人”进行从家到国的身心重构过程，传统的家国一体的伦理体系与新的空间生产发生了冲突。由于缺失了价值归属感和安全感，新城市人虽然身处城市，有自己的工作和居住地，却感觉处于异乡，乡愁格外强烈。因为他们被"抽离"了传统社区的身份，只能在孤独的原子化状态中寻求"自我认同"。城市化新阶段提出的特色小镇理念是对田园梦想的呼唤，是传统社会"十里不同风，百里不同俗"生活情趣的现代回归。希望通过对现代社会化大生产体制下的社会生活进行重构，找回真实的自我。有学者认为乡土中国并没有转型为城市中国，而是叠合为城乡中国。民俗体系构成的乡土社会是一个本源的时空，现代性构成了城市时空。两种文化传统并不是互相冲突不相容的，而是形成了具有"多层次文化的渗透、吸附与再生能力"的"文化生态壁龛"的混合空间。只有创建既围合又开放的城市空间，保护城市文化记忆，建构新型温暖而互相信任的人与人之间的关系，才是具有中国特色的城市化的正确发展方向。

国家层面的"新农村建设""美丽乡村""乡村振兴"，民间层面的"乡村主义""特色田园""古村之友"等行为，都是以传统农业社会的正面价值观念对极端的现代总体性的修正。"乡村建设派""乡愁派""乡贤派"，都以自己的知识和行动进入了乡村文化重建的现场，形成了多重话语合奏的乡村文化再生产场域。在现代性成为时代的绝对主导话语，工业化、城市化被视为历史的"必然"趋势时，乡村必然失去了内生动力，逐渐丧失了合法本源性。这个历史进程引发的绝不仅仅是生产关系的变革，从根本上看引发了整个社会形态的演变、农耕文明向城市文明的演变。以国家意志重塑乡村社会机能的新农村建设主要致力于改善乡村硬件设施，模仿城市空间和生活方式，整齐划一集中建设农民新村。"中国传统村落保护工程"则采取了文物化、遗产化的静态保护路径。政府主导的乡村建设主要体现在改善乡村硬件设施方面，缺乏改善乡村社会的内在文化传承机制和再生生态的建设性措施。只有回溯并激活传统，激发乡村的生产能力和民众的文化自觉，才能找到合理的乡村发展治理机制。新乡贤们的艺术乡村实践弥补了这方面的不足，找到了经济发展与文化传统保护发展之间的平衡，重新树立了村民对地方文化的自信心，使他们在现代社会中逐步掌握发展的主动权、话语权，增强对家园的认同感和归宿感，才能形成新的村落共同体。

消费社会语境下的“新田园时代”实践更复杂。现代田园挪用了传统古典田园文化资源，提取了乡村空间表象和民俗碎片，以商业旅游的逻辑包装编码成凝视、观看的对象。这种展示性价值恰恰与田园生活的本真性价值相反。当代乡村旅游以村庄为“异”空间，以人文民俗、环境原生态为特色、以乡村游居形式为核心，追求与城市不一样的体验。乡村承载着城市理性人对“田园牧歌”的想象，乡村旅游迎合了城市人渴望回归自然，回到“慢生活”的心理。当经济理性主导乡村田园空间生产时，无疑是把城市化规律挪移到乡村，再造乡村同质化空间，乡村旅游就不可避免地走上了同质化道路。乡村旅游是乡村发展的典型，以经济理性为主导，以欲望替换了乡村礼俗文化，把乡村旅游展演地的民俗文化与民众生活相分裂，提取出来经过经济话语的重构，再植入展演地。

随着社会自治空间的扩大，中国正在逐渐生成一个越来越大的市民社会的背景下，后现代主义和民粹主义主导的“知识乡建”出场了。这些艺术家、设计师、工程师致力于“乡村的复古性再造”，从技术、民俗、人文空间层面推出了很多“美丽乡村”，成为现代语境中的古典桃花源镜像。“知识乡建”通过美学实践，弥合了国家发展主义与村民之间的距离，具有去政治化的乌托邦倾向，是目前民间乡村建设运动的主要推动力量之一。可见在当代资本社会，审美日益成为一种社会资本和文化资本，对社会生活关系的形构和变革发挥着重要的作用，形塑了人的感觉结构和审美习性。

遍布全国的艺术乡村建设，嵌入在庞大的现代总体性里，这些桃花源体现了当下中国不同阶层群体的结构性欲望，表征了中国人对理想家园的感情结构。这是对广大乡村民众身体感性的启蒙，对开发式发展模式的批判，是对乡村主体性的建构，是艺术家们对现代性价值的反思和行动，具有弥合社会分裂、重塑审美价值的重要美学意义。

民俗文化是中国文化之根，它包罗万象，构成了一个庞大混杂的民间价值系统。民俗文化主要包括民俗活动、民间文化、民间信仰三个部分，其中信仰是核心，民俗活动和民间文化都是信仰的外部表现。由于民俗文化与生俱来的永远处于生长性的“根”文化特征，它具有民族特色、生命力和创造力，应当是推动文化发展的积极因素。

从江苏省两个地方民俗的被“发明”和征用可以清晰地看出，在全球化语境下，民间艺术的脱域化所带来的其本真意义、内涵、价值方面的变化，其支配逻辑是国家话语主导的民俗主义。民俗主义是全球化的在地化背景下的产物，地方性和民俗通过“脱域”再“重置”而成为他者，民俗被景观化，造成了民俗的多重复合性。既可能使当地民众认识到民俗的独特性进而产生文化保护自觉和自豪感，也可能加剧民俗的博物馆化和表演化、商业化的分裂，进一步造成民俗本真性的流失。这种以旅游观光者的期待视域重新打造地方空间，把民俗他者化、混杂化，试图通过现代社会交往的扩大而寻求发展、融入国家的现代性，却恰恰遮蔽了自我。体现国家威权的民俗主义、经济理性、流行文化共同合谋，实现了全球在地化(globalization)，却构成了压迫性的文化结构，可能成为某种政治暴力。民俗主义推动的文化再生产，产生了不同诉求的话语，形成了中国当下互相交织的文化语境。民俗主义反映了民俗的价值意义。但是在文化多主体、文化实践多层次的当下，文化主体、文化实践以互相嵌入的形式表现出复杂的情境。

在失去了历史深度、“脱域”的后现代,资本逻辑统治一切领域的消费社会,中国北方传统的年节花会从民俗符号转换为消费、意识形态、文化等符号,民俗性、神性转换为展示性,把社火从神性的民俗仪式转换为彰显国家政治的审美符号和地方旅游消费文化符号。现代节庆是民俗主义的产物,把特定时间的传统节庆转换为现代节庆,传统民俗空间就这样融入了现代性。从本真性上看,传统年节文化是民间社会彰显自我存在的手段,自身作为本体,具有自洽性。政府作为实践主体,以控制地方秩序为本体。前者以民俗为目的,后者把民俗转化为庆典,通过仪式来实现统治。通过全球化的时空重置,民俗旅游被赋予了民族国家建构的重要政治意义,民俗地区被纳入现代性话语体系,民俗以另一种方式被言说,民俗旅游建构了一种新审美形态——“替代性审美”。替代性审美成为消费社会的美学逻辑,重建了一套审美话语。民俗被文化化,成为文化资本,“脱域”化表演化,丧失了本真性(authenticity)与现实性(reality)。现代审美作为重构社会文化的重要精神活动,显然已经完全不同于古典美学,而是形成了一种新的审美模式,“代理消费”和“剩余快感”成为整个社会强大的审美逻辑。

兰德曼认为,文化使人能直立行走,只有在文化包裹的气氛中人才能呼吸文化如同人体内的血管系统一样,是人的一部分。[①] 通过用文化分析理论对乡愁生成的路径、乡愁的文化表征、文化功能进行了一系列学理分析,我们认为,现代乡愁作为重要的文化现象,是各种价值观念和文化意识显隐交织、互相嵌入、多重组合的文化镜像,反映了当下社会文化结构和文化分层。民俗主义是当代民间与国家威权相结合形成的宏大叙事,形塑了中国的

① 周宪:《审美现代性批判》,北京:商务印书馆,2005年,第327页。

文化政治和政治秩序。乡愁是文化现代性(cultural modernity)的表现，是伴随着现代性而产生的文化反思和自觉意识。通过乡愁文化实践，可能形成适应时代的价值观，创造与现代中国人的生存与发展相适应的文化。全球化语境下的民族国家现代性话语具有“天然”的合理性，作为当代最大的总体性叙事，它在不同历史时期一直强力纳入多元民间文化，试图建构中华文化的本真性，以融入全球化的现代性叙事。也就是把中国丰富多样的地域性文明转化为统一的中国文明，再上升为全球性文明，其核心价值观是人类共同价值体系，建立一个融“传统中国”“现代中国”“全球中国”三位于一体的现代民族国家身份。其中的逻辑就是现代性和民俗主义。

乡愁之所以在当代表现得如此强烈，甚至成为时代的特征，是因为从文化学、符号学的角度看，文化与乡愁是同义的。乡愁从本体上看乃是人对自我的肯定，扩展到文化传统，传统可以理解为文化秩序，乡愁即是对传统的继承与发展。所以“从某个方面来看，一种传统的界限就是由其信仰共同体界定的拥护者集体的界限；从另个方面来看，传统的界限又是象征建构的界限”。① 安托瓦纳·贡巴尼翁认为，“从语源学来讲，传统是对一种模式或一种信仰的传承，是在时代延续更替中的传承，它意味着对某种权威的孝忠和对某种根源的忠诚……然而，每一代都在与过去决裂，决裂本身也就构成了传统”。② 文化身份是文化的象征和时空定在。文化身份的时间性必须在现代性概念中得到确立，全球化则是民族文化的空间扩展。现代性与传统文化的冲突造成了空前的文化困境和文化危机，而“传统依靠自身是不能自我再生或自我完善的。

---

① [美]E.希尔斯：《论传统》，傅铿、吕乐译，上海：上海人民出版社，1991年，第352页。

② [法]安托瓦纳·贡巴尼翁：《现代性的五个悖论》，许钧译，北京：商务印书馆，2005年，第36页。

只有活着的、求知的和有欲求的人类才能制定、重新制定和更改传统”。[①] 只有重新澄明文化与人的内在自我，才能生成新的自我，发展传统。

伯曼认为，面对现代性与传统文化断裂的困境，“我们需要尽力追求不稳定的、动态的平衡”，保持“知性上的悲观，意志上的乐观。”[②]只有“动态平衡状态”的文化共生体，才能融合“现代”与“传统”。令人欣慰的是，“作为秩序保证的传统和习惯并没有被理性知识的必然性所代替”。[③] 而是恰恰相反，传统被内化为现代性的一部分，形成了差异性文化。新的认同即本真性形成的凝聚力、政治意识、积极的意志和创造世界的能量，是一种真实的历史存在和价值存在。王杰认为，中国当代文化传统有两个来源，即传统文化和红色文化，红色文化传统的核心形成了强大的情感结构。“在中国的现代化过程中，审美经验的伦理基础不是个体性的自由情感，而是社会性和大众性的阶级情感、共同的生活经验和日常生活中共享的文化形式，最广大人民群众的情感成为区分艺术作品好坏的标准。”[④]与美国学者裴宜理的“数百万参加红军的人，很可能并不是由于他们与民族主义或者土地革命原则之间具有某种抽象关系而受到鼓动，而是衷心地想要投入到一种高度情感化的正义事业中去”[⑤]的观点一致。基于对两种文化传统的继承和合理发展就是中国的乡愁。

---

① [美]E. 希尔斯：《论传统》，傅铿、吕乐译，上海：上海人民出版社，1991 年，第 19 页。

② Marshall Berman, *All that is Solid Melts into Air* — The Experience of Modernity, p. 120.

③ [英]安东尼·吉登斯：《现代性与自我认同——现代晚期的自我与社会》，赵旭东等译，北京：生活·读书·新知三联书店，1998 年，第 1、3 页。

④ 王杰：《中国马克思主义美学的基本问题与理论模式》，《文艺研究》2008 年第 1 期。

⑤ [英]安东尼·裴宜理：《重访中国革命：以情感的模式》，李冠男、何翔译，《中国学术》第 8 辑，北京：商务印书馆，2001 年，第 99 页。

参考书目

[1] 蔡元培:《蔡元培美学文集》[M],北京:北京大学出版社,1983年
[2] 钱穆:《国史大纲》[M],北京:商务印书馆,1996年
[3] 钱穆:《中国文化史导论》(修订本)[M],北京:商务印书馆,1994年
[4] 冯友兰:《中国哲学简史》[M],北京:北京大学出版社,1985年
[5] 梁漱溟:《乡村建设理论》[M],上海:上海人民出版社,2011年
[6] 费孝通:《论人类学与文化自觉》[M],北京:华夏出版社,2004年
[7] 费孝通:《费孝通社会学文集》[M],天津:天津人民出版社,1985年
[8] 费孝通:《.人的研究在中国》[M],天津:天津人民出版社,1993年
[9] 费孝通:《论小城镇及其他》[M],天津:天津人民出版社,1986年
[10] 李泽厚:《中国古代思想史论》[M],北京:人民出版社,1986年
[11] 李泽厚:《中国近代思想史论》[M],合肥:安徽文艺出版社,1994年
[12] 张岱年、方克立主编:《中国文化概论》[M],北京:北京师范大学出版社,1994年
[13] 张岱年:《中西哲学与文化比较新论》[M],北京:人民出版社,1995年
[14] 张世英:《哲学导论》[M],北京:北京大学出版社,2002年
[15] 中华孔子学会编:《儒学与现代化》[M],北京:人民教育出版社,1994年
[16] 郭于华主编:《仪式与社会变迁》[M],北京:社会科学文献出版社,2000年
[17] 钟敬文主编:《民俗学概论》[M],上海:上海文艺出版社,1998年
[18] 张法:《中国美学史》[M],成都:四川出版集团,四川人民出版社,2006年
[19] 张法:《美学导论》(第三版)[M],北京:中国人民大学出版社,2011年
[20] 于文秀:《"文化研究"思潮导论》[M],北京:人民出版社,2002年

[21] 张光直:《中国青铜时代》[M],北京:生活·读书·新知三联书店,1999 年
[22] 孙晶:《文化霸权理论研究》[M],北京:社会科学文献出版社,2004 年
[23] 陶东风主编:《文化研究精粹读本》[M],北京:中国人民大学出版社,2006 年
[24] 韦正通:《伦理思想的突破》[M],成都:四川人民出版社,1988 年
[25] 衣俊卿:《现代性的维度》[M],北京:中央编译出版社,2011 年
[26] 朱光潜:《西方美学史》[M],北京:人民文学出版社,1963 年
[27] 王才勇:《现代性批判与救赎——本雅明思想研究》[M],上海:学林出版社,2012 年
[28] 陆扬、王毅:《大众文化研究》[M],上海:上海三联书店,2001 年
[29] 汪晖:《现代中国思想的兴起》[M],北京:生活·读书·新知三联书店,2004 年
[30] 张紫晨:《中国民俗与民俗学》[M],杭州:浙江人民出版社,1985 年
[31] 王文宝:《中国民俗学发展史》[M],沈阳:辽宁大学出版社,1987 年
[32] 刘锡诚:《20 世纪中国民间文学学术史》[M],开封:河南大学出版社,2006 年
[33] 高丙中:《民俗文化与民俗生活》[M],北京:中国社会科学出版社,1994 年
[34] 张京成等:《工业遗产的保护与利用——“创意经济时代”的视角》[M],北京:北京大学出版社,2013 年
[35] 方李莉主编:《从遗产到资源——西部人文资源研究报告》[M],北京:学苑出版社,2010 年
[36] 高丙中:《居住在文化的空间里》[M],广州:中山大学出版社,1999 年
[37] 周宪主编:《文化现代性》[M],北京:中国人民大学出版社,2010 年
[38] 周宪主编:《当代中国的视觉文化研究》[M],南京:译林出版社,2017 年
[39] 周宪:《现代性的张力》[M],北京:首都师范大学出版社,2001 年
[40] 周宪:《视觉文化的转向》[M],北京:北京大学出版社,2010 年
[41] 张京媛主编:《新历史主义与文学批判》[M],北京:北京大学出版社,1993 年
[42] 陆梅林编:《西方马克思主义美学文选》[M],桂林:漓江出版社,1988 年
[43] 王宁、薛晓源主编:《全球化与后殖民批评》[M],北京:中央编译出版社,1998 年
[44] 秦晓:《当代中国问题:现代化还是现代性》[M],北京:社会科学文献出版社,2009 年

[45] 田启波:《吉登斯现代社会变迁思想研究》[M],北京:人民出版社,2007
[46] 刘小枫:《现代性社会绪论》[M],上海:上海三联书店,1998 年
[47] 王小章:《经典社会理论与现代性》[M],北京:社会科学文献出版社,2006 年
[48] 汪民安:《现代性》[M],桂林:广西师范大学出版社,2005 年
[49] 赵剑英主编:《马克思主义哲学与中国现代性建构》[M],北京:社会科学文献出版社,2006 年
[50] 叶一剑:《乡愁里的中国》[M],北京:中国商业出版社,2012 年
[51] 邹广文:《乡愁的文化表达》[M],哈尔滨:黑龙江教育出版社,2016 年
[52] 周星:《乡土生活的逻辑》[M],北京:北京大学出版社,2011 年
[53] 张志扬、余虹:《现代性理论的检测与防御》[M],北京:社会科学文献出版社,2000 年
[54] 张士闪主编:《中国民俗文化发展报告 2012》[M],北京:北京大学出版社,2013 年
[55] 罗钢、刘象愚主编:《文化研究读本》[M],北京:中国社会科学出版社,2000 年
[56] 包亚明编:《现代性与空间的生产》[M],上海:上海教育出版社,2003 年
[57] 饶旭鹏:《农户经济行为与农村社会治理研究》[M],北京:光明日报出版社,2016 年
[58] 翟学伟:《人情、面子与权力的再生产:情理社会中的社会交换方式》[M],北京:北京大学出版社,2015 年
[59] 胡经之、王岳川:《文艺学美学方法论》[M],北京:北京大学出版社,1991 年
[60] 唐君毅:《中国文化之精神价值》[M],桂林:广西师范大学出版社,2005 年
[61] 龚建平:《意义的生成与实现——〈礼记〉哲学思想》[M],北京:商务印书馆,2005 年
[62] 王杰:《审美幻象研究——现代美学导论》[M],桂林:广西师范大学出版社,1995 年
[63] 高宣扬:《布迪厄的社会理论》[M],上海:同济大学出版社,2006 年
[64] 黄应贵等编:《空间、力与社会》[M],台北:中央研究院民族学研究所,1996 年
[65] 王文章主编:《非物质文化遗产保护与研究中的田野调查方法》[M],北京:文化艺术出版社,2008 年
[66] 梁永佳:《地域的等级——一个大理村镇的仪式与文化》[M],北京:社

会科学文献出版社，2005 年
[67] 王铭铭、王斯福主编：《乡土社会的秩序、公正与权威》[M]，北京：中国政法大学出版社，1997 年
[68] 杨念群主编：《空间・记忆・社会转型——"新社会史"研究论文精选集》[M]，上海：上海人民出版社，2001 年
[69] 许纪霖主编：《现代性的多元反思》[M]，南京：江苏人民出版社，2008 年
[70] 王斑：《全球化阴影下的历史与记忆》[M]，南京：南京大学出版社，2006 年
[71] 郑晓云：《文化认同论》[M]，北京：中国社会科学出版社，2008 年
[72] 赵世瑜：《小历史与大历史——区域社会史的理念、方法与实践》[M]，北京：生活・读书・新知三联书店，2006 年
[73] 贺雪峰：《新乡土中国》[M]，桂林：广西师范大学出版社，2003 年
[74] 梁鸿：《中国在梁庄》[M]，南京：江苏人民出版社，2010 年
[75] 梁鸿：《出梁庄记》[M]，广州：花城出版社，2013 年
[76] [德]斐迪南・滕尼斯：《共同体与社会》[M]，林荣远译，北京：商务印书馆，1999 年
[77] [德]伽达默尔、杜特：解释学、美学、实践哲学——伽达默尔与杜特对谈录》[M]，金惠敏译，北京：商务印书馆，2005 年
[78] [德]马丁・海德格尔：林中路》[M]，孙周兴译，上海：上海译文出版社，2004 年
[79] [美]赫伯特・米德：《心灵、自我与社会》[M]，霍桂恒译，北京：华夏出版社，1999 年
[80] [德]恩斯特・卡西尔：《人论》[M]，甘阳译，上海：上海译文出版社，1985 年
[81] [法]让・波德里亚：《象征交换与死亡》[M]，车槿山译，南京：译林出版社，2006 年
[82] [法]米歇尔・福柯：《词与物—人文科学考古学》[M]，莫伟民译，上海：上海三联书店，2001 年
[83] [法]皮埃尔・布迪厄：《艺术的法则：文学场的生成与结构》[M]，刘晖译，北京：中央编译出版社，2001 年
[84] [法]涂尔干：《职业伦理与公民道德》，渠敬东译[M]，北京：商务印书馆，2017 年
[85] [英]A. 吉登斯：《社会的构成》[M]，李猛、李康译，北京：生活・读书・新知三联书店，1998 年
[86] [英]王斯福：《帝国的隐喻》[M]，南京：江苏人民出版社，2008 年

[87] [西班牙]奥尔特加·伊·加塞特:《艺术的去人性化》[M],莫妮娅译,南京:凤凰出版社,2010年

[88] [英]A.吉登斯:《现代性与自我认同——现代晚期的自我与社会》[M],赵旭东译,北京:生活·读书·新知三联书店,1998年

[89] [英]A.吉登斯:《现代性的后果》[M],田禾译,南京:译林出版社,2001年

[90] [法]让·鲍德里亚:《消费社会》[M],刘成富、全志钢译,南京:南京大学出版社,2006年

[91] [法]让·鲍德里亚:《物体系》[M],林志明译,上海:上海世纪出版集团,2001年

[92] [英]M.费瑟斯通:《消费文化与后现代主义》[M],刘精明译,南京:译林出版社,2001年

[93] [美]安德鲁·芬伯格:《可选择的现代性》[M],陆俊、严耕等译,北京:中国社会科学出版社,2003年

[94] [英]西莉亚·卢瑞:《消费文化》[M],张萍译,南京:南京大学出版社,2003年

[95] [英]霍布斯鲍姆、兰格:《传统的发明》[M],顾杭、庞冠群译,南京:译林出版社,2004年

[96] [法]居伊·德波:《景观社会》[M],王昭凤译,南京:南京大学出版社,2007年

[97] [德]赫尔曼·黑塞:《乡愁》[M],陈晓南译,上海:上海三联书店,2013年

[98] [英]安德森:《想象的共同体:民族主义的起源与散布》[M],台湾:台湾时报文化出版企业股份有限公司,1999年

[99] [德]韦伯:《新教伦理与资本主义精神》[M],于晓、陈维纲译,北京:生活·读书·新知三联书店,1987年

[100] [德]哈贝马斯:《现代性的哲学话语》[M],曹卫东译,南京:译林出版社,2005年

[101] [美]乔纳森·弗里德·曼:《文化认同与全球化过程》[M],郭建如译,北京:商务印书馆,2003年

[102] [美]克利福德·格尔茨:《文化的解释》[M],韩莉译,南京:译林出版社,2008年

[103] [英]安东尼·史密斯:《民族主义:理论,意识形态,历史》[M],叶江译,上海:上海世纪出版集团,2006年

[104] [美]罗伯特·墨菲:《文化与社会人类学引论》[M],王卓君译,北京:

商务印书馆,2009 年
[105] [英]马奈·卡林内斯库:《现代性的五副面孔——现代主义、先锋派、颓废、媚俗艺术、后现代主义》[M],顾爱彬、李瑞华译,北京:商务印书馆,2002 年
[106] [英]吉登斯:《失控的世界》[M],周红云译,南昌:江西人民出版社,2001 年
[107] [加]泰勒:《现代性之隐忧》[M],程炼译,北京:中央编译出版社,2001 年
[108] [德]沃尔夫冈·韦尔施:《重构美学. 陆扬、张岩冰译》[M],上海:上海译文出版社,2002 年
[109] [法]亨利·列斐伏尔:《空间与政治》[M],李春译,上海:上海人民出版社,2007 年
[110] [法]梅洛·庞蒂:《知觉现象学》[M],姜志辉译,北京:商务印书馆,2001 年
[111] [德]卡尔·曼海姆:《意识形态与乌托邦》[M],艾彦译,北京:华夏出版社,2001 年
[112] [英]雷蒙德·威廉斯:《关键词——文化与社会的词汇》[M],刘建基译,北京:生活·读书·新知三联书店,2005 年
[113] [美]弗·詹姆逊:《快感:文化与政治》[M],王逢振等译,北京:中国社会科学出版社,1998 年
[114] [美]大卫·哈维:《新自由主义化的空间》[M],王志弘译,台北:群学出版社,2008 年
[115] [美]戴维·哈维:《叛逆的城市:从城市权利到城市革命》[M],叶齐茂、倪晓晖译,北京:商务印书馆,2014 年
[116] [美]大卫·哈维:《正义、自然和差异地理学》[M],胡大平译,上海:上海人民出版社,2010 年
[117] [美]大卫·哈维:《后现代的状况》[M],阎嘉译,北京:商务印书馆,2003 年
[118] [美]大卫·哈维:《巴黎城记:现代性之都的诞生》[M],黄煜文译,桂林:广西师范大学出版社,2010 年
[119] [美]马歇尔·伯曼:《一切坚固的东西都烟消云散了》[M],徐大建、张辑译,北京:商务印书馆,2003 年
[120] [美]弗兰西斯·福山:《信任——社会道德与繁荣的创造》[M],李宛蓉译,北京:远方出版社,1998 年
[121] [美]埃弗里特·M·罗吉斯拉伯尔、J·伯德格:《乡村社会变迁》[M],

王晓毅,王地宁译,杭州:浙江人民出版社,1988年
[122] [美]赫伯特·金迪斯、萨缪·鲍尔斯等:《人类的趋社会性及其研究》[M],浙江大学跨学科研究中心译,上海:世纪出版集团、上海人民出版社,2006年
[123] [英]本尼迪克特·安德森:《想象的共同体》[M],吴叡人译,上海:上海人民出版社,2011年
[124] [英]佩里·安德森:《西方马克思主义探讨》[M],高等译北京:人民出版社,1981年
[125] [美]维特兰娜·博伊姆:《怀旧的未来》[M],杨德友译,南京:译林出版社,2010年
[126] [法]拉康:《拉康选集》[M],褚孝泉译,北京:生活·读书·新知三联出版社,2001年
[127] [美]玛尔考姆·波微:《拉康》[M],牛宏宝、陈喜贵译,北京:昆仑出版社,1999年
[128] 福柯、哈贝马斯等:《激进的美学锋芒》[M],周宪译,北京:中国人民大学出版社,2003年
[129] [斯洛文尼亚]齐泽克:《意识形态的崇高客体》[M],季广茂译,北京:中央编译出版社,2002年
[130] [美]诺曼·N.霍兰德:《后现代精神分析》[M],潘国庆译,上海:上海文艺出版社,1995年
[131] [德]埃德蒙特·胡塞尔:《内在时间意识现象学》[M],杨富斌译,北京:华夏出版社,2000年
[132] [美]马歇尔·萨林斯:《甜蜜的悲哀》[M],王铭铭、胡宗泽译,北京:生活·读书·新知三联书店,1997年
[133] [意]葛兰西:《狱中杂记》[M],葆煦译,北京:人民出版社,1983年
[134] [意]葛兰西:《实践哲学》[M],徐崇温译,重庆:重庆出版社,1990年
[135] [德]弗里德里希·尼采:《权力意志——重估一切价值的尝试》[M],凌素心译,北京:商务印书馆,1991年
[136] [美]丹尼尔·贝尔:《后工业社会的来临——对社会预测的一项探索》[M],高铦等译,北京:新华出版社,1997年
[137] [美]克利福德·吉尔兹:《地方性知识:阐释人类学论文集》[M],王海龙、张家瑄译,北京:中央编译出版社,2000年
[138] [美]威廉·A.哈维兰:《文化人类学》[M],瞿铁鹏、张钰译,上海:上海社会科学院出版社,2006年
[139] [英]维克多·特纳:《仪式过程:结构与反结构》[M],黄建波、柳博赟

译,北京:中国人民大学出版社,2006 年
[140] [英]特里·伊格尔顿:《审美意识形态》[M],王杰、麦永雄等译,桂林:广西师范大学出版社,2001 年
[141] [英]王斯福:《帝国的隐喻:中国民间宗教》[M],赵旭东译,南京:江苏人民出版社,2008 年
[142] [法]埃米尔·涂尔干:《社会分工论》[M],渠东译,北京:生活·读书·新知三联书店,2009 年
[143] [法]莫里斯·哈布瓦赫:《论集体记忆》[M],毕然、郭金华译,上海:上海人民出版社,2002 年
[144] [美]保罗·康纳顿:《社会如何记忆》[M],纳日碧力戈译,上海:上海人民出版社,2000 年
[145] [美]卡尔·海德:《影视民族学》[M],田广、王红译,北京:中央民族学院出版社,1989 年
[146] [澳]约翰·特纳:《快感:自我归类论》[M],杨宜音、王兵、林含章译,北京:中国人民大学出版社,2011 年
[147] [匈牙利]阿格妮丝·赫勒主编:《美学的重建:布达佩斯学派论文集》[M],傅其林译,哈尔滨:黑龙江大学出版社,2014 年
[148] [匈牙利]阿格尼丝·赫勒:《现代性理论》[M],李瑞华译,北京:商务印书馆,2005 年
[149] [英]埃文斯·普理查德:《努尔人》[M],褚建芳、闫书昌、赵旭东译北京:华夏出版社,2002 年
[150] 景军:《神堂记忆:一个中国乡村的历史、权力与道德》[M],吴飞译,福州:福建教育出版社,2013 年
[151] [法]爱弥儿·涂尔干:《宗教生活的基本形式》[M],渠东、汲喆译,上海:上海人民出版社,1996 年
[152] [德]齐美尔:《空间社会学》[M],林荣远译,桂林:广西师范大学出版社,2002 年
[153] Prasenjit Duara. *Rescuing History from the Nation*. Chicago and London:The University of Chicago Press,1995.
[154] Leavis, F. R. 1984. *The Common Pursuit*. London: Hogarth,1986.
[155] Arnd Schneider and Christopher Wright ed. *Contemporary Art and Anthropology*. New York: Berg, 2006.
[156] Evelyn Payne Hatcher. *Art as Culture: An Introduction to the Anthropology of Art Lanham*. London: University Press of America, 1985.

[157] Alfred Gell, The Art of Anthropology, ed. *Eric Hirsch*. London: The Athlone Press, 1999.

[158] James Clifford & George E. Marcus (eds.). *Writing Culture: The Poetics and Politics of Ethnography*. Berkeley & Los Angeles: University of California Press, 1986.

[159] Allison James, Jenny Hockey & Andrew Dawson (eds.). *After Writing Culture: Epistemology and Praxis in Contemporary Anthropology*. London: Routledge, 1997.

[160] Bryan S. Turner. A Note on Nostalgia. Theory, Culture, Society, 1987.

[161] Fred Davis. *Yearning for Yesterday: Sociology of Nostalgia*. New York: Free Press, 1979.

[162] Raymond Williams. *Culture and Society 1780 — 1950*. Harmondworth: Penguin Books, 1963.

[163] Eric J. Hobsbawm. *The age of extremes: A history of the world, 1914—1991*. Pantheon Books, 1995.

[164] Lefebvre, Henri. *The production of space*. Translated by Donald Nicholson—smish. Oxford: Blackwell, 1991.

[165] Erik Mueggler. *The Age of Wild Ghosts: Memory, Violence, and place in Southwest China*. Berkeley and Los Angeles: California press, 2001.

[166] Wendell V. Harris. *Literary Meaning: Reclaimingthe Study of Literature*. London: Palgrave Macmillan, 1996.

[167] Roland Barthes. *Image Music Text*. London: Fontana Press, 1977.

后记

这个项目从申报到完成没想到经历了整整四年，中间思路数次转换，甚至一度怀疑以自己贫弱的知识积累和低下的研究能力能否如期完成。经过克服一系列困难和不停的坚持，终于完成了项目。虽然比我原来预期的迟了两年，但是做到现在这个程度，觉得还勉强说得过去。

这个项目的思考和研究起源于对审美文化现象的流动变迁和空间变迁的观察。我每天生活、工作在自己所在的城市淮安。这是苏北一个普通的地级市，名不见经传。在江苏省十三个地级市中，它的经济总量排名倒数第三，距离中心城市南京不过二百多公里，距离中国经济中心上海也只有四百多公里，然而明显地在时间上与长三角经济高地“错位”了，成了中国经济最发达板块的“落后”区域。但是放在全中国的经济版图上，它的位置又比较靠前了。而这个相对“落后”的区域，又因为文化与经济发展的不平衡，主动“嵌入”了很多与大都市相似的空间符号，和目前还留存的乡土残余文化一起，构成了一个混杂多元的刻奇(kitsch)、堪鄙(camp)的文化空间。虽然从文化的失去主体性上看具有喜剧性，然而放置于文化传统延续的宏大历史进程里，无疑又具有强烈的悲剧性。刚刚开通的高铁，把淮安到上海的时间缩短到了两个小时左右。这意味着在现代性时间体系里，“均质化”的区区两个小时，就“穿越”了两个不同的时代，连接起两个异质的空间。高铁是速度的产物，高铁的开通加速打破了地方空间的封闭状态，必然造成人口和经济要素的流动，从而引发文化的流动。自从高速公路和多座长江大桥建成以后，苏北的人才和资源的南下流动就按下了快进键。十多年来，淮安的年轻人群一直处于净流出状态。无论是高校毕业生还是打工群体，大多数流向经济发达的苏南、上海、浙江的长三角地区。这其中的大多数又基本上选择定居在自己工作的城市，那里在经济和文化上与淮安不属于同一个时代。可以想象，高铁的开通必然会加速年轻知识人口的外流趋势。这是不是意味着空间的流动也带来了空间的“均质化”呢？如果空间被“推平”“均质化”，一个没有了差异的空间还能不能产生意义呢？跨越空间，就跨越了时代，这是现代社会所特有的现象。自古以来，“人”都是与“大地”连在一起的，空间构成固定的大地，“人”只有生活在亘古不变的时空里，才能形成身份认同。在这个意义上永恒的时空隐喻着“人”的自我认同的永恒。而伴随着现代社会“人”的流动，必然带来文化的流动，带来身份的混杂和困惑。尤其是在经济一体化的全球化语境下，这个问题显得格外突出。

现代性从来都是一把双刃剑，失去的同时也意味着重构。伴随着人口流失、经济落后同时进行着的，是摧枯拉朽的城市化进程。淮安因为经济落后，在“发展”的时代话语里一直处于现代性的焦虑中。又因为历史上它曾经是大运河沿线的繁华城市，有过“辉煌”的过去，与今天的失落形成了巨大的反差。这种心理导致了淮安在城市化大潮里，在两股力量的作用下，向两个不同的方向变化着。一方面，它拼命向大城市靠拢，克隆模仿着当下流行的广场、中心、大剧院、生态新城、仿古一条街、美食一条街，各种土豪金包装的“罗马假日”“加州城”“维也纳皇宫”“多瑙河”“锦绣巴黎”拔地而起，以达到空间体量的“大”。进行了大规模的城市亮化工程改造后，每到夜晚，大运河两岸交相辉映，金碧辉煌，商业街灯红酒绿。政府通过举办各种经济文化论坛、成功标注“运河之都”、举办各种体育竞技活动和流行的现代文化节庆这些政治经济行为，拉动了经济增长，推动了城市化发展。与这些变化形成鲜明对照的，是淮安的城市空间膨胀了好几倍的同时，从富有淮北地方特色的小城市，变成了中国“千城一面”里被“平均化”的一个，好像流行的网红脸，失去了属于自己的特征。另一方面，在现代民俗主义主导下，淮安“发明”了很多古老的历史传统和民俗，拆除破旧的古镇，又新建了几个“古镇”，以历史文化旅游逻辑重新编织了一套地方历史文化话语。那些日渐消失的旧城风貌，式微的地方戏和民俗，永远无法进行准确形象定位的城市中心，构成了城市的背面，成为时代的“刺点”和“发展”的样本。淮安所在的苏北，近代以来由于淮河流域频频发生水患，一直处于经济劣势，与一江之隔的经济高地苏南，形成了鲜明的对比。计划经济时代，因为集体所有制和户籍制度的制约，各守其土共同贫困，倒也彼此相安无事。进入了以“发展”为时代主旋律的市场经济时代，出于现代性“天然”的日新月异本性，苏北被绑上了发展的高速列车，城市化竞争成为时代的新常态。流动的现代性造成了地方性的解体，在经济加速发展的同时，在经济落后而造成的文化不自信心理驱动下，地方文化逐渐没落，或者勉强被作为可资利用的“剩余文化”资源，与媒体时代的大众文化和旅游文化合流，形成了民俗主义主导下的“新”民俗。由于主流意识形态强大的文化“合”力，这些“新”民俗可能会以文化记忆的方式传承下去。每时每刻，目睹着这些林林总总进行中的文化变迁，作为一个理论工作者，必须进行自觉的思考分析，解剖当代文化发展逻辑，治疗时代痼疾。

淮安发生的变化不是个例。“千城一面”既是中国城市化发展的结果，更是城市化深层逻辑的表征。城乡媒介文化符号的社会再生产是城市化和信息社会面临的重大问题，是对地方自我身份的再认同与重构。全球化语境里，在城市化、现代化大规模推进、政府对非物质文化遗产资源积极保护的时代背景下，中国传统乡土社会的稳定结构被打破，乡土社会形态发生了剧烈变迁。目前城市化进程中出现的大规模空间重建、地方文化符号系统紊乱、文脉断裂等文化现象，伴随着国家意志的现代性诉求，地方政府出于发展“本能”，利用文化资源进行地方文化形象塑造，以及民间相应地以民间智慧对民间文化资源采取的生存性保护等行为，造成了后现代所特有的传统文化“嵌入”现象。这个进程一直处于进行中，具有双向性。它既包括逃离“落后”故乡者对现代性的期望、困顿与焦虑，也伴随着返乡者具有反思性的主体自我意识的重建；既有国家意志试图重塑乡土社会机能的就地小城镇化和新农村建设举措；也伴随着知识话语对乡土价值的赞美和对现代性的深刻反思批判。这些现象从文化社会学的层面可以视为审美现代性与现代性、传统民俗与民俗主义之间的冲突。这些冲突伴随着整个现代性的进程，尤其是在苏北这种后发展地区的城市化过程中，这些问题更加突出。

我的思考出发点就是我所面对的问题。项目申报获批后，我着手开始了研究工作。我一开始想得很简单，认为在平时观察的基础上只要研究清楚“淮安”这个个案就能够得出结论。事实上随着研究的深入，才发现原来的思路存在很大的局限。我虽然下功夫研究了每个具体问题，发表了十余篇论文，然而始终觉得没有找到乡愁的演变逻辑，不能从学理上阐释清楚现代乡愁的生成路径。经过反复研读大量文化研究理论尤其是后现代社会理论，才重新明确了思路，必须把现代乡愁的表象与文化变迁逻辑、哲学意义思考清楚，才算明确了研究对象和路径。

这个过程是艰难的。“乡愁”包含着现代性和审美现代性，而“现代性”是一个庞大的历史进程，充满了矛盾和冲突。由于自己学力有限，工作又紧张，研究中才发现原来自己的知识储备很有限，知识空白点很多，只有不停地阅读消化以弥补知识的不足。研究过程牵涉到大量多学科知识，有美学、民俗学、社会学、人类学、文化学等等，逼着自己去学习和消化。先后阅读了二百余万字资料，项目最终做成了现在的样子，觉得学理上勉强阐释清楚了，研究架构也还比较合理。对那些具体个案的思考希望在下一步的研究中能够继续深入。

我的研究工作得到了我所在单位的大力支持，得到江苏省品牌专业汉语言文学专业经费资助，江苏省重点建设学科中国语言文学学科经费资助。这里一并致谢。

亢宁梅

2020/12/18

图书在版编目(CIP)数据

乡愁与现代性的冲突与重构/亢宁梅著. —上海：上海三联书店，2021.7
ISBN 978-7-5426-7437-1

Ⅰ.①乡…　Ⅱ.①亢…　Ⅲ.①文化社会学－研究
Ⅳ.①G05

中国版本图书馆CIP数据核字(2021)第097149号

乡愁与现代性的冲突与重构

著　　者／亢宁梅

责任编辑／郑秀艳
装帧设计／徐　徐
监　　制／姚　军
责任校对／王凌霄

出版发行／上海三联书店
(200030)中国上海市漕溪北路331号A座6楼
邮购电话／021-22895540
印　　刷／上海惠敦印务科技有限公司

版　　次／2021年7月第1版
印　　次／2021年7月第1次印刷
开　　本／890mm×1240mm　1/32
字　　数／250千字
印　　张／9.875
书　　号／ISBN 978-7-5426-7437-1/C·615
定　　价／48.00元